한국어로 내려온
New Bible

새로운
성 경

제132권

9부 | 총10부

하얀마음

하나님 말씀 중에서

1. 사랑의 하나님

- 세상을 창조하신 하나님은 모두를 사랑하신다. 인간만 특별히 더 사랑하지 않고, 우주 만물을 다 똑같이 사랑하신다. 그러니 하나님이 창조하신 천지 만물과 화친하고, 미물까지도 소중히 대하라.

- 하나님은 특정 종파나 민족만을 더 사랑하지 않으신다. 자기 자신만 구원받겠다는 욕심을 버리고, 자기 종파만 구원받는다는 편협한 교리에서 벗어나야 한다. 종파를 초월해서, 모두를 사랑하라.

- 원수까지 사랑하라 했으니, 이 세상에 사랑하지 못할 자가 누가 있겠는가? 종파가 다르다고 해서 부모 형제와 원수처럼 지내는 자는 인간의 근본을 모르는 자다. 가장 가까운 가족부터 사랑할 때 남도 진심으로 사랑할 수 있다.

- 한 사람을 원수같이 생각하던 마음에서 사랑하는 마음으로 돌리면, 자기 자신의 마음이 가장 기쁘고 행복하다. 하나님께서는 인간의 마음속에 무거움이 없이 기쁘고 행복한 삶을 살기를 바라신다.

- 이웃을 "내 몸처럼" 사랑하라 했으니, 마지막 한 장 남은 천국의 티켓도 이웃에게 양보하라. 자기 중심적인 신앙에서 벗어나서 남을 위해 살아야 한다.

- 독초도, 약초도, 이단도 사탄도 천사도 다 필요하기에 존재한다. 독초일지라도 극소량을 사용해서 생명을 살릴 수 있고, 약초라 하더라도 남용하면 생명을 잃을 수 있다.

- 세상 모든 것을 명약으로 활용하는 것은 인간의 지혜에 달렸다. 어떤 것이든 어떤 사람이든 적재적소에 꼭 필요한 명약으로 승화시키라.

- 사탄도 이단도 천사도 모두 하나님의 주관하에 존재한다. 진정한 하나님의 백성은 사탄과 마귀까지도 감화시켜서 천사로 거듭나게 한다.

2. 기도

- 하나님은 인간의 생각까지 모두를 다 알고 계신다. 우리의 소원도 이미 알고 계시기에, 소원의 기도를 할 필요가 없다. 우리가 받을 자격이 되면 내려 주신다.

- 죄를 짓고 아무리 회개를 해도 용서받지 못한다. 도둑질한 자는 용서해 달라고 기도하고, 도둑맞은 자는 도둑을 잡게 해 달라고 기도하면, 공의의 하나님은 누구의 편에 서시겠는가?

- 자기가 잘못한 것은 그 사람에게 직접 갚고 용서를 구하라. 그가 용서하면 하나님도 용서하신다. 땅에서 매면 하늘에서도 매이고, 땅에서 풀리면 하늘에서도 풀리는 이치다.

- "회당에서 기도하지 말고 골방에서 기도하라" 했다. 눈에 보이는 골방이 아니라, 골방과 같이 고요한 마음이다. 잡념을 버리고 하나님을 향해 마음을 집중하며, 사랑하고 용서하는 아름다운 생각만 나오도록 하라.

- "두드리면 열릴 것이다." 하는 것은 육의 소원을 위해 두드리라는 것이 아니라, 진리의 깨달음을 얻기 위해 두드리라는 것이다.

- 기도하는 방법: 생활 속에서 수시로 기도하는 삶을 살아야 한다.

- "저의 죄를 용서하여 주옵소서." 하는 회개의 기도를 하라.
- 범사에 "하나님! 감사합니다." 하라. 현재 가진 것에 감사하며, 과욕하지 말라. 자기 노력 이상의 것을 더 갖고자 기도하는 것은 도둑놈심보다. 공의의 하나님은 각자 노력한 만큼 주신다.
- "하나님 뜻대로 살아가겠나이다." 하며 마음의 각오를 다지라.

- 기도는 하나님의 말씀을 받아서 "행하는 것"이다. 하나님이 계심을 굳건히 믿고, 하늘을 향하여 한 점 부끄럼 없이 사는 삶 자체가 가장 위대한 기도이며, 삶이 곧 예배다.

3. 지도자

- 똑같이 사랑한다는 말을 해도, 순수하게 하는 말은 천사의 말이지만, 사기 쳐서 재산을 가로채려고 하는 말은 사탄의 말이다.

- 종교 지도자가 아무리 훌륭한 설교를 해도, 신도의 재물을 거둬서 더 큰 교회를 짓고 자기의 부귀영화를 바라며 설교하면 사탄의 가르침이 된다.

- "저희 교회는 만원사례요, 믿음은 다 같으니 이웃의 개척 교회에 가서 예배를 드리시오." 하며, 이웃 교회의 부흥을 먼저 생각하여 제 신도를 보내는 종교 지도자가 있다면 그를 따르라. 그가 하나님의 사랑을 실천하는 자다.

- "부자가 천국에 들어가는 것은 낙타가 바늘구멍을 통과하는 것보다 더 힘들다" 하였거늘, 지금의 교회에서는 부자가 되기만을 기도하고 소원하니, 이는 곧 천국을 포기하고 지옥 행 열차의 티켓을 사는 것과 같다.

- 예수는 빈손이었다. 종교 지도자가 예수보다 더 호화롭고 편안하게 살아간다면 잘못된 것이다. 부귀영화와 명예를 바라는 자는 절대로 갈 수 없는 좁고 협착한 길이 종교 지도자의 길이다.

- 종교 지도자는 유리로 비춰 봐 한 점의 부끄러움이 없이 살아야 한다. 의식주도 직접 일해서 해결하고, 예수의 가르침과 행함을 그대로 따라야 한다.

- 종말은 없다. 지금의 잘못 가는 종교 집단에게만 종말이 있다. 보이지 않는 하나님은 보이는 육의 종말은 관여하지 않으신다. 환경 파괴로 인간이 스스로 멸망을 자초하는 것이다. 종파끼리 싸우기 전에, 무너진 인성을 바로잡고 지구의 몸살을 해결하는 데 뜻을 모으는 게 급선무다.

4. 성전이란

- 이 세상 자체가 하나님께서 만드신 성전이다. 자연보다 더 아름다운 성전이 있는가? 보이는 건물이 성전이 아니라, 성스러운 마음가짐이 성전이다.

- 반석 위에 교회를 지으라 했다. 지상의 단단한 돌은 인간이 쪼갤 수 있으나, 마음속의 굳은 결의는 세상 무엇으로도 쪼갤 수 없다. 바르고 굳건한 믿음으로 성경의 가르침을 실천하는 것이 마음의 반석 위에 교회를 짓는 것이다.

- 손으로 지은 건물의 교회에 모여서 복음을 전하는 것이 아니라, 교회를 개인과 가정에 심어 주어야 한다. 무너지고 부서지는 건물을 짓지 말고, 마음속에 영원히 불변하는 참진리의 교회를 지으라.

5. 십계명

- 십계명은 인간이 죽어서 반드시 통과해야만 하는 열 개의 관문이다.

\- 부모를 공경하지 아니한 자는 "네 부모를 공경하라." 하는 제5계명의 관문이 열리지 않으니 구원받을 수 없다.
\- 살인, 간음, 거짓, 우상 등의 나머지 계명도 마찬가지다.

- 십계명은 하나님의 친필이다. 모기소리만 한 하나님의 음성이라도 들어 보겠다고 여기저기 찾아 헤매지 말고, 십계명부터 암송하고 지키라.

- 십계명은 영혼을 구원하는 양식이며, 십계명을 지키는 것이 구원을 받는 길이다. 인간이기에 지키고자 노력하고 또 노력한다면 지킬 수 있다.

- 십계명을 지키고 천사처럼 아름답게 살아가는 그 마음 하나면 세상에 이루어지지 않는 것이 없다.

6. 보물

- 하나님은 재물이 아니라 우리의 마음을 받으신다. 사랑을 실천하며 천사처럼 변하는 마음이 하나님께 바치는 보물이다.

- 보이지 않는 하나님께 재물을 바치려 하지 말고, 너희를 길러 준 부모에게 용돈 드리고, 찾아뵙고, 효성을 다하라. 그것이 하나님께 효도하는 것이다.

- 하늘에는 선과 악의 창고가 있다. 자기 창고에 선이 많으면 천국으로 구원을 받고, 악이 많으면 심판받아 지옥으로 간다. 그것이 바로 "선한 일을 행한 자는 생명의 부활로, 악한 일을 행한 자는 심판의 부활로" 나오는 것이다.

- "선악과를 따먹지 말라"는 것은 양심을 지키라는 것이다. 선과 악을 구분할 수 있는 양심을 최초에 인간에게 주셨다. 선한 열매는 취하고, 악한 열매는 버리며, 양심에 비추어 부끄럼 없는 삶을 살아가라.

- 가장 작은 거짓말을 하지 않고, 가장 작은 죄를 짓지 않으며, 가장 작은 선행을 하고, 가장 작은 악행을 멀리하는 것이 율법의 일점 일획도 빠뜨리지 말고 다 지키는 삶을 사는 것이다.

7. 우상

- 박물관에 있는 불상은 하나의 예술품이다. 그 조각품에 대고 제 소원을 빌 때 우상숭배가 된다. 십자가라 하여도 그 앞에서 소원을 빈다면 우상숭배하는 것이며, 하나님께 소원을 빈다면 하나님을 우상으로 전락시키는 것이다.

- 지금 기복신앙에 젖어 있는 모든 사람이 우상 앞에 절을 하고 있다. 조각품을 우상이라며 파괴하지 말고, 네 마음속에 있는 욕심의 우상을 무너트리라.

- 생수를 약초가 먹으면 약을 만들고 독사가 먹으면 독을 만든다. 같은 성경을 봐도 선한 지도자는 신도를 천사로 만드는 데 활용한다. 그러나 욕심이 가득한 지도자는 재물을 거두어들여 제가 부귀영화를 누리는 데 악용한다. 그가 바로 성경을 우상숭배의 도구로 전락시키는 거짓 선지자다.

- 성경을 한 획도 빼거나 더하지 말라는 것은, 그 가르침을 빠트리지 말고 온전히 지키라는 것이다. 성경 속에서 자기에게 유리한 구절만 보는 것은, 자기에게 불리한 구절들을 빼 버리는 것이다. 믿음이 제일이요, 행함은 구원과는 관계없다는 것은 자신에게 유리한 쪽으로 성경을 악용하는 것이다.

- 진정한 종교 지도자는 종파에 관계없이 어떤 종파든 어떤 책이든 접하고 보고 깨우쳐 견문을 넓히도록 인도한다. 참진리를 모르고 자신이 없는 자가 남을 이단이라며 배척하고, 신도들의 눈과 귀를 가린다.

8. 예수

- 예수의 재림은 없다. 예수가 다시 온다 해도, 과연 누가 그를 예수라고 믿겠는가? 예수와 같은 삶의 행함이 곧 예수의 재림이다. 각자 모두가 "재림 예수"가 되는, 차원 높은 믿음으로 가야 한다.

- 예수는 "주여 주여 하지 말고, 아버지의 뜻대로 행하라"고 했다. 예수가 전한 하나님의 뜻이 곧 "길이요, 진리요, 생명"이며, 그 가르침이 예수의 보혈처럼 소중한 것이다. 예수를 믿는 것은, 예수의 가르침을 믿고 따르는 것이다.

- 예수는 낮은 자로서 만백성을 섬기고자 했다. 만나는 모든 사람을 다 하나님이라 생각하라. 돈을 벌수록 겸손하고, 높은 지위를 얻을수록 낮아지라.

- 예수는 종파를 만들지 않았다. 인간이 만든 종교와 인간의 교리를 따르지 말고, 예수를 통해 전한 하나님의 참진리를 연구하고 따르라.

- 예수가 2천 년 전에 만백성을 위해 죽었으니, 지금 이 땅에는 예수의 가르침대로 사는 천사만 존재해야 한다. 예수가 죽어 가면서 바란 것은 만백성이 천사가 되어 예수의 자리를 채워 주는 것이지, 지금과 같이 재물을 바치면서 중언부언 제 소원만을 비는 백성들을 바란 것이 아니다.

9. 구원

- 천사가 사는 천국에는 천사만 갈 수 있으니, 천사 같은 마음을 길러야 한다.

- "천국 열쇠를 네게 주리니 땅에서 무엇이든지 매면 하늘에서도 매일 것이라" 했다. 땅에서 천사같이 사는 자가 하늘에서도 천사가 되어 천국에 들어간다. 모든 사람에게 천사같다는 말을 듣는 삶을 살아야 한다.

- 천사의 곱고 아름다운 마음은 부모를 공경하고 어른을 어른으로 대접하는 데에서 출발한다. 효도하는 자는 형제와 화목하게 지내기에 가정이 화목해지고, 이웃과 화목해지고, 국가가 화목해지고, 온 인류가 화목해진다.

- 그러므로 지상의 아름다운 소왕국은 가정에서부터 이루어야 한다.

- 선택된 14만 명만 구원받는 것이 아니라, 천사처럼 변하고자 하는 14만 명을 기초로 온 인류가 천사처럼 거듭나는 영적인 개혁이 시작되는 것이다.

- 천 년에 걸쳐서 하늘에서 이루어진 것같이 이 세상을 낙원으로 만들어, 만백성이 지상의 천국에서 살다가 죽어서 그대로 하늘의 천국으로 들어가는, 영원한 지상 낙원을 건설하는 것이 하나님의 계획이다.

- **이것이 구약과 신약에 이어 "새로운 성경"으로 역사하시는 하나님의 창조의 완성이다.**

- 지금의 믿음으로 구원받을 수 있다면 그 길을 가라. 그러나 자신이 없다면 하나님께서 직접 내리신 160권의 "새로운 성경"을 읽고 구원의 길을 보라!

하나님 머리말씀

이 새로운 성경을 읽는 너희 모두는
이 율법에 따라 행하면 영원히 구원받을 것이니라.

너희 인간이 수년, 수십 년, 평생
성서를 공부하고 기도하는 것은
하늘나라 나의 곁으로 오고 싶은 소망일진대,

몇천 년 전의 너희 인성과 생각이
지금의 너희와는 판이하게 다르니,

꺾여 가고 병들어 가는 너희를 고칠 수 있는 길은,
오늘 내가 선지자에게 내리는 새로운 성경과 같이
너희가 변화되는 것뿐이니라.

나의 예수가 태어난 것처럼
내가 아들 선지자를 선택하여
나의 새로운 성경을 온 세계에 전하고자 하니,

묵은 것은 버리고 새로운 것은 취하여,
너희 모두는
'여호와 하나님! 저의 죄를 용서하여 주옵소서.'
하는 기도문으로 기도하고, 죄를 뉘우치라.

이 새로운 성경은
수천 년간 내려온 성서를 요약한 것이니,
너희는 이 책을 정독하여 쉽게 깨달음을 얻고,
이대로 실천하여 하늘에 오르라.

대역자 머리말

■ 하나님의 율법을 지키는 선지자로 선택을 받도다.

저는 남들처럼 그저 열심히 살아온 평범한 사람이었습니다. 그러나 50대 중반에 사업에 실패하여 많은 부채에 시달렸으며, 건강도 악화되어 눈이 잘 안 보이고, 걷기도 어렵고, 두통이 심해서 잠을 이룰 수 없는 고통의 나날을 보냈습니다. 그때 제가 선택할 수 있는 것은 육의 삶을 끝내는 길뿐이었습니다.

죽기 직전에 그동안에 죄를 지은 이들에게 용서를 빌고 인생을 끝내기로 작정하였습니다. 어려서부터 지은 죄를 빌고 빌다 보니 끝이 없었고, 죽음으로도 그 많은 죄를 용서받을 길이 없다는 생각에 하염없이 눈물이 흘렀습니다. 그 순간 '재래식 화장실의 구더기는 죄를 짓지 않는데, 나는 인간으로서 구더기만도 못한 삶을 살았구나.' 하는 생각이 들면서 괴로움에 몸부림칠 때, 갑자기 하나님의 음성이 들렸습니다.

"나는 여호와 하나님이니라. 너는 십계명을 암송하고 내가 내려 주는 메시지를 받아 책으로 만들어 만백성을 구하라." 하시며, 제 눈을 손으로 문지르게 하시고, 아픈 머리와 다리를 손으로 두드리게 하셨습니다. 그러고 나니 눈도 잘 보이고 걸을 수 있었으며 머리의 통증도 말끔히 낫게 되었습니다. 그때부터 십계명을 암송하고 나면 들려주시는 말씀을 기록하였고, 1999년 8월부터 2004년 7월까지 권당 288쪽, 총 160권을 받아서 "새로운 성경"이라는 책으로 펴내게 되었습니다.

그러한 저에게 죽기보다도 힘든 길이 시작되었습니다. 모든 교인들이 저에게 사탄이요, 이단이요, 악마요, 마지막 시대에 온 거짓 선지자라 하면서 공격하였고, 저를 짐승을 보듯이 대하는가 하면, 편협한 종교 지도자들의 선동으로 신도들이 이 책을 직접 읽어보고 평가할 기회마저 막아 버렸습니다. 그래서 하나님의 말씀을 세상에 내는 데 많은 어려움을 겪으며, 피를 토하는 심정으로 책을 전하고 있습니다.

그러나 아무리 인간의 힘으로 막으려 해도, 하나님의 뜻이 세상에 전해지는 위대한 역사는 계속될 것입니다. 책으로 전해지는 "하나님의 말씀"은 세상 끝날까지 항상 우리와 함께하실 것입니다. 사람은 죽어도, 책에 기록된 말씀은 영원히 남으니까요.

■ 따뜻한 실천

하나님께서는 어려운 사람들에게 삶의 터전을 마련해 주고, 미래를 열어 주는 것을 기뻐하십니다. 어려운 이웃이 스스로 자립할 수 있도록 이끌어 주는 것이 진정으로 이웃을 돕는 것이라고 말씀하셨습니다. 그래서 일자리가 없는 제자들에게 작은 사업장을 만들어 주는 "달란트 사업"을 하고 있습니다. 식당, 반찬 가게 등을 차려 주고, 기존의 어려운 사업장이 자립할 수 있도록 돕고 있습니다(커피숍, 미용실, 의상실 등).

하나님께서는 교회에 나와서 모든 시간과 재물을 쏟기를 원하지 않으시고, 그 시간과 재물을 교육에 투자하여 스스로 미래를 열어 가기를 원하십니다. 그래서 제때 공부하지 못한 제자들에게 학업을 이어 가도록 하였습니다. 중화요리 주방장을 하며 초등학교 검정고시부터 공부하여 2012년에 방통대를 졸업한 36세 남성, 만학도들의 2년제 중학교에 입학해서 2007년에 명지대학을 졸업한 38세 여성, 중학교 검정고시를 시작으로 숭의여자대학을 졸업한 47세 여성 등이 있습니다. 그밖에도 많은 제자들에게 나이를 초월하여 배우고 깨우쳐서 사회 속의 당당한 일원이 되도록 인도하고 있습니다.

학자금 대출로 힘겨워하는 젊은이들을 위해 "따뜻한 바람 장학회"를 발족하여(2016년 12월) 대출받은 학자금 전액을 매월 갚아 주고 있습니다. 또한, 다문화 가정을 위해 "다문화 가족 랜드"를 조성하여, 각종 시설을 무료로 활용하도록 하고 있습니다.

이러한 따뜻한 실천이 아직은 미약합니다. 그러나 책의 수입이 늘고, 저와 뜻을 같이하는 분들이 늘어나면 계속 확대할 것입니다. 지도자로서 신도의 재물을 헌금으로 거둬들여 착복하는 것이 아니라, 하나님께서 기뻐하시는 일에 사용하도록 중매 역할만 하며 살아가고자 합니다. 이런 제가 과연 사탄이고 이단인가요? 하나님께서 기뻐하시는 일이라면, 저에게 사탄이라 하든 거짓 선지자라 하든 굽히지 않고 실천해 나갈 것입니다.

끝으로, 일상의 삶 속에서 "지금 내가 하는 행동이 과연 하나님께서 기뻐하실까, 슬퍼하실까?" 생각하고, 매사에 하나님께서 기뻐하시는 길을 택하기 바랍니다. 교회에 모여서 집단적으로 예배 드리는 것이 아니라, 개인이나 가정 단위로 새로운 성경을 읽어 스스로 깨우치고 그대로 행하면 충분합니다. 그것이 마음속에 성전을 짓고, 신령과 진정으로 예배 드리는 길입니다. 그러면 천국의 문에 들어서게 됩니다.

2017.2.1.

하나님 말씀 대역자 김용철

차 례

십 계 명

이 책은 십계명을 암송하고 나면 내려 주시는 "하나님의 음성"을 듣고 그대로 받아쓴 기록입니다. 하나님께서 십계명을 모세에게 내려 주셨지만, 그것은 만백성에게 내려 주신 것입니다. 마찬가지로 이 책의 모든 말씀도 저에게 내려 주셨지만, 만백성 각자에게 들려주시는 말씀입니다. 여러분도 이 책을 접할 때마다 십계명을 암송하고 나서 정독해 주시기 바랍니다.

제일은, 너는 나 외에는 다른 신들을 네게 있게 말지니라.
제이는, 너를 위하여 새긴 우상을 만들지 말고, 또 위로 하늘에 있는 것이나, 아래로 땅에 있는 것이나, 땅 아래 물 속에 있는 것의 아무 형상이든지 만들지 말며, 그것들에게 절하지 말며, 그것들을 섬기지 말라.
제삼은, 너는 너의 하나님 여호와의 이름을 망령되이 일컫지 말라.
제사는, 안식일을 기억하여 거룩히 지키라.
제오는, 네 부모를 공경하라.
제육은, 살인하지 말지니라.
제칠은, 간음하지 말지니라.
제팔은, 도적질하지 말지니라.
제구는, 네 이웃에 대하여 거짓 증거하지 말지니라.
제십은, 네 이웃의 집을 탐내지 말지니라.

나 여호와가 존재함을 믿는 그 자체가 구원의 길에 들어서는 기본이요, 근본이며, 나의 새로운 성경을 가슴에 안고 정독하는 자, 반석 위에 서서 하늘에 오르는 찬란한 빛을 보게 되는 영광을 얻게 됨이니라. 진정 나를 따르고 믿는 자는 감히 사탄이나 마귀도 근접하지 못하느니라.

〈하나님 말씀〉

2004년 3월

9,806 번째 하나님 말씀

2004년 3월 3일 07시 06분

1 사랑하는 나의 아들아!
2 "네, 아버님! 말씀하옵소서."
3 나의 백성 너희들이 살아가면서 지상
에서 심판을 받으라 하였음이니라.
4 나의 법전을 읽고 깨우친 백성이요,
나의 아들을 따르는 제자요, 너희들은
지상에서 나로부터 심판을 받음이니,
5 심판을 받아 합격이라는 그 자격의 수
준에 도달했을 때, 너희들이 그때서부
터 모두를 역사하는 것은 나 여호와의
뜻을 역사하는 것이며, 내가 이루고자
하는 뜻을 도우며 가는 너희들이라 그
리하였음이니라.
6 그러나 너희들이 지상에 살면서 나로
부터 심판의 기준에서 미달된다면,
7 너희들은 아무리 나의 법전을 만들며
나의 법전을 전하고 역사를 한다 해
도, 너희들은 그 대가를 치르는 것이
요, 너희들이 나를 도와 내 뜻을 역사
하는 것이 아니라 하였음이니,
8 너희들이 변하고 변하는 데 너희들 목
숨을 던져 깨달음을 얻어야 된다는 것
을 스스로 행하도록 그리하라.
9 이는 또한 무엇을 의미하더냐?
10 지상에서 심판을 받는 자가 되라 함이
니, 이는 바로 기준 미달인 백성은 나
의 법전을 만들 자격도 없으며, 나의
법전을 전할 자격도 없으며, 나의 성
령을 가르칠 자격은 더욱이 없다 함을
알아야 될 것이니라.
11 그러니 기준 미달인 사람이요, 지상에
살면서 나로부터 심판을 받아 너희들
의 죄를 면죄받는 그와 같은 위대한
변화의 삶을 살지 아니하는 백성은,
12 아무리 나로부터 선택된 백성이요, 나
의 아들과 더불어 간다 해도, 나의 법
전을 만들 자격도 없으며, 더군다나
성령으로써 나의 법전을 가르칠 자격
은 더 없으며, 나의 법전을 전할 수 있
는 자격도 없다는 이 무섭고 엄연한
사실을 너희들은 알아야 될 것이니라.
13 나는 너희들에게 명하니, 너희들의 삶
을 바로잡으며 너희들의 생활이 바르
고 곧아야 됨이니라.
14 남에게 지탄을 받는 자가 나의 법전을
만들고 전한다면, 그 자격이 과연 있
다 생각하느냐?
15 결코 너희들은 자격이 없음이니라.
16 그러니 남에게 지탄을 받는 자가 나의
법전을 만들고 세상에 전한다면, 과연
누가 그를 따르며 누가 이를 역사하겠
느냐?
17 그러니 나는 나의 아들을 따르는 제자
너희들에게 명함이니, 너희들이 생활
을 집어던지며 생활을 포기하면서 믿
음의 길을 가는 자는 내가 선택한 자
가 아니요, 내가 원하는 백성이 아님
을 알라.
18 너희 자신의 안정과 너희 가정의 생활
이요, 네 주변의 터전을 다져 놓은 다
음에 그 위에서 모두를 역사해야만 됨

을 너희들이 알아야 될 것이니라.
19 너희 자신을 다스리는 백성이 먼저 되
어야 함이니라.
20 너희 자신을 다스리지 못하며, 너희가
안정된 생활의 터전을 다스리지 못하
며, 그 생활 속에 가지 못하는 자들은
결국 무엇이더냐?
21 너희들의 그 취약한 부분이요, 잘못된
부분을 남들은 알 것이며 그들에게 비
쳐질 것이니, 그들이 뭐라 말하겠느냐?
22 '저 자신의 앞가림이요, 저 자신도 다
스리지 못하는 자가 무슨 창조주 하나
님의 뜻을 알며, 그 역사를 할 수 있다
말하느냐?' 그리 비방을 듣게 될 것이
니라.
23 그러니 맹종 맹신하는 너희들이 잘못
되었다 함이며, 울고불고하는 광신도
들이 잘못됐다는 그 뜻을 너희들은 알
겠느냐?
24 그러니 너희 자신을 다스리고 너희 가
정을 다스리며 너희 스스로 바로 섰을
때, 그리고 남에게 피해를 주며 남에
게 고통을 주는 그와 같은 삶을 살지
아니할 때,
25 그리고 너희 자신이 남에게 피해를 주
지 않는 그와 같은 삶의 터전을 닦고
남으로부터 존경받는 사람이요, 바르
게 살아갈 수 있는 사람이 모두를 다
이룰 수 있으며 역사할 수 있다는 것
을 너희들은 알아야 될 것이니라.
26 그러니 모두를 버리고 나를 따르며 경
배한다는 것, 너희들의 생활을 버리
며, 그 역사함을 버리며, 일함을 버리
며, 게으름 속에서 너희들이 나를 따
른다는 것은 용서할 수 없으며 너희들
이 절대 이룰 수 없음이니라.
27 그러니 게으른 자가 바로 나의 뜻을
역사하여 내 뜻을 전하며 역사한다 해
도 그 누구도 그를 받아들이지 아니할
것이니라.
28 게으른 자요, 삶에 뒤져 있는 백성이
저보다 게으르지 아니하며 열심히 살
아가는 그와 같은 백성들을 다스리고
깨우친다 하여 나의 법전을 들고 내민
다 해도 그를 믿겠는가?
29 그러니 너희 자신을 다스리도록 그리
하라.
30 그리고 너희들은 모두가 살아가는 그
생활의 범주에서 벗어나는 그와 같은
삶을 살지 말라.
31 그러니 내가 너희들에게 명하는 나의
뜻을 너희들은 알아야 될 것이니라.
32 너 자신과 네 주변을 스스로 다스리
며, 네가 처해진 그 여건에서 남에게
한 점의 부끄럼이 없는 삶을 살라.
33 그와 같은 자만이 나에게 모두를 다
바칠 수 있는 자격이 있음을 너희들은
알라.
34 너희들이 게을러 생활에 임하지 아니
하며, 일하지 아니하며, 노력하지 아
니하며, 남과 같이 너희들 자신을 지
키기 위하여 피나는 노력을 하지 아니
하는 자,
35 그와 같은 자는 자기를 지킬 수 없으
며 저 자신을 이룰 수 없는 자이니,
36 그러니 그와 같은 백성이 나의 법전을
전한다는 것은 그 누구라도 그를 다
알 것이며, 그들은 너희들이 받을 자
격이 있다 없다는 것을 먼저 분석하기
전에, 전하는 자가 과연 자격이 있는

가 없는가부디 그들은 마음속으로 먼
저 평가할 것이니라.
37 그러니 너 자신을 다스려 나가는 그와
같은 삶을 완벽하게 살아가도록 그리
하라.
38 너희들이 남에게 폐를 끼치는 것, 남
에게 항상 구걸하는 것, 남에게 무엇
인가를 원하는 그와 같은 삶을 살아간
다면, 그는 아니 됨이니라.
39 그러니 너희 자신이 바로 서며 남에게
폐를 끼치지 아니하며 남에게 손해를
끼치지 않고, 너희가 노력한 것으로써
일하여 너희 자신을 다스려 나갈 수
있는,
40 그리고 너희가 노력한 것으로써 네 가
정과 네 주변을 다스려 갈 수 있는 그
와 같은 백성만이 나의 법전을 전할
수 있다는 그 의미를 알라.
41 남에게 구걸하는 자, 그리고 남에게
폐를 끼치는 자, 그리고 너희들이 가
정을 꾸려 가기에 핍박을 받으며, 가
정을 꾸려 가기에 힘이 들어 생활에
부담을 갖는 자, 생활의 다스림을 갖
지 못하는 자,
42 그와 같은 백성들이 나의 법전을 가지
고 전하고 역사한다 해도 이것은 내가
바라는 길이 아님이니라.
43 그러니 남에게 구걸하지 아니하며 남
에게 폐를 끼치지 않는 그와 같은 너
희들이 일하고 노력하여 먹고살 수 있
도록 자신과 가족을 다스릴 수 있는
그 모두가 갖춰진 자, 그 후에 모두를
다 던지며 모두를 다 바치라 함이 나
여호와의 뜻임을 너희들은 알라.
44 너희들이 한 달에 일한 그 노력의 대
가를 받는 것, 그 이상의 역사를 했을
때, 그를 가지고 너희들이 나의 법전
을 전하며 다른 백성을 깨우치며 복음
을 전하는 그 역사에 모두를 다 던지
라 함이니라.
45 네가 쓰기에도 부족하며 네가 역사하
기에도 부족한 걸 가지고 너희들이 나
의 법전을 전하며 나의 뜻을 역사하는
것이 우선이 아니라는 것을 명심하고
또 명심하도록 그리하라.
46 네 생활이 안정된 위에서, 네 가정이
먹고사는 생활에 부족함이 없는 터를
닦은 그 위에서 너희들이 모두를 다
던지고 희생하고 바치라는 것이요,
47 그 기본을 이루지 못한 자들이 나를
따르며 울고불고하는 자, 광분하는
자, 그리고 재물을 창고에 많이 쌓아
놓으면 구원을 받는다 하여
48 그저 빚투성이요, 남에게 갚을 것이
수두룩한 사람이 그걸 갖다 교회요,
성막을 짓는 곳에 모두를 던지고 또
던져, 너희들의 허리가 휘어 일어서
지 못하는 그와 같은 행위를 하는 것
은 내가 받아들이지 아니하며 원하지
아니하며 그 백성을 사랑하지 아니함
이니,
49 게으른 자 용서하지 아니함이니라.
50 게을러 저 자신을 다스리지 못하며,
제 가정을 다스려 역사하지 못하며,
가정까지도 생활에 시달리며, 모두가
다 궁핍한 생활이요, 빈곤한 생활에서
허덕이는 그와 같은 가정을 이끌어 가
는 자가 그 속에서 모두를 다 바친다
하니, 그리하지 말라.
51 너희들이 쓰던 그릇이요, 너희들이 쓰

기도 어려운 그와 같은 것까지도 모두
를 다 바치며 너희들에게 근거 없는
생활을 이루라 하는 것이 나 여호와의
뜻이 아님이니라.
52 살아갈 수 있는 기틀을 다져 놓은 그
위에서 너희들이 나로부터 은혜를 받
았다 생각할 때,
53 그를 아끼지 아니하며, 낭비하지 아니
하며, 유흥비로 쓰지 아니하며, 향락
에 쓰지 아니하고,
54 향락에 쓸 것, 잘못된 인간의 삶의 취
미요, 악습을 위해서 그와 같이 쓰는
것을 자제하며, 그와 같은 것을 중단
하며,
55 그와 같은 것을 가지고 너희들이 나의
법전을 만들며, 나의 법전을 역사하는
것, 그리고 나 여호와의 뜻을, 복음을
전하는 데 모두를 다 바치고 모두를
다 던지라는 것이니라.
56 그러니 이제 나의 법전을 읽고 깨우친
백성 너희들은 알겠느냐?
57 그러니 자격의 기준에 미달되는 자는
모든 것을 알 수 없으며, 그와 같이 자
격이 미달된 자는 나의 법전을 만들고
전할 수도 없다 하였거늘,
58 그와 같은 백성들이 모두를 다 던져
나의 법전을 전하고 역사하는 것이 내
가 너희들에게 모두의 희생이요, 모두
를 던지며 목숨을 바쳐 나의 법전을
세상에 전하는 데 전부를 다하라는 것
이 아니니라.
59 목숨을 바쳐 역사할 수 있는 그와 같
은 마음을 갖되,
60 너희들이 게으르지 아니하여 네 생활
이요, 네 식생활을 완벽히 갖춰 나갈
수 있는 그와 같이 준비가 된 그 위에
서 모두를 희생하여 하라는 것이니라.
61 그러니 그와 같은 것을 하지도 못하는
자, 믿음의 길이요, 재물을 많이 바치
면 구원을 받는다는 그 욕심 때문에
맹종 맹신하는 것, 그와 같은 백성에
게 목숨을 바쳐 충성을 다하며 모두를
다 바쳐 나의 뜻을 따르라 하는 것이
아니라는 이 무서운 사실을 만백성에
게 깨우쳐 주도록 그리하라, 사랑하는
나의 아들아!

9,807 번째 하나님 말씀

2004년 3월 3일 07시 16분

1 사랑하는 나의 아들아!
2 "네, 아버님! 말씀하옵소서."
3 지금의 모든 백성이 참진리의 길을 가
려는 믿음으로 가며 저희들이 그 길을
위하여 종교 집단이요, 종교의 신앙생
활을 하는 것을 선택한 백성들이 아니
라 함을 너희들은 알아야 될 것이니라.
4 참진리의 길을 가고자 하는 그 믿음
으로 가는 백성들이요, 그 신도가 아
니라 하면, 과연 그 종교 지도자 그들
자체가 무엇이던가?
5 나의 피조물 만백성들을 그와 같이 가
르치고 인도하는 지도자 그들 자신이
참진리를 깨우치지 못하며, 그 진리를
얻지 못하며, 그 지혜가 없는 자들이
지금 나의 피조물 만백성을 이끌고
가고 있기 때문이니라.
6 그러니 나 여호와의 뜻이요, 나로부터
명을 받지 못한 자들이요, 그리하여
참진리를 들여다볼 수 있는 지혜를 얻

지 못한 백성들이 지도자라 하여 나의 피조물 만백성을 이끌어 가는 그와 같은 형국이 되어 있음이니라.

7 오로지 저희들이 구원이라는 그 목표를 세워 놓고 그 목표를 위하여 그저 달려가도록 밀고 가며 끌고 가는 것이 아니더냐?

8 지금 내가 바라보는 너희들의 형국이 그러하니라.

9 진정한 믿음이요, 진정한 신앙이요, 참진리를 연구하고 깨우쳐 그 길을 가고자 하는 백성들이 아니라,

10 너희들은 그저 하늘에 오르는 것, 천국에 와 그 비단길을 걸어 나에게 와 너희들이 영원히 사는, 고통과 죽고 늙고 병드는 그 역사함이 없는 그와 같은 세상에 올 수 있다는 것,

11 그것에 너희들의 모두를 다 걸어 놓고 그 하나의 목표를 위하여 지금 두 주먹을 쥐고 달려감이니,

12 너희들이 불 속으로 날아드는 불나방과 무엇이 다르단 말이더냐?

13 불 속으로 날아드는 불나방은 결국 불에 타 죽게 되어 있음이니, 너희들이 바로 그 불나방처럼 그와 같은 행위를 하고 있음이니라.

14 지금 너희들이 하고 있는 믿음이요, 신앙의 생활에 구원이라는 목표만을 놓고 너희들은 그저 달려감이니, 지옥 길로 뛰어드는 백성이 되어 버렸음을 알라.

15 지금 너희들이 가고 있는 것, 뛰어가는 것, 울고불고 광란의 짓을 하는 것, 그 모두가 불 속으로 날아드는 불나방처럼 지옥 길로 뛰어들기 위해서 너희들이 똑같은 형국의 백성이 되어 버렸다는 것을 알라.

16 그것 또한 이 모두는 무엇이더냐?

17 욕심이라는 것을 버리지 못하며 욕심의 뿌리의 그 씨앗을 버리지 못하고 뽑지 못했기 때문이라는 것을 너희들은 알아야 될 것이니라.

18 그러니 너희들이 욕심을 버리지 못하며 욕심의 씨앗을 버리지 못하면 결국 어찌 되는가?

19 그 마음속에 자리 잡아 있는 그 욕심의 씨앗이요, 그 욕심의 뿌리가 너희들을 조정하며 너희들을 이끌어 가며 너희들을 다스려 나가기 때문임이니라.

20 그러니 거기에 선함의 다스림이 없으며 천사의 다스림이 없으니, 너희들이 어찌 되겠는가?

21 악의 씨앗이, 욕심의 씨앗이 너희들 마음속에 자리를 잡아 너희들을 조정하고 이끌고 감이니,

22 결국 너희들은 악에서 악을 낳게 되며, 죄에서 죄를 짓는 그와 같은 삶을 살게 되어 있으며, 거기서 벗어나지 못하는 나의 백성들이 되어 있음이니라.

23 그러니 2천 년의 세월이 흐르면서 그 때의 그 백성보다도 더 모질고 악하며 사악한 행위를 하는 것,

24 그리고 내가 내린 가장 귀하고 귀한 인간의 생명 자체도 재물로 바꾸며 금화와 은화와 거래하는 그와 같은 사악한 백성들이 존재하는 세상으로 되지 아니하였더냐?

25 그것은 욕심이라는 그 악의 씨앗이 그

들의 마음속에 자리 잡고 있기에, 그
덩어리가 더 크기에,
26 그가 조정하는 명령을 그들은 죽기 아
니면 살기로 따르지 아니하며 듣지 아
니하면 아니 되는 그와 같은 형국으로
변화되어 있기 때문에, 이 세상이 그
리 험악해졌음을 알라.

9,808 번째 하나님 말씀

2003년 3월 3일 07시 23분

1 사랑하는 나의 아들아!
2 "네, 아버님! 말씀하옵소서."
3 2천 년의 역사가 흐르면서 오늘과 같
은 말세의 시대로써 변화된 것이 과연
무엇이며, 어찌하여 이와 같이 험악한
세상이 되었는가?
4 너희들이 스스로 말세요, 종말이요,
도둑이 들끓는 세상이요, 인간이 인간
이 두려워 발을 뗄 수 없으며, 인간
세상에서 더불어 살아가도록 그리된
너희 형제들을 만나고 부딪치는 것이
불행이라 생각하는 오늘의 이 험악한
세상이 된 것이 무엇이더냐?
5 너희들은 여기서 알아야 될 것이니라.
6 나의 성령이요, 내가 성령으로써 명하
는 것을 직접 듣고 또한 그 명하는 것
이 내 뜻이 무엇인가를 알아 그를 나
의 피조물 만백성에게 직접 전해 주는
그와 같은 선택된 선지자가 2천 년 동
안 없었기 때문임을 너희들은 알아야
될 것이니라.
7 오늘의 험악하고 험악한 그 세상이 무
엇인 줄 알겠느냐?
8 나의 아들 예수가 내 뜻을 전하러 세
상에 왔으나, 그를 바로 지키지 못하
며 행하지 못한 백성들이 그저 혼탁할
대로 혼탁해 2천 년 동안 흘러왔으며,
9 그리하여 그 2천 년 동안에 나 여호와
의 명을 받으며 내 뜻을 들으며 나의
뜻을 받아들일 수 있는 그와 같은 선
택된 선지자를 세상에 한 사람도 내려
보내지 아니하였으며 없었기 때문에,
10 너희들이 혼탁한 물이 혼탁함을 더하
여 이리 역사하며 이리 흘러왔으며,
오늘의 이와 같은 세속적인 세상이 되
어 버렸음을 너희들은 알라.
11 그러니 나 여호와가 선택하여 내 뜻을
알아들으며 나의 명을 직접 받아 만백
성에게 전하여 그들을 정화시킬 수 있
는 선지자요, 선택된 나의 아들이 세
상에 없었음이니,
12 그리하여 모든 종교 집단이 세속화되
었으며 타락되었으며, 그리고 너희들
이 아름답게 행함을 막고, 말로써만
역사하는 시대의 백성으로 변하게 되
었으며,
13 편안하고 안락한 길을 가고자 하며 인
간 세속의 편안한 길만을 위해 살아가
는 너희들로서 전락되어,
14 오늘의 이와 같이 말세요, 종말이요,
인간이 인간을 만나는 것을 고통스럽
게 생각하며 두렵게 생각하는 그와 같
은 세상이요,
15 해괴하고 해괴한 세상으로 변화되었
으며 탈바꿈되었음을 알고 있느냐?
16 나 여호와가 원하는 아름다운 천국의
그 나라가 아니요, 마귀요, 뿔이 돋힌
사악한 자와 같은 이와 같이 해괴한
모습으로써 이 세상이 타락되었으며

변해져 비린 것이니, 네가 보는 너희
들이 그러하니라.
17 그리하여 너희들이 구원을 받았다 하
며 저 자신은 죄지은 것을 면죄받았
으며,
18 그것도 사랑하는 나의 아들 예수요,
사랑이라는 것을, 그리고 진리를 깨우
치고자 몸부림치다 죽어 간 나의 아들
의 죽음으로 너희들이 모두 다 표백된
백성이라 그리 말함이니,
19 이를 보는 내가 어찌 더 이상 덮어 두
며 더 이상 너희들이 타락하도록 할
수 있단 말이더냐?
20 그리하여 내가 오늘의 이 역사를 이루
는 것을 너희들은 알아야 될 것이니라.
21 그러면서 너희들은 구원을 받은 자요,
나의 아들 예수의 죽음의 그 피로써
구원을 받은 자들이기 때문에,
22 너희들은 죽는 순간에 하늘에 오르는
영광이요, 그리고 나에게 와서 받는
큰 상만이 남아 있다고 그리 몸부림치
고 가는 자들이니,
23 너희들이 중병에 걸려도 세상에 그
어떤 약을 써도 고칠 수 없는 중병의
환자가 되어 죽어 가는 그와 같은 형
국이 오늘의 만백성이니라.
24 그와 같은 중병에 걸려 죽음의 순간
을 기다리는 백성으로 만든 것이 바
로 오늘의 종교 집단이요, 너희들이
그리 만든 것이니라.
25 그러니 이를 어찌한단 말이던가?
26 너희들 자신을 버리고 네가 바로 서는
그와 같은 역사 속에서 너희들이 베풀
고 살아가는 그 마음이 아니면 아무
것도 얻을 수 없는 것이거늘,
27 너희들은 죄를 다 씻은 자요, 죽는 순
간에 너희들이 나에게 오는 영광을 받
으며, 영원히 사는 거듭나는 세상에
거듭나 그 상을 받는 것만을 생각하는
그 착각 속에서 살고 있음이니,
28 이 불쌍하고 가련한 백성들을 구제해
야 하는 것은 당연한 것이며, 누군가
는 그들을 이끌고 깨우쳐야 되지 않겠
느냐?
29 그것이 바로 나의 법전을 짊어지고 가
는 너희들이라는 것을 잊지 말라, 사
랑하는 나의 아들딸들아!
30 너희들이 갈증이 나 죽어 가는 자에게
생수를 전함이니, 이게 곧 너희들이
나의 법전을 가지고 전할 때, 갈증이
나 죽어 가는 자에게 생수를 부어 줘
그를 살리는 역사를 이루는 것이라는
걸 잊지 말라, 사랑하는 나의 아들딸
들아!

9,809 번째 하나님 말씀

2004년 3월 3일 07시 32분

1 사랑하는 나의 아들아!
2 "네, 아버님! 말씀하옵소서."
3 나무 하나를 기르고 바로잡는 것도
그가 굵어지기 전에 너희들이 힘으로
다스릴 수 있을 때, 너희들이 그를 바
로 다스리고 잡았을 때 너희들이 쓰는
재목으로 쓸 수 있지 않더냐?
4 그러니 제 마음대로 성장하여 구부러
지고 휠 대로 휘어서 너희들 인간의
힘으로 잡을 수 없이 그와 같이 나무
가 컸다면, 그는 바로잡고 바로 세울
수 없는 그와 같은 형국이 되지 않더

냐?
5 오늘의 너희들이 그 휘어진 나무는 볼
수 있으며 구부러진 나무는 볼 수 있
으나,
6 나의 사랑하는 백성 너희들이 나의 이
아름다운 지상의 낙원에서 휘고 휘어
쓸모없는 그와 같은 나무로 가는 나의
백성들의 삶은 보지 못할 것이니라.
7 너희들이 눈으로 보는 그 휘어진 아름
드리나무는 너희들의 팔로 잴 수 있으
나,
8 지금 내가 보는 나의 피조물 만백성들
이요, 믿음의 길을 가며 하늘에 오르
는 길이라 하여 가는 그 백성들, 나 여
호와의 뜻에 의해 역사한다는 그 백
성들의 휘고 또 구부러진 그것은 어떠
한 것으로도 재지 못할 만큼 그렇게
구부러지고 휘어져 있는 그와 같은 형
국이 되어 있다면 너희들은 믿겠느냐?
9 도저히 잴 수 없을 만큼 휘어진 것이
오늘의 백성 너희들이 살아가는 모습
이요, 너희들이 지금 역사하는 것이니
라.
10 그러니 그 구부러지고 휜 것은 쓸모가
없으며, 그를 뽑으려 해도 그 누구도
그를 뽑을 수 없음이니라.
11 너희들의 아름을 너무나 벗어나며 그
휘어진 것을 잴 수가 없을 정도로 구
부러지고 휘어 그리 성장하였으니, 이
를 뽑으려는 자가 없으며 이를 제거하
려는 자가 없음이니라.
12 그러니 나 여호와의 뜻을 알며 깨달음
을 아는 종교 집단의 지도자, 저희들
이 지금 가던 길에서 등을 돌리고 돌
아서서 다시 가며, 이것은 아니라 말
을 해도,
13 구부러지고 휘어져 있는 그 나무를 뽑
을 수 없으며 벨 능력이 없기에,
14 그들도 그들의 지시를 따르며 그 앞에
고개 숙여 눈물로써 살아가는 종교 집
단이요, 지도자들이 또 여기에 수없이
있음을 너희들은 알라.
15 그러니 그를 더 이상 볼 수 없어 그를
뽑아 버리고자 하는 것이 나 여호와의
뜻이 아니더냐?
16 그들은 나의 성령을 받고 나의 성령으
로써 임하고 성장한 백성들이 아님을
너희들은 알라.
17 2천 년 동안 나의 아들을 통하여 새로
운 성경이요, 나의 성령을 내려보내어
전한 것이 없었으며, 내 뜻을 아는 선
지자가 없었으며, 내가 명한 선지자가
없었기에,
18 너희들이 마음대로 편한 대로 살아왔
으며, 그리고 비바람이 부는 대로 휘
며 구부러지고 구부러져 너희들이 그
리 오늘에까지 성장했음을 알라.
19 그러니 성령의 가르침과 인도함으로
참진리로 바로 곧게 살 수 있는 것이
거늘,
20 너희들은 그와 같이 성령으로 임하여
너희들을 가르치고 인도한 선지자가
없었기 때문에 나의 뜻을 알 수가 없
으며, 나의 뜻을 전해 들을 수 없는 그
와 같은 슬픈 세상의 삶을 살았느니라.
21 이는 곧 암흑의 세상에서 너희들이 허
덕였기 때문에 바로 선 나무가 없으며
바로 서 있는 재목이 없음이니라.
22 그저 아름드리를 잴 수 없도록 휘고
휜 것이 오늘의 너희들의 삶이요, 오

늘의 믿음의 길이요, 종교 집단 속에 광분하는 그 백성들이니라.
23 나의 뜻은 성령이 임하지 아니하면 절대 모르며, 너희들이 깨우칠 수가 없음이니라.
24 그러니 성령으로 임하여 성령의 지시를 받지 않는 백성은 나의 뜻을 알 수 없으며, 내가 역사하는 것을 알 수 없기에,
25 너희들은 그저 마음대로 자라 휘어진 그 고목과 같은 오늘의 형국이 되어 있음을 알라.
26 그러니 나의 성령과 나의 지시를 직접 받는 자는 내 뜻을 아니, 그를 만백성에게 그대로 전해 주는 그와 같은 역사의 변화가 없었기 때문에, 오늘의 너희들이 이와 같이 험악하게 되었음을 너희들은 알라.
27 이제 너희들을 더 이상 방치할 수 없으며 뽑을 자는 뽑아 버릴 것이며, 바로잡을 수 있는 나무는 바로잡고자 하여 지금 내가 나의 아들을 통하여 나의 성령을 내려보낸 것이니라.
28 그러니 나의 아들과 종교 집단 지도자 너희들과의 그 차별화가 무엇이더냐?
29 나의 아들딸과 나의 백성이 아닌 자가 없음이니라.
30 그러나 진정 나의 아들이라는 것은 무엇이더냐?
31 나의 성령이요, 내 뜻을 알며, 내가 역사하는 것을 알며, 내가 직접 그에게 명함이니,
32 나에게 받은 명을 나의 피조물 만백성에게 전하여 각자가 성령이 임할 수 있도록 아름다운 삶의 모습으로 변해가는 그와 같은 역사를 이루는 것이 바로 나의 선지자요, 나의 아들이라는 것을 너희들은 알아야 될 것이니라.
33 지금의 험악한 세상이 된 뜻을 내가 법전에 기록하여 전했으니 알 것이니라.
34 나의 뜻을 받아 기록하며 나의 성령을 들어 내 명에 의하여 만백성에게 전하여 깨우치는 나의 아들이요, 선지자가 이 세상에 2천 년 동안 단 한 명도 없었기 때문이라는 것을 명심하고 또 명심하도록 그리하라.
35 그리하여 2천 년이 지난 오늘의 그 휘고 휜 노송이요, 그 나무를 바로잡을 수 없기에, 뽑아 버릴 자, 뽑아내고, 아직 휘지 아니하고 바로 세울 수 있는 그 나무는 바로 세우고자 하여,
36 내가 나의 아들을 통하여 나의 성령을 명하여 세상에 내려보냄이니, 이게 바로 법전이며 새로운 성경임을 알라.
37 그러니 나로부터 성령을 받지 못한 지도자는 참진리를 알 수 없으며 참진리의 길을 갈 수 없는 자들이니라.
38 그들이 제대로 알지 못하기에 오늘의 방치한 세상이요, 더욱이 그들이 잘못 가도록 반듯이 가는 나무의 가지를 쳤으며, 너희들이 이리 얽히고 저리 얽히고 얽히고설키게 만들어 지금 바로 큰 나무가 없음을 너희들은 알라.
39 그 세월이 너무 길고도 길어 이리 얽히고 저리 얽힌 그 나무의 구부러지고 휜 것이 내가 잴 수 없을 만큼 이 세상에 굵어졌다 함이니,
40 나의 피조물 만백성 한 사람 한 사람, 휘고 잘못되며 욕심에 젖어 있는 너희

들을 모아 놓고 이를 재려 하나 잴 수
가 없음이니라.
41 너희들이 하나의 구부러진 것은 잴 수
있으나, 똑같이 구부러진 자들은 이를
재고 잴 수가 없음이니라.
42 그리고 얽히고설켜 너희들이 그리되
었느니라.
43 포도나무는 그 열매를 여는 그것으로
써 족하며, 그가 그 열매를 열지 못할
때는 그 포도나무는 너희들이 쓸 수
없는 것처럼, 지금 그 포도나무처럼
얽히고설킨 것이 잴 수 없도록 휘고
구부러진 것이 오늘의 너희들의 삶이
니라.
44 그와 같은 백성들을 내가 이제 바로잡
을 수 없는 자는 잘라 내며 제거할 것
이며 유황불에 던져 태울 것이며,
45 바로잡을 수 있는 그 나무들만을 바로
잡을 수 있도록 하기 위하여 내가 지
금 법전이요, 내 뜻인 새로운 성경을
내려보냄이니라.
46 이제 나의 아들을 따르는 제자들과 만
백성 너희들은 들으라.
47 2천 년 동안 나의 선지자요, 나의 명
을 받아 내 뜻을 알며 나를 볼 수 있는
선지자가 한 명도 없었기에 오늘에 이
험악한 세상이 되었으니,
48 지금 나의 아들을 보내며 나의 성령이
요, 내 뜻을 그에게 명하여, 그가 만백
성에게 전하여 너희들을 바로잡고자
하는 그 역사가 시작됨이니,
49 이 시대에 존재하는 나의 아들을 따르
는 제자 너희들이 얼마나 소중하고 귀
한 백성이요, 축복과 영광을 받은 백
성인가를 너희들은 알아야 될 것이니
그리 알라.

9,810 번째 하나님 말씀

2004년 3월 3일 20시 59분

1 사랑하는 나의 아들아!
2 "네, 아버님! 말씀하옵소서."
3 내가 너의 제자들에게 모두를 전하여
깨우쳐 주지 아니하였더냐?
4 너희들의 행함은 무엇이라 하였느냐?
5 그 행함이 곧고 바를 때 나의 성령이
너희들에게 임함이니, 나의 성령이 임
하여 하늘의 뜻을 알며 나 여호와가
역사하는 그 뜻을 알 수 있는 것,
6 내가 원하는 것을 듣고 볼 수 있는 그
와 같이 성령이 임한 그 백성이야말로
빛과 소금이 되어 만백성을 가르치는
선생으로서 전한다 하였음이니, 그 의
미가 과연 무엇이더냐?
7 선생이요, 지도하는 자가 내가 전하고
자 하는 그 뜻을 모르면서 어찌 나의
선생으로서 내 임무를 대신하며 내 역
사를 하겠느냐?
8 아무것도 너희들은 내 뜻에 의하여 역
사할 수 없으며, 내 뜻에 의하여 이룰
수 있는 것이 하나도 없음이니라.
9 그러니 너희들에게 성령이 임하지 아
니하면 아니 됨을 너희들은 알라.
10 나 여호와의 성령이 임하는 자에게만
이 내가 명하며, 내가 그에게 뜻을 전
하며, 그로 하여금 해야 할 일을 직접
명함이니라.
11 그러니 성령이 임하지 아니하는 백성
은 진정한 지도자가 아니요, 내 뜻을
이루는 목자가 아니요, 만백성을 구하

는 자가 아님을 너희들은 알아야 될 것이니라.

12 내가 나의 아들을 통하여 내렸듯이, 너희들 인간의 행동이요, 행함이 바르고 고와 너희들이 한 점의 부끄럼이 없이 하늘을 향하여 바라볼 수 있을 때, 나의 성령이 너희들에게 임할 것이며,

13 나의 성령이 임하면 너희들은 나 여호와의 음성을 들으며 내가 너희들에게 직접 명함이니 너희들이 내 뜻을 알게 될 것이니라.

14 그러니 너희들이 창조주 나 여호와의 뜻을 알고 내 뜻이 무엇이며 내가 역사하는 것이 무엇인지를 알아야만, 너희들이 나가서 내 뜻에 의하여 만백성을 가르치고 지도하지 않겠느냐?

15 그때가 바로 너희들이 빛과 소금이 다 되어 있음이니, 빛과 소금이 무엇이더냐?

16 안내자요, 썩는 것을 방지하며, 또 새로운 길을 열어 주며 너희들을 깨우쳐 주는 그와 같은 역할을 함이니,

17 내 뜻을 모르고 너희들이 어찌 빛과 소금이 되며 지도자가 될 수 있단 말이더냐?

18 그러니 이와 같은 이치를 너희들은 깊이 명심하여 너희 것으로 만들어 변하는 그와 같은 삶을 살도록 그리해야 됨을 절대 잊지 말라.

19 그러니 행함이 중요함이요, 그리고 그 행함으로 인하여 너희들에게 성령이 임함이요,

20 성령이 임했을 때 내 뜻을 앎이니, 너희들이 선생으로서 모두를 역사할 수 있는 그와 같은 은혜를 얻게 됨이라는 것을 절대 잊지 말라.

21 그리고 내가 너희들에게 명하여 전함이니라.

22 너희들은 갈고 닦아서 바로 설 수 있으며 빛과 소금이 될 수 있는 백성이라는 것을 알도록 그리하라.

23 사랑하는 나의 아들딸들아! 너희들이 아무리 예쁘고 고운 꽃이라 해도, 바람이 와 먼지를 뒤집어쓰면 그것을 털고 씻지 아니하면 그 꽃의 모습이 어디 있겠느냐?

24 너희들이 그리 소중히 가꾸는 진주요, 보석이라 하는 것도 닦고 갈고 빛을 내지 아니하면 그 빛이 어디 나며,

25 보석이 진짜와 가짜의 그 차이가 어디 있으며, 잡석과 차이가 무엇이 있겠느냐?

26 보석 중에 흙에 묻혀 있으면, 그 또한 잡석이 되는 것이 아니더냐?

27 그러니 행함이 바로 서며, 성령이 임하여 만백성의 소금과 빛이 될 수 있는 너희들은 바로 무엇이더냐?

28 너희들을 닦고 너희 자신을 관리하는 것이 소중함을 알아야 될 것이니라.

29 네가 나의 백성으로서 나의 명을 받아 역사할 수 있는 것은 오로지 네가 너 자신을 닦고 관리하는 그것밖에 없음이라는 것을 절대 잊지 말라.

30 너희들이 너 자신을 닦고 관리하여 악습을 버리는 노력 속에서 거듭난다면, 너희들은 행함을 모두 마치는 백성이요, 나 여호와가 너희들에게 성령을 임할 것이며,

31 성령이 임하니 너희들은 내 뜻을 보게

되며, 내 음성을 들을 것이며, 빛과 소
금이 되어 만백성을 지도하고 이끄는
그와 같은 나의 백성이 될 것이니, 절
대 잊지 말라.
32 너희들을 갈고 닦으라.
33 너희들의 나이를 생각하지 말며, 너희
들이 가지고 있는 것, 없는 것을 말하
지 말며, 몸이 아프고 안 아픈 그것을
생각하지 말라.
34 너희들이 너희 자신을 닦아 나 여호와
에게 쓰이고자 하며 나에게 너희들을
바르게 써 주기를 바란다면, 네가 어
찌 아플 수 있으며, 네가 어찌 타락할
수 있으며, 네가 어찌 무너질 수 있으
며, 네가 나이를 탓하며, 네 생활을 탓
하며, 네 환경을 탓할 수 있단 말이더
냐?
35 나 여호와가 쓸 수 있는 백성으로 거
듭나는 데 너희들이 모든 정성을 다
바치라.
36 그것이 네 몸과 정성 모두를 다 바치
는 것이니라.
37 나 여호와에게 너희들이 재물로써 바
치면 나에게 기쁨을 주는 것이 아니
요, 너희들이 천사와 같이 변하는 그
모습이 나에게 가장 큰 기쁨이라 했
으니,
38 너희들이 내 뜻에 의하여 내가 너희들
을 도구로 쓸 수 있도록 너희들이 다
스리는 것, 스스로 너희들이 선택받을
수 있는 그 길을 가도록 자기를 닦고
관리하고, 그와 같이 너희 자신이 변
하도록 그리하라.
39 그것이 너희들이 목숨과 충성과 그 모
두를 다 바치는 것임을 알아야 될 것
이니라, 사랑하는 나의 아들딸들아

9,811 번째 하나님 말씀

2004년 3월 4일 04시 08분

1 사랑하는 나의 아들아!
2 "네, 아버님! 말씀하옵소서."
3 이 세상 만백성이요, 너희 종교 집단
이요, 지도자들, 그 모두가 내가 너희
들에게 행하며 지키라고 써 내린 그
성경이요, 율법이요, 계명대로 살아온
다면 곧 그것이 무엇이더냐?
4 이 세상에 하늘에서 이루어진 것같이
지상의 낙원이 이루어짐이니라.
5 그러나 너희들이 그와 같이 이루지 아
니하고 그와 같이 역사하지 아니할 때
는 너희들은 아무것도 이룰 수가 없는
것이며,
6 바로 내가 원하는 그 삶을 살 수 없는
것이 오늘의 너희들의 믿음이요, 너희
들이 가고 있는 삶이라는 것을 절대
너희들은 잊어서는 아니 됨이니라.
7 내가 너희들에게 무어라 말하였느냐?
8 또한 나의 아들 예수가 너희들에게 그
리 말하지 아니하였던가?
9 '주여, 주여! 나를 부르며 찾는 것이
아니며, 나의 아버지요, 나를 보내신
이의 뜻에 따라 역사하는 것이 구원이
요, 하늘에 오를 수 있는 길이라' 나의
아들 예수가 그리 말하였느니라.
10 그러나 지금의 모든 믿음의 길을 가
는 그 백성들이요, 그와 같이 구원을
받았다는 백성들이 과연 어찌하는가?
11 나의 아들 예수가 '주여, 주여!' 찾지
말며 부르짖지 말라 하였거늘, 너희들

은 지금 나의 아들 예수를 '주여, 주
여!' 구세주라 부르짖으며, 하지 말라
는 짓만을 지금 하고 있지 않으냐?
12 그러니 너희들이 어찌하여 나의 백성
이요, 내 뜻에 의해 역사한다 하느냐?
13 너희들이 그 큰 것을 지키지 아니하
는 백성들이니, 작은 것은 과연 무엇
을 지키겠느냐?
14 나의 아들은 그리 말하지 않았는가?
15 '주여, 주여!' 하며 나를 부르지 말라,
그것으로써 너희들이 나에게 오를 수
있는 것이 아니요, 구원을 받는 것이
아니요,
16 보낸 내 아버지의 뜻대로 살며 역사하
는 것이 바로 구원을 받는 길이라 그
리 명하여 전했거늘,
17 지금 너희들이 나 여호와의 뜻을 따라
무엇인가를 행하고자 하는가?
18 그렇지 아니하지 않더냐?
19 너희들은 그저 내가 부르지 말라는
'주여, 주여!' 하며 나의 아들 예수만
을 부르고 있으며, 그것이 구원이요,
믿음이라 지금 너희들이 하고 있음이
니,
20 그게 내 뜻이며 나의 백성들이 할 수
있는 짓이라 하느냐?
21 그리고 짓지 말라는 그 성전이요, 교
회를 너희들이 짓는 것이 또한 그와
같은 형국이니,
22 이와 같은 믿음의 길을 가며 구원을
받았다는 백성들이 얼마나 지금 나의
뜻을 거역하고 잘못 가는가?
23 가장 많이 내가 성경에 기록하였으며,
너희들이 수없이 보고 읽고 하면서도
그를 지키지 아니하며 행하지 아니하
고 이를 정면으로 거부하는 자들이 이
세상을 지배하는 그와 같은 형국이 되
었음이니라.
24 이제 나의 아들을 따르는 백성 너희들
은 알라.
25 너희들이 나에게 오르고자 하며 내 뜻
에 의해 역사하는 백성으로서 거듭날
수 있는 것은 내 법전이요, 새로운 성
경이요, 너희들에게 지키고 행하라 내
려보낸 그것을 너희들이 지키고 행하
는 그와 같은 길을 가라.
26 그러면 너희들이 모두를 다 얻을 수
있으며 모두를 다 역사할 것이며, 너
희들이 이루지 못할 것이 없다는 것을
알라.
27 이제 나의 아들 너 또한 그러니라.
28 내가 너에게 명한 작고 큰 그 모두를
지키고 행하는 것, 그것으로써 네가
모두를 다 이룰 수 있다는 것을 절대
잊지 말라.
29 너희들이 그를 지키지 아니하며, 그를
몰라서 지키지 아니하든, 알면서도 어
려워 행하지 못하든, 내가 명한 그 뜻
을 너희들이 행하고 지키지 아니하면,
너희들은 아무것도 이룰 수 없는 것이
며,
30 더욱이 나의 160권의 법전이 세상을
덮는 그 역사도 못 할 것이니, 너희들
은 이를 명심하고 명심해서 행하도록
그리하라.

9,812 번째 하나님 말씀

2004년 3월 4일 06시 06분

1 사랑하는 나의 아들아!

2 "네, 아버님! 말씀하옵소서."
3 한 가정을 지켜 감에 있어 그 가장이
흔들리며 확고한 신념이요, 확고한 뜻
을 가지고 이끌어 가지 못하며 저 자
신의 직분을 다하지 못한다면,
4 그 가정의 모든 식구는 불행을 초래하
게 되어 있으며 고통에서 헤어날 수
없는 것이니라.
5 그러니 지금 나의 피조물 만백성 너희
들이 살아가면서 원하고 소원하는 것
은 곧 거듭남이요, 나에게 오르는 그
길이 아니더냐?
6 그러니 너희들이 거듭나며 나에게 오
를 수 있는 그 모두를 주관하는 것은
지금의 종교 집단이요, 지도자 그들이
그 모두를 역사하는 것이 아니더냐?
7 그러니 그들이 곧 골격이니라, 그리고
가장과 같은 자들이니라.
8 그러나 수천 년 동안 믿음의 길을 오
면서 이 세상 나의 피조물 만백성들을
구하며 내 뜻에 의해 역사한다는 그
백성들의 그 가장이 바로 서지 못하며
너희들이 내 뜻을 거역하고 그와 같은
삶을 살아왔음이니라.
9 그러니 이 세상이 지금 너희들이 말하
는 사탄이요, 종말이요, 그와 같은 형
국이 되어 있음을 너희들은 알라.
10 작은 가정에도 가장이 어찌 지키고
어찌 역사하느냐에 따라서 가정의 평
화와 화합의 행복이 거기에 달려 있듯
이,
11 가장이 흔들리며 제 직분을 못 하며
자세가 흔들렸을 때 모두는 다 불행이
라 하지 아니하였더냐?
12 그러니 지금 나의 피조물 만백성들이
요, 이 지상에 사는 너희들의 가장 큰
골격이요, 가장의 역할이 무엇이던가?
13 너희들은 나의 피조물 만백성을 구한
다는 백성들이요, 나의 뜻에 따라 살
아와 거듭나는 역사의 은혜를 이룬다
는 그 믿음의 길을 가는 백성들이 아
니더냐?
14 그러니 그 믿음의 길을 가는 백성들이
요, 그를 가르치고 지도하는 백성들,
그 모두가 다 제자리를 지키지 못하며,
15 오로지 저희들의 부귀영화요, 재물에
대하여, 그리고 인간 사회에서 명예
요, 제 이름을 날리고자 하며, 제가 편
안히 살아가고자 하는 그와 같은 생각
으로써 모두를 역사하는 그와 같은 삶
의 오늘이 되어 있다면, 과연 이것이
바로 설 수 있겠는가?
16 결코 바로 설 수 없음이니라.
17 오늘의 종교 집단이요, 지도자들이 바
로 서지 못하기에 오늘에 이와 같은
험악한 세상이 되었음을 너희들은 알
아야 될 것이니라.
18 너희들은 한 가정이요, 한 집단에 소
속된 자들이, 그 인도하는 자가 바로
섰을 때, 모든 역사가 이룬다 하였으
며, 그리고 이 세상 모두도 그렇다 하
였음이니라.
19 그러니 너희들이 어떠한 기업이요, 어
떠한 사업을 육성하는 것도 특성이 있
으며, 너희들만이 가지고 있는 재주가
있으며, 너희만이 가지고 있는 비밀이
있음이니라.
20 음식점을 운영하며 손님을 거래하는
곳에도 너희들만이 가지고 있는 특성
의 음식이요, 특별히 너희들이 남에게

보일 수 있는 것이 하나가 있어 그가
주관이 되어 이끌어 갈 때 모두가 다
역사할 수 있는 것이니라.
21 하나의 특성이요, 특기요, 네가 내놓
을 수 있는 그것이 없다면, 손님들은
그를 찾지 아니하며 그를 역사하지 아
니함이니라.
22 평범한 곳에는 사람들이 모여들지 아
니하며, 평범한 곳에는 매력을 갖지
아니하며, 평범한 곳에는 그 모두가
투자하지 아니하느니라.
23 모든 백성들이 투자하고자 또 역사하
고자 하는 자들도 특이한 것이요, 미
래가 보이는 그곳에 투자하지 않더냐?
24 그러니 많은 사람들을 상대하고 거래
하는 음식점이라는 것을 운영하는 곳
에도 짜릿한 맛이요, 특성이요, 특기
가 있고, 너희들만의 가지고 있는 그
무엇인가가 하나 있어야 됨이니라.
25 그리하면 모든 백성들이 그로 인하여
그를 찾게 되며 그를 취하게 됨이니,
26 이게 바로 너희들이 벗어날 수 있는
길이요, 지혜임을 알라.
27 한 가장이 다스리지 못하면 모두가 무
너지며,
28 모든 종교 집단이요, 지도자요, 백성
들이 잘못하기에 이 세상이 험악하게
된 것이요,
29 그리고 너희들은 능력 있는 자, 미래
가 보이는 자에게 아낌없이 투자하듯
이,
30 너희들만이 가지고 있는 특성이요, 너
희들만의 성공의 비밀이요, 그와 같은
음식을 개발하며 그와 같은 음식을 하
나 찾았을 때, 만백성은 그를 찾아 벌
떼처럼 모여들거늘,
31 어찌하여 너희들은 그와 같은 깨달음
을 모르고 간단 말이더냐?
32 꿀이 있는 곳에 벌들이 날아들지 않느
냐?
33 꽃이 어떠한 형태로 생겼든 그것은 상
관이 없느니라.
34 꿀이 있으며 단 꿀의 그 근본이 있다
면, 모두는 거기에 날아드는 것이요,
그 꽃의 외형의 모습을 보는 것이 아
니니,
35 그 꿀맛과 같은 하나의 특성을 찾고
하나를 개발한다면 이 세상 것이 다
네 것이거늘,
36 어찌하여 그와 같은 것에 지혜가 없는
백성들이란 말이더냐?
37 너희들이 믿음의 길을 가는 것이요,
나의 법전을 전하는 것도 그러하니라.
38 너희들이 특성이 있으며 개성이 있어
야 될 것이니라.
39 바르게 산다든지, 너희들이 고운 언사
를 한다든지, 오른뺨을 때릴 때 왼뺨
을 내밀 수 있는, 그와 같이 너희들이
행하고 지키는 그 무엇인가의 특성이
하나가 있을 때,
40 나의 법전은 세상을 덮을 것이며, 꿀
에 벌 떼가 모여들듯이 모든 백성은
모여듦이니라.
41 그저 평범하며 남들과 비슷하며, 너희
들이 말하듯이 물에 물 탄 듯 그와 같
은 것으로써는 아무것도 얻을 수 없으
며 이룰 수 없는 것이라 그리함을 전
하라.
42 나의 사랑하는 아들딸 너희들이 네 직
분을 다하며 네 개성을 찾는 것도 무

엇이더냐?
43 내가 너희들에게 살아갈 수 있는 특
성이요, 그 모두를 하나씩 주었거늘,
44 그를 개발하지 아니하고 찾지 못하는
자, 너희들은 흔들리는 삶이요, 바른
삶을 살지 못하며, 고통의 역사가 연
속되는 그와 같은 삶을 사는 것이 너
희들의 운명이라는 것을 알겠느냐?
45 지혜를 가지라, 그리고 깨달음을 얻으
라.
46 나 여호와가 너희들에게 재물을 줌이
아니요, 금화와 은화를 네 손에 쥐여
주는 일은 결코 없음이니라.
47 모두는 너희들이 깨우쳐 너희 지혜로
써 모두를 역사하도록 그리하라, 사랑
하는 나의 아들딸들아!

9,813 번째 하나님 말씀

2004년 3월 4일 06시 08분

1 사랑하는 나의 아들아!
2 **"네, 아버님! 말씀하옵소서."**
3 세상에 제자리를 지키며 남부럽지 않
은 인간의 삶을 살며, 그리고 자연히
그 명예요, 명성을 영원히 세상에 남
기는 것은 무엇이더냐?
4 그는 그걸 만들고 그를 역사하기 위해
10년이요, 20년이라는 기나긴 세월을
오로지 한 가지를 가지고 연구했으며
한 길을 가고 있는 것이니라.
5 그러니 너희들이 10년이요, 20년을
투자해서 무엇인가를 역사하는 것이
늦은 것 같으며 뒤진 것 같으나 그렇
지 아니함이니라.
6 비슷비슷한 것을 가지고 얽히고 사는
것, 하나도 이루지 못하고 사는 것, 남
들보다 다른 것이요, 차별화된 것을
연구하여 만들지 못하는 자를, 이 세
상에서 기억하는 자가 누가 있으며 그
들을 존경하는 자가 누가 있단 말이더
냐?
7 모든 발명품이요, 발명의 역사를 하는
것도 그들은 피나는 노력 속에서 한
길을 가지고 자기만이 가지고 있는
특성을 살리는 것이 아니더냐?
8 멀리 있는 사람과 대화할 수 있는 것,
밝은 불 아래 모든 책을 읽고 공부하
며 역사할 수 있는 이 불빛의 전구를
만드는 것,
9 그 모든 과학의 문명은 그 사람들이
거기에 미쳐서 하나를 만들어 그 이름
을 세상에 냈으며, 그 업적이 영원히
세상에 존재하는 것이 아니더냐?
10 이것이 너희들이 연구하는 기간이 늦
은 것 같으나, 더 빠른 인생을 사는 것
이니라.
11 그러니 나의 사랑하는 아들딸 너희들
이 나로부터 어떠한 대명을 받아 역
사하되, 너희들은 반드시 하나의 개성
이요, 특성이 있는 것을 이루지 아니
하면 아니 됨이니라.
12 그것이 늦은 것 같으나 그것이 이른
자들이니라.
13 10년, 20년을 노력하여 하나의 발명
품을 만들었을 때, 그가 누리지 않는
것이 무엇이더냐?
14 부귀와 영화를 누릴 것이며, 제 뜻을
이룰 것이며, 그보다 더 성공한 자가
없다 말할 것이며, 그 이름이 영원히
기록에 남는 것처럼 그와 같은 축복의

영광이 있지 않더냐?
15 바로 너희들이 나의 피조물 만백성을 상대로 내 뜻을 펴며 내 뜻을 역사하는 것, 너희들이 작은 사업을 하는 것같이 너희들의 특성이요, 개성을 가지고 연구하고 노력하라.
16 그리해서 하나를 찾았을 때, 모든 백성들이 그를 쓰고 활용하지 않더냐?
17 너희들이 말하는 그저 이곳에서 저곳으로 멀리에서 말을 전하는 것, 그리고 하늘을 나는 것, 그 모두를 다 누가 쓰느냐?
18 만백성이 그를 이용하고 활용하지 않더냐?
19 그러니 바로 특성을 개발하라.
20 특성을 살리지 아니하면 너희들은 승자가 될 수 없음이니, 내가 이 지혜를 너희들에게 줌이니, 노력하라.
21 그러면 너희들이 얻고 찾을 것이니라.
22 그때부터 너희들의 그 변화의 역사는 이 세상에 영원히 이름을 남기는 자요, 영원히 존재하는 자요, 그리고 그 명성을 남기는 사람이 되지 않겠느냐?
23 이 의미를 받아들여 깊이 깨우쳐서 너희 것으로 만들도록 그리하라.
24 노력하고 연구해서 하나를 만들고, 하나를 붙잡고 너희들이 모두를 다 바치는 그와 같은 인내를 가지고 가라.
25 그러면 얻을 것이니라.

9,814 번째 하나님 말씀

2004년 3월 4일 06시 11분

1 사랑하는 나의 아들아!
2 **"네, 아버님! 말씀하옵소서."**
3 나의 백성 너희들은 어찌 살아가며 어떠한 마음으로 가느냐?
4 지금 나의 법전을 읽고 나의 아들을 따르는 제자 너희들은 목숨을 다 바쳐 이 자리를 지키며, 너희들이 충성을 다하여 이 자리를 지키겠다 그리 말하고 가느니라.
5 그러나 생명을 가진 너희들이 생명의 위험이 앞에 닥쳤을 때 과연 너희들은 그와 같이 지키고 살아갈 수 있는 마음 자세가 되어 있는가?
6 흔들리지 않는 자가 되었단 말이더냐?
7 너희들은 평소에 말하기를, 의리요, 신의요, 정의로움을 강조하느니라.
8 그러나 너희들이 위험 앞에서도 네 생명이 위협을 받을 때도 네 생명을 놓고 거래하고자 할 때도 그를 지키는가?
9 너희들이 생명의 위협을 받을 때는 그 정조도, 지조도 다 버리고, 어떠한 고난과 역경이든 너희들이 그 대가를 치르며 그들의 요구에 따르며,
10 그들로부터 생명을 구원받을 수 있다면, 너희들은 못 하는 일 없이 하고, 선택할 것도 없으며, 지조요, 정조를 지키는 것, 그와 같은 것도 하지 못하는 것이 너희들이 아니더냐?
11 이것이 인간 나의 백성 너희들의 마음이니라.
12 너희들이 네 생명을 구할 수 있다면, 너희들이 어떠한 뜻을 지키기 전에 그 생명을 구하는 길을 선택하는 것이 나의 백성 너희들이 아니며, 너희들의 심성이 아니더냐?
13 그러니 2천 년 전에 나의 아들 예수를

따랐던 그 제자들은 어떠했느냐?
14 그들도 그러하지 않았던가?
15 베드로라는 그 제자는 저 자신이 나의
아들 예수 앞에 그리 말했느니라.
16 제가 죽을지언정 나의 아들 예수를 부
인하지 않겠다 했으며, 그를 버리지
않겠다고 그는 말했으며, 모든 제자들
이 그와 같이 약속하지 아니했던가?
17 그리고 그들은 그 뜻에 모두 동조하
며, 그 제자들은 그리한다 하였느니라.
18 그러나 그들은 나의 아들 예수를 버렸
으며, 저희들이 살기 위해 도망가는
추한 모습을 보이며, 그를 팔고 도망
간 그와 같은 자들이니,
19 지금 나의 아들을 따르는 제자 너희들
의 마음은 과연 어떤가, 너희들 자신
을 다스려 보도록, 점검하도록 그리하
라 전하라.

9,815 번째 하나님 말씀

2004년 3월 4일 06시 19분

1 사랑하는 나의 아들아!
2 "네, 아버님! 말씀하옵소서."
3 나의 아들을 따랐던 베드로라는 제자
는 제가 죽을지언정 나의 아들 예수를
배신하지 아니하며 등을 돌리지 아니
한다 그리 호언장담했으며, 그 모두가
그리 결의를 했다 하지 않더냐?
4 그러니 나의 아들 예수가 그 제자 베
드로에게 말하기를, '네가 닭이 울기
전에 나를 세 번 배신할 것이니라. 그
리고 나에게 등을 돌릴 것이니라.' 그
리 예언했으나, 그는 그런 일은 결코
없다 말했음이니라.
5 그러나 그는 어찌했는가?
6 예수가 고통의 시련을 당하며 그를 죽
이고자 하는 자들에게 잡혀 갈 때, 베
드로는 모든 사람들 앞에, 저를 안다
는 자 앞에서 무어라 하였느냐?
7 그는 부인하여 가로되 '나는 네가 무
슨 말을 하는지 모르겠느니라. 네가
무엇 때문에 무슨 말을 나에게 하는지
나는 아무것도 모르겠느니라. 나는 예
수를 모른다. 나는 그를 모른다.' 그리
그는 부인하지 아니하였느냐?
8 그것이 그리 호언장담했던 베드로의
그 약속이요, 행함이니라.
9 또 베드로가 무어라 말하였느냐?
10 그를 예수의 제자요, 같이 있는 자라
말하니, '내가 맹세하건대 절대 나는
그와 같은 자를 모르며 그를 모른다.'
부인하여 가로되,
11 '나는 그 사람을 알지 못한다. 알지 못
하느니라.' 그리 부인하고 도망감이니
라.
12 또한 그가 어찌하였느냐?
13 다른 사람이 또한 베드로에게 그리 물
었을 때, 베드로는 똑같은 대답을 하
였느니라.
14 '내가 맹세하건대 맹세코 저를 모른
다.' 부인하며 '그 사람을 알지 못한
다.' 하며 그가 도망감이니, 그때 닭이
울더라 하는 그 성서에 기록된 말을
모르느냐?
15 그러니 세 번 부인하고 닭이 우니, 그
닭의 울음소리에 제가 세 번 배신한
것을 보고 통곡하며 후회했으며, 제가
눈물을 흘림으로써 반성하고 회개하
고자 했으나, 이미 그는 때가 늦었음

이니라.
16 아무리 통곡하고 후회해도 그는 돌이
킬 수 없는 그 길을 가지 아니했더냐?
17 지금 나의 아들을 따르는 제자들이요,
모든 백성 너희들은 무어라 말하느냐?
18 과연 너희들은 이것이 나 여호와의 뜻
이요, 나의 아들이요, 내가 모두 역사
한다고 말하나,
19 과연 나의 아들이 어렵고 힘들 때, 너
희들은 나의 법전을 부인하지 아니하
며 나의 아들을 등지고 떠나는 자가
없겠는가?
20 그와 같은 제자가 단 한 명만 있다 해
도 이 법전은 세상을 덮을 것이며, 내
가 이루고자 하는 뜻은 이루어질 것
이니라.
21 그러나 지금의 나의 아들을 따르는 제
자 너희들 중에 단 한 명도 그와 같은
제자가 없다 하면 이를 어찌하겠는가?
22 정녕 너희들은 지금 베드로처럼 부인
할 것이니라.
23 제가 목숨을 바쳐 충성을 다하여 죽
음의 길을 간다 해도 이 법전을 가슴
에 안고 죽을 것이며, 지금의 나의 아
들을 따를 것이며, 이 모두를 역사하
여 만백성에게 전하겠다는 것,
24 나의 아들이 이 세상에 그들에게 화
살을 맞아 죽음으로 인하여 제가 그
길을 간다 해도 대를 이어 그 모두를
다 역사하겠다는 마음을 가지고 있는
제자가 있는가?
25 단 한 사람도 없음이니라.
26 그러니 이 대역사를 이루는 그 제자들
중에 그와 같은 마음이요, 준비가 되
어 있는 자가 없다 하면,
27 과연 나의 법전이 세상을 덮을 수 있
으며 만백성을 구하는 그 역사의 길을
갈 수 있겠는가?
28 절대 너희들은 그리 이루어질 수 없음
이니라.
29 그러니 나는 그와 같은 백성이 나오기
를 기다리며 그 세월을 또 기다릴 것
이니라.
30 그리하여 그와 같은 백성이 나왔을
때, 모두는 이루어질 것이며 역사가
이루어질 것이니,
31 이제 나의 아들을 따르는 제자 너희들
이 예수를 따르던 그 베드로가 호언장
담하던 것처럼, 말로써 '나는 죽을지
언정 법전을 가슴에 안고 죽을 것이
며, 나의 아들이 죽어 가니 그를 대신
하여 목숨을 바쳐 역사할 수 있다.' 하
는 말은 할 수 있으나,
32 정녕 너희들은 닭이 울기 전에 몇 번
이라도 더 반복할 것이며, 몇 번이라
도 더 등을 돌릴 수 있고 달아날 수 있
는 것이 너희들임을 알아야 될 것이
니라.
33 그러니 그와 같은 백성 하나가 나왔을
때, 나의 법전은 세상을 덮을 것이니
라.
34 내가 이 법전을 만드는 것이 무엇이
라 하였느냐?
35 나 여호와의 책임은 내가 나의 성령
의 그 모두를 세상에 내려보내니, 나
의 아들 가슴에 심어 주면 되는 것이
요,
36 나의 아들은 이것으로써 너희들의 글
로 책으로 만들 수 있도록 준비를 해
서 너희들에게 전하면 되는 것이니,

이게 바로 무엇이더냐?
37 나의 성령을 받는 선지자가 세상에 없었기 때문에 2천 년 동안에 너희들이 험악하고 험악한 지금의 말세요, 인간이 인간을 두려워하는 험악한 세상이 되었다 하지 않았느냐?
38 그러니 지금 내가 2천 년 만에 나의 아들을 세상에 내려보내 나 여호와의 뜻을 세상에 내려보내며, 그걸 받아 책으로 만들어 역사하여 만백성을 구하니,
39 내 뜻이 지상과 교통하는 지금의 시대가 열리고 있음이니라.
40 여기에 그 모두를 역사하는 것, 나의 법전을 만들어 전하고, 내가 내린 나의 교통의 그 뜻을 만백성에게 전하여, 그들이 깨달으며 구원의 길을 갈 수 있고 없는 것은 나의 아들을 따르는 제자들이요, 내가 부른 너희들의 책임이라 하였음이니,
41 너희들 자신 한 사람이 나의 법전이요, 나의 아들이요, 내가 내리는 이 모든 성경이 나의 뜻이라 하여,
42 여기에 너희들이 목숨을 바쳐 거부하지 아니하며, 피하지 아니하며, 도망가지 않는 그와 같은 모습으로 한 사람이 나올 때, 모두는 역사하고 이룬다는 뜻을 알겠느냐?
43 나의 아들 예수를 따르며 그 기적의 역사요, 인간으로서는 행할 수 없는 그 모두를 본 베드로도, 제가 죽을지언정 배신하지 아니한다 하여 언약하고 굳게 약속한 자도 그리 두세 번씩 등을 돌리고 부인했으며,
44 맹세하건대 나의 아들을 모르는 자라 부인한 그들의 모습이 바로 너희들의 모습이라는 것을 알라.
45 여기에서 그와 같이 거듭나는 백성, 그를 뛰어넘는 백성, 그 모두를 초월하는 나의 아들을 따르는 제자가 나왔을 때, 모두는 이루어질 것이며,
46 그렇지 아니하면 법전을 전하며 만백성을 구하는 것은 너희들의 대명이라 했으나, 그 대명을 이룰 자가 없으니, 법전이 세상에 나가 만백성의 눈을 뜨게 할 수 없다는 것을 알라.

9,816 번째 하나님 말씀

2004년 3월 4일 06시 25분

1 사랑하는 나의 아들아!
2 "네, 아버님! 말씀하옵소서."
3 예수가 그를 처형하는 자 앞에 잡혀가, '네가 과연 만인의 왕이냐?' 그리 물을 때, 나의 아들 예수가 무어라 대답하였느냐?
4 '내 나라는 이 세상에 속한 것이 아니라' 그리 그는 명확히 대답을 했음이니라.
5 그러니 '만일 내 나라가 이 세상에 속한 것이었더라면, 나를 따르는 자들이요, 나의 종들이 싸워 유태인에게 넘겨주지도 않게 하였을 것이며,
6 이 나라의 여기에 와 지금 내가 그 형벌을 받으며 이와 같은 고통의 역사도 있지 않을 것이니라. 내 나라는 지상에 속한 것이 아니라' 그리 전한 뜻을 너희들은 알겠느냐?
7 정녕 그와 같이 나의 아들이 전한 그 의미를 지금의 모든 믿음의 길을 가

는 백성, 그리고 나의 아들을 따르는
제자 너희들은 알아야 될 것이니라.
8 그를 깨우치기 전에, 나의 피조물 만
백성은 오만이요, 자만에 빠져 있는
이와 같은 어리석은 믿음의 길을 가
고 있는 자들이 아니더냐?
9 너희들은 이 의미를 아는가?
10 너희가 나의 아들 예수의 보혈로써 죄
사함을 받았다면, 너희 자신은 정녕
이 세상의 백성이 아님을 알아야 될
것이며,
11 너희들이 보혈로 깨우친 자요, 표백되
어 깨끗한 자들이라면, 지금도 이 세
상에 살아가는 그와 같은 백성의 자세
의 삶을 살아서는 아니 됨이니라.
12 나의 아들의 보혈로써 너희들이 구원
을 받은 자라면, 너희들은 나의 아들
이 말했듯이, 이 세상에 속한 것이 아
니요, 하늘나라에 속해서 살아가는 삶
이요, 그 백성이라는 것을 알아야 될
것이니라.
13 그러니 너희들은 그러한 삶을 살아야
하거늘, 너희가 지금 살아가는 그 모
습은 어떠한 것이더냐?
14 너희들은 무엇을 위해서 무엇을 이루
고자 살아가는가?
15 너희가 나의 아들 예수의 보혈로써 거
듭났다면, 너희들은 이 세상의 백성이
아님이니라.
16 그러니 너희들이 나의 나라의 백성이
되어 있어야 함이니,
17 너희들은 이 세상에 살아가는 인간 세
속에 얽매이는 것이 아니요, 하늘나라
의 법도에 따라 살아가는 것이 당연한
것이니라.
18 내가 여기서 너희들에게 묻노라.
19 너희들이 그와 같이 나의 아들 예수의
보혈로써 은혜를 받아 이 세상의 백성
이 아니요, 나의 아들 예수가 말했듯
이 하늘나라의 그 백성이라면,
20 과연 그와 같이 말하는 나의 아들은
재물을 챙겼으며, 재물을 거둬들였으
며, 그 교회라는 곳을 역사하는 곳에
모두를 바쳤는가?
21 그는 어찌 살았느냐?
22 부를 축적했던가?
23 부를 누린 것도 아니며 오로지 그는
빈손으로써 나의 뜻이요, 나의 성령을
전하는 데 모두를 바친 것이니라.
24 그것이 하늘나라의 백성이요, 이 세상
의 나라에 살지 않는 백성이니라.
25 그러니 오늘 종교 집단이요, 지도자
요, 구원을 받았다 그리 말하는 백성,
너희들은 과연 가지고자, 더 쌓아 놓
고자, 네 앞에 무얼 이루고자, 더 명예
로운 걸 얻고자, 너희들이 쌓아 두고
자, 너희들의 창고를 채우기 위하여
모든 재능을 발휘하며 거기에 맞춰 살
아가는 백성들이 아니더냐?
26 그러니 너희들은 인간 세속에 있는 것
을 벗어나지 못하며 버리지 못하는 그
와 같은 백성은 이 지상의 삶에서 벗
어나지 못한 자들이니,
27 결국 너희들은 변화된 백성이 아니요,
변화되는 길을 모르는 백성들이요, 나
의 아들 예수의 보혈로써 구원을 받은
백성이 아니라는 것을 알라.
28 그러니 너희들은 구원이라는 것을 생
각지도 말며 거듭나는 것을 말하지도
말라.

29 너희들이 정녕 나의 아들 예수의 보혈
로써 거듭났다면, 이 세상의 백성이
아니요,
30 나의 아들 예수가 말하듯이, 하늘나라
의 백성이요, 나의 백성이요, 인간 세
상에 있는 너희들 세상에 속한 백성이
아님이니, 너희들의 삶을 그리 살아야
될 것이니라.
31 그러나 너희들이 사는 것은 인간 세
상에서도 가장 추하고 더러운 모습으
로 살아감이니,
32 그리하고도 너희들이 구원을 받으며
구원을 받은 백성이라 말할 수 있느냐?
33 너희들의 삶에서 행함은 가장 추하고
더러운 짓을 하며,
34 말로써는 너희들이 구원을 받으며 거
듭나는 영광을 얻는 그와 같은 축복과
영광이 있을 것이라 하며 그 착각 속
에 살아가는 어리석은 백성들의 그
세 치의 혓바닥에 현혹되지 말라.
35 너희들의 귀하고 소중한 생명이 거듭
나는 것은 천국에서 영원히 존재하는
것이요, 거듭나지 못하는 것은 지옥에
가 너희들이 그 많은 죄의 대가를 치
르는 삶을 삶이니,
36 여기서 너희들이 깨우쳐 선택하도록
그리하라.

9,817 번째 하나님 말씀

2004년 3월 4일 06시 34분

1 사랑하는 나의 아들아!
2 "네, 아버님! 말씀하옵소서."
3 지금의 모든 종교 집단이요, 지도자,
그리고 구원을 받았다 울고불고하며
맹종 맹신하는 그 불쌍하고 가련한 백
성들, 그들이 과연 나 여호와를 믿고,
거듭나는 세상이 있다 말하는 것을 믿
고 있는 줄 아는가?
4 그들은 절대 믿지 아니하는 자들이니
라.
5 아무리 종교 지도자가 단상에서 나를
찾으며, 사후의 세계가 있으며 구원의
길이 어쩌고저쩌고 중언부언해도,
6 그들은 정녕 나 여호와의 다음의 세상
이요, 하늘의 법도가 있는 것을 절대
믿지 않는 자들이니라.
7 종교 지도자가 저 자신의 이름으로 재
물을 쌓으며 재물을 거둬들일 때, 그
들은 나 여호와가 존재하는 것을 믿지
않는 자요, 나의 뜻을 거역하는 백성
이라 내가 말하지 아니하였느냐?
8 그러면서 저희가 그와 같은 짓을 하면
서 어찌 남을 구하며 다른 백성을 인
도할 수 있다 하느냐?
9 내가 지금의 모든 믿음의 길을 가는
그 종교 집단이요, 지도자요, 울고불
고하는 광신도들이요, 맹종 맹신하는
그들이 다 거짓된 자들이요, 천국을
놓고 사기극을 벌이는 자요, 저 자신
이 저를 속이는 자들이라 그리 말함이
니라.
10 그들이 어찌하는가?
11 그들은 천국이요, 하늘나라에 가는 것
보다도 더한 영광이 없으며, 그리하여
저희들이 하늘나라요, 천국에 갈 수
있다면 저는 오늘 죽어도 두려움이 없
으며 겁이 없다 그리 말하며,
12 '저는 하루라도 빨리 가기를 원하며
아버님 품으로 가기를 원합니다. 아버

님! 저를 데려가 주옵소서. 천국으로
인도하여 주옵소서.' 그리 울고불고
광란의 짓을 하느니라.
13 그것이 오늘의 종교 지도자들이 가르
치는 방법이요, 신도들이 또한 그리
말하며 그리 따라가느니라.
14 그러니 저희는 구원을 받았으며 천국
에 가게 되었으니, 어서 천국을 가도
록 해 달라 하며, 보내 달라 그리 말하
는 것이 너희들이 아니더냐?
15 그러니 천국보다 더 위대한 곳이 없으
며 더 좋은 곳이 없으며 그보다 좋은
곳이 없으니, 빨리 가도록 해 달라 하
며 빨리 역사해 달라 그리하느니라.
16 그리고 갈 수 있다 장담하며, 아버님
의 뜻이라면 지금이라도 당장 달려가
겠다 그리 말하느니라.
17 그러나 그들이 그리 말하면서 그들의
행동이 과연 어떠하더냐?
18 종교 지도자요, 광신도인 그 백성이
병들어 죽어 갈 때 그들은 무엇을 말
하느냐?
19 '아버님! 저를 빨리 데려가 주옵소서.
빨리 죽게 하여 주옵소서. 천국에 가
도록 하여 주옵소서.' 그리하는가?
20 저희들은 기도원이라는 곳, 능력 있는
자, 귀신이 들린 자들이라든지 어떠한
기적을 이루는 자들이라면,
21 재물을 쌓아 가지고 찾아가서 제 병을
고쳐 주고 더 오래 살게 해 달라 애걸
복걸하는 것이 그들의 추한 모습이니
라.
22 종교 지도자요, 그 광신도요, 저희들
은 구원을 받는 것, 하늘에 오르는 것
보다 더 영광이 없으며, 천국에 가는
길보다 더 바라는 것이 없다 하여 '저
희들을 데려가 주옵소서. 그리고 그
길을 위해 아버님의 뜻이라면 오늘이
라도 당장 목숨을 바치겠나이다.' 하
는 자들이,
23 막상 병들고 죽게 되며 제 숨이 거둬
지기 전 지금 간다는 것을 알 때, 그들
이 애원하고 소원하는 것이 무엇이더
냐?
24 온갖 곳을 다 다니며 온갖 행동을 다
하며, '아버님! 제 생명을 연장하여 주
옵소서, 저를 이 세상에 더 살 수 있도
록 하여 주옵소서.
25 병만 고쳐 주시며 제가 뛰고 달릴 수
있도록 해 주신다면, 제가 죽을 때까
지 아버님께 모두를 다 바치며 모두를
다 역사할 것이며,
26 아버님의 뜻을 위하여 모두를 바치겠
사옵나이다.
27 저를 구원하여 주옵소서. 제 생명을
연장하여 주옵소서. 제 목숨을 연장해
주옵소서.' 하는 것이 지금 기도원을
찾아와서 기도하며 너희들의 성전에
찾아가서 기도하며 애걸복걸하는 것
이 아니더냐?
28 그러니 과연 너희들이 나를 믿고 하늘
나라가 있으며 천국이 있는 것을 믿
으며, 너희들이 죽어 와 나에게 오르
는 것이 영광된 길이라면,
29 너희들의 죽어 가는 목숨이 빨리 죽기
를 바라며, 빨리 죽도록 노력하는 것
이 당연한 것이거늘,
30 어찌하여 죽어 가는 그 목숨을 연장해
달라, 그리고 살려 달라 애걸복걸하
며, 그 목숨을 살려 주기만 하면, 지금

까지 잘못 살아온 것을 다 얘기하며,
31 지금까지 살아왔던 그 믿음에서 바꿔
아버님의 사업에 목숨을 바쳐 충성을
다하는 자로 거듭나겠다 하며 그리 울
고불고 애걸복걸하고 매달리느냐?
32 그러니 너희들은 다 가짜이니라.
33 그리고 너희들은 천국을 놓고 장사하
는 것이요, 사기꾼이요, 사기 치는 자
들이란 말을 어찌 부인하겠는가?
34 너희가 천국이 그리 좋다면, 무엇이
두려워 그곳을 못 가고 그곳을 가지
않도록 해 달라 울고불고 말하겠느냐?
35 차라리 믿지 않는 이방인은 제가 죽
어 갈 때 나를 찾고 부르짖지 아니하
느니라.
36 그저 그 수명에 따라 저희들이 말없이
순리를 따라가며, 너희들처럼 추하고
더러운 모습을 보이지 않느니라.
37 종교 지도자요, 신도 너희들이 '나는
구원을 받았으며, 천국에 갈 수 있는
자격을 받은 자요, 천국에 가는 것보
다 더한 기쁨이 없으니, 천국을 가는
것은 내가 지금 찬송을 부르며 아버님
의 말씀을 듣다 숨을 거둔다 해도 부
끄럼이 없으며 영광이옵나이다.' 그리
말하는 자들이,
38 막상 병들어 죽어 가게 되면, 온갖 추
한 짓을 다 하며 목숨을 연장해 달라
애걸복걸하는 것이 너희들이 아니더
냐?
39 그러니 지상의 삶보다 더 아름다운 천
국이라 말하는 것이 정녕 그게 맞는
말이란 말이더냐?
40 지상의 삶보다 천국이 그리 좋으며 영
원히 태어나는 축복이 그리 위대하다
는 것을 너희들이 믿고 확신한다면,
너희들은 그를 주저하겠는가?
41 그러니 병들어 죽어 가는 것을 축복이
요, 영광이라 생각할 수 있는 것이거
늘,
42 너희들은 저 자신이 확신할 수 없으며
너희들이 확신하지 못하기에, 이 세상
에서 제 목숨을 연장해 달라 울고불고
매달리는 것이니라.
43 그러니 그와 같은 자들이, 이중적인
자들이 바로 무엇이더냐?
44 너희들이 나의 사랑하는 백성들 앞에
천국이라는 것을 갖다 놓고 사기극을
벌이며 거짓된 짓을 하며 사악한 짓을
하는 것이니,
45 그러니 믿는 자가 하나도 없으며, 나
를 따르는 자가 없음이니라.
46 너희들은 나를 의심하는 자요, 하늘을
의심하는 자요, 그러니 너희들은 나와
는 아무런 관계도 없는 자들이요,
47 천국이라는 그 이름 앞에 사기 치는
자요, 거짓된 짓을 하는 자요, 나의 피
조물 만백성의 고혈을 빨아먹는 방법
으로 쓰는 것이니,
48 제가 죽게 될 때 나에게 '아버님 감사
합니다. 빨리 불러 주시니, 천국에 가
서 편안하고 죽고 사는 고통이 없는
그 나라에 가도록 불러 주심을 감사합
니다.' 해야 될 것이거늘,
49 '아버님! 절대로 저는 가지 않도록 해
주십시오. 조금만 더 살게 해 주십시
오. 조금 더 연장해 주시면, 제가 아버
님의 뜻에 충성하는 종이요, 백성이
되어 모두를 다 바치겠습니다.'
50 하며 울고불고 매달리는 것이 너희들

의 그 추하고 더러운 모습이니, 그것
은 벌레만도 못한 자들이 하는 행위이
니라.

9,818 번째 하나님 말씀

2004년 3월 4일 06시 39분

1 사랑하는 나의 아들아!
2 "네, 아버님! 말씀하옵소서."
3 나 여호와가 만백성을 깨우쳐 하늘에
오르는 길을 인도하고자 했던 나의 성
경에서 성령의 뜻을 너희들이 이해하
지 못한다면, 결국 너희들은 무엇이더
냐?
4 창조주 나 여호와의 뜻을 이해하지 못
하며 그를 알지 못하는 백성이라면,
5 곧 너희들은 나의 뜻에 의하여 역사하
는 자가 아니요, 나로부터 선택된 백
성이 아니요, 내 뜻을 따라 역사하는
것이 아닌 것이 아니더냐?
6 그러니 결국 나의 뜻을 알지 못하기에
나의 뜻대로 행하지 못하면서 너희들
이 나를 찾고 부르짖고 내 뜻을 역사
한다는 것은 바로 나와 반대의 길을
가는 것이 아니던가?
7 그러니 모든 종교 집단 너희들이 나의
성령이요, 나의 성경의 뜻을 알지 못
함이니,
8 나의 뜻을 거역하는 자들이 되었으며,
나의 뜻을 거역하고자 하는 것만을 너
희들이 역사했으며,
9 내가 이 세상에 이루고자 하는 그 모
두를 방해하는 백성으로서 너희들이
오늘까지 살아왔다면 과연 믿겠느냐?
10 나의 법전에 수없이 기록된 그 내용들
을 너희들이 깨우쳐 들여다본다면, 과
연 너희들은 내 뜻에 의하여 역사하는
것이 아니요,
11 내 뜻을 전혀 알지도 못하며, 내가 이
루고자 하는 계획을 알지 못하는 자들
이기 때문에,
12 내가 계획하는 것을 부수고 그를 이루
지 못하도록 훼방꾼들로서 지금까지
나의 피조물 만백성이 내 뜻에 의해
하늘에 오른다고 울고불고하고 있는
그와 같은 형국이니라.
13 그러니 지금까지 모든 백성들은 나의
뜻을 거역하면서 천국에 간다 말함이
니,
14 천국의 문을 열고 닫는 그 고유의 권
한은 나 여호와만이 가지고 있다 했음
이니,
15 나에게 온다는 백성들이 내 뜻을 거역
하고 과연 나에게 올 수 있다 말할 수
있느냐, 그리고 너희들이 천국에 갈
수 있다 말할 수 있는가?
16 나의 백성 너희들은 알아야 될 것이니
라.
17 그들의 가르침과 그들의 방법으로써
는 천국의 문이 절대 열리지 아니함이
니라.
18 나의 아들 예수를 믿으면 천국에 간다
고 하나, 결국 천국이 아니라 너희들
이 지금 어떠한 형국으로 갔느냐?
19 나의 아들의 이름을 부르짖으며 그 보
혈로써 구원을 받으며, 나의 이름을
찾고 부르는 것으로써 구원을 받는다
그리 전하고 가르치는 백성들,
20 내 뜻을 알며 내가 역사하는 것이요,
나와 하나가 되기 위해서는 내가 원하

고 바라는 그 길을 너희들이 가는 것
이 내 뜻이거늘,
21 너희들은 나와 하나가 되는 것이 아니
고 나에게서 떨어져 나가는 그와 같은
길을 갔음이니,
22 너희들이 지금까지 울고불고 간 그 믿
음의 모두는 천국의 나의 나라에 오는
것이 아니요, 지옥으로 가는 백성으로
그 길을 가도록 인도하는 것임을 알라.
23 지금도 그러한 역사만이 진행되고 있
으며, 결국 천국에 들어올 자격이 없
는 백성들이 과연 어찌하여 천국의 내
나라에 올 수 있단 말이더냐?
24 자격이 갖추어지지 아니한 자는 결코
나에게 올 수 없다 함을 너희들은 알
아야 될 것이니라.
25 천국에 간다는 것, 거듭난다는 것, 모
두는 다 거짓말이니라.
26 지금에 하고 있는 자들은 사기꾼들이
며 그들로써는 너희들이 구원받을 수
없음을 알라.
27 천국에 보내 준다는 것, 천국에 갈 수
있도록 너희들을 안내한다는 것, 그리
고 저희들의 교회요, 성전에 오기만
하면 천국에 들어갈 수 있는 선택된
백성이라는 것은 다 사기꾼들이 거짓
된 행위를 하는 것임을 너희들은 알라.
28 그러니 나의 천국이 온다는 그 천국을
놓고 사기꾼들이요, 거짓을 하는 자들
이 이 세상을 덮고 있음이니라.
29 너희들은 이제 알아야 될 것이니라.
30 창조주 나 여호와도 너희들을 마음대
로 구원하고 구원해 줌이 아니니라.
31 너희들을 구원할 수 있는, 그리고 구
원의 길을 볼 수 있는 것을 내가 깨우
쳐 주며, 나에게 오를 수 있는 백성이
어찌 살아야 되며, 어찌 가는 길인가
그것만을 가르쳐 주는 나 여호와임을
알라.
32 오고 못 오는 것은 너희들의 손에 달
렸다는 것을 내가 수없이 기록하여 전
했음이니,
33 너희들은 깊이 깨우쳐 너희 스스로 올
수 있도록 그리 역사해야 함을 알라,
사랑하는 나의 아들딸들아!

9,819 번째 하나님 말씀

2004년 3월 4일 06시 53분

1 사랑하는 나의 아들아
2 "네, 아버님! 말씀하옵소서."
3 지금의 믿음의 길을 가는 그 백성이
요, 수천 년 동안 흘러온 그 뿌리를 가
지고 가는 모든 백성, 종교 지도자들
은 저희들이 구원을 받았다 말하며
저희들이 구원을 받도록 인도한다 말
하느니라.
4 그리고 저희들이 죽어 천국에 간다 그
리 말하며 그리 가르침이니라.
5 그리고 무조건 구원을 받았다 말하며,
구원을 받은 백성이라 말하며,
6 오늘의 믿음의 길을 가는 그 백성은
제가 어찌 행하고 어찌 살아가는지는
관계없음이니라.
7 오로지 너희들이 물을 때, 그들은 '나
는 구원을 받은 자요, 구원을 받았다.'
그리 말하느니라.
8 지금의 나의 아들을 통하여 나 여호와
는 너희들에게 무어라 가르치느냐?
9 지금의 나의 아들은 법전에 기록하여

책으로 근거하여 너희들 중에 구원받
은 자 한 사람도 없으며, 구원받은 백
성이요, 자격이 있는 자 없다 그리 말
하며 기록하여 전하느니라.
10 그러면서 나의 아들은 이것이 창조주
나 여호와의 뜻이요, 하늘에 계신 아
버님의 뜻이라,
11 너희들 중에 구원을 받은 자가 하나도
없으며, 신약의 역사와 구약의 역사가
흘러오면서 너희들은 모두가 다 구원
을 받았으며 구원을 받았다 말함이니,
12 너희들과 똑같이 믿음을 온 백성이요,
더 강한 믿음을 가진 백성은 무조건
구원을 받았으며 하늘나라 천국에 들
어온 것이라 그리 착각하며, 너희들도
그리 들어갈 것이라 믿고 믿음이나,
13 여기에 나의 아들이 쐐기를 박음이니
라.
14 너희들 중에 구원을 받은 자가 한 명
도 없다 내가 책으로 기록하여 전하니,
15 너희들은 이를 사탄이요, 사악한 자
요, 마귀라 그리 말하느니라.
16 그러나 너희들은 들으라.
17 나의 아들이 너희들에게 언약한 의미
를 아는가?
18 나의 아들 예수가 너희들에게 전하여
성서에 기록한 언약의 대목을 내가 여
기에 기록하여 전함이니,
19 이러고도 지금 나의 아들이 너희들 중
에 구원받은 자 한 명도 없다 함을 너
희들이 부정하며, 나의 아들이 잘못됐
으며 나의 새로운 성경이요, 나의 법
전이 잘못됐다 말할 수 있는가?
20 나의 아들을 통하여 내가 성서에 그리
말하느니라.
21 '내 아버지 집에 거할 곳이 많으나, 그
렇지 않으면 너에게 일렀으리라. 내가
너희를 위하여 처소를 예비하고자 가
노니,
22 가서 너희를 위하여 처소를 예비하면
다시 와서 너희들을 영접하여 나 있는
곳에 너희들도 있게 하리라.'
23 나의 아들 예수가 그리 너희들에게 가
르치고 전하였느니라.
24 나의 아들 예수는 세상의 삶을 마치고
하늘에 와 너희들이 올 수 있는 그 처
소를 만든다 하였음이니,
25 처소를 만든다는 의미는 무엇이더냐?
26 너희들이 살고 기거할 수 있는 집이
요, 그 모두가 준비되어 있지 아니함
이니,
27 그가 가서 그 모두를 준비하여 너희
들이 머물 곳을 만들어 그가 다시 내
려와 너희들을 인도한다 하였음이니,
28 이는 곧 완벽한 너희들의 처소가 아직
준비되어 있지 않으며 너희들이 갈 수
있는 것이 아니 되었기에,
29 너희들이 갈 수 있는 그 모두를 만들
어 그가 다시 내려와 너희들을 인도
한다 하는 그와 같은 나의 아들 예수
의 가르침의 의미를 한 번 생각하며
깨우침을 얻어 보도록 그리하라.
30 여기서 너희들이 느끼는 것이 있으며
깨달음이 있을 것이니라.
31 그래도 너희들은 그리 말할 것이니라.
32 너희들은 구원을 받는 자요, 구원을
받을 자신이 있는 자들이라 그리 믿고
나갈 것이며,
33 나의 아들을 사탄이요, 사악한 자요,
이단이요, 이는 용서할 수 없는 자라

그리 말할 것이니라.
34 그러나 나의 아들 예수는 너희들에게
그리 전하였느니라.
35 한 획도 빼서도 안 되며 더해서도 안
된다는 나의 아들 예수의 직접 가르친
그 뜻,
36 그가 하늘에 올라가 너희들이 임할 수
있는 처소를 만들어 놓고 다시 내려와
너희들을 데려간다 함이니,
37 나의 아들 예수가 2천 년 전에 그와
같이 말했으나, 오늘 나의 아들 예수
가 세상에 와서 너희들을 데려갔느냐?
38 데려간 사실이 없음이니 너희들 중에
구원을 받은 자는 하나도 없으며,
39 나의 아들이 지금 너희들이 말하는 군
병이요, 천군을 데리고 나팔 불며 내
려와서 너희들을 다시 인도한 역사가
없으며,
40 '처소를 만들었으니, 이제 나의 백성
들의 형제들아! 그리 오기만 하면 되
느니라.' 하고 오라 한 그 역사가 없으
며, 데려간 적이 없으며, 나의 아들 예
수가 내려와 너희들을 인도한 적이 없
음이니,
41 너희들은 과연 이러고도 구원을 받은
자요, 나에게 왔다 말할 수 있으며,
42 너희 조상들이 지금 천국에 와 있으
니, 너희들은 그들보다 믿음이 더 강
하고 굳건하며 많은 재물을 바쳤으며
울고불고 눈물 짠 그 눈물의 양이 많
음이니, 하늘에 오를 수 있으며 나에
게 오를 수 있다 말할 수 있는가?
43 너희들이 얼마나 오만한 자며 교만한
자인가?
44 성서의 뜻을 아무것도 모르는 자들임
이니라.
45 그러니 이것이 너희들의 믿음이요, 오
늘의 너희들이 울고불고하는 그와 같
은 그 믿음의 길의 대표적인 삶이 아
니더냐?
46 그러니 너희들이 나와 관계없다 함을
너희들은 알아야 될 것이니라.
47 '처소를 예비하면 다시 와서 내가 너
희들을 영접하여 나 있는 곳으로 인도
한다.'는 나의 아들 예수의 그 가르침
을 너희들이 뼈저리게 느껴야 될 것이
니라.
48 처소를 만들어 너에게 다시 온다 하였
으니, 나의 백성의 하늘나라에 처소를
만들고자 예수는 그리 하늘에 왔으며
간다 말하지 아니하였더냐?
49 그리하여 그 처소를 만들고 다시 내려
와 너희들을 데려간다 하였음이니,
50 너희들이 머무는 처소가 마련되지도
아니하였으며 이루어지지도 아니하
였거늘,
51 너희들은 지어지지 않은 집이요, 준비
되지 않는 곳에 감히 들어가 주인 역
할을 할 수 있으며, 제가 주인 역할을
할 수 있다 함이니,
52 처소가 마련되지 아니한 그곳을 너희
들이 어찌 간단 말이더냐?
53 천국의 문을 들어서는 것도 너희들 임
의로 할 수 없으며, 더욱이 너희들의
처소가 준비되지 아니하였으며 너희
들이 있을 수 있는 곳이 만들어지지도
아니하며 준비도 아니 되었거늘,
54 어찌하여 너희들이 그곳에 와 기거하
며 나에게 왔다는 말이더냐?
55 그러니 너희들이 얼마나 어리석고 불

쌍하고 가련한 백성이더냐?
56 구원이라는 것, 천국이라는 것에 현혹
되어 아무것도 모르는 자요, 사악한
사탄의 혀에 너희들이 지금 무너지고
끌려가는 그와 같은 형국이 되어 있다
는 것을 알라.
57 아직 하늘나라에 너희가 머무는 곳이
준비되지 않았다는 것을 너희들은 이
제는 알아야 될 것이며 깨달아야 되지
않겠느냐?
58 그러니 너희들이 머무는 곳이 준비되
지도 않은 하늘나라인데, 어찌 완성된
것처럼 너희들이 그곳에 와 있다 말하
느냐?
59 이는 나를 능멸하며 나의 아들 예수보
다도 너희들이 더 잘 알며 너희들이
더 위대한 자리에 있다 하는 것이 아
니냐?
60 그러니 나의 아들 예수가 죽음으로써
하늘에 와 너희들의 처소를 만든다는
그것도 무시하는 것이며,
61 너희들이 처소를 다 만든 자요, 그 처
소를 너희들 마음대로 배정하며 정하
는 자들이요, 너희들이 마음대로 와서
안주할 수 있다 하니,
62 나보다 더 높은 자요, 예수보다도 위
대한 자라 너희들이 지금 하고 있는
그 사악한 행위를 알고 있느냐?
63 모든 종교 집단과 그 백성들이 예수가
재림하여 다시 오지 아니하면, 너희들
이 역사할 수 없으며, 그때까지 하늘
의 처소가 준비되지 않았다는 뜻이 아
니더냐?
64 그러니 나의 아들 예수가 다시 천군을
데리고 나팔 불며 천사를 이끌고 세상
에 와 너희들을 인도하고 안내하는 그
와 같은 일이 없었음이니,
65 너희들은 한 사람도 가지 못한 자요,
하나도 구원을 받지 못했다는 나의
아들을 통하여 새로운 성경이요, 나의
법전에 기록하여 전하는 뜻이 과연
거짓된 것이며 나의 뜻이 아니라 너희
들이 거부할 수 있는가?
66 이것을 너희들이 인정하고 깨닫는다
면, 지금 나의 아들이 한 사람도 구원
받은 자가 없으며 천국에 온 자가 없
다고 나의 아들이 전한 것을 너희들이
믿을 것인가,
67 너희들은 구원을 받았으며 구원을 받
은 자들이요, 하늘에 올 수 있는 영광
을 가진 자들이요, 죽어 오기만 하면
나로부터 큰 상을 받는 것만이 남아
있다는 것,
68 그리고 너희들이 죄를 짓는 행함은
예수가 모두를 짊어졌으며 너희들에
게는 선한 상을 받는 것이 남아 있다
고 말하는 자들이 얼마나 허황된 자
들이며, 얼마나 불쌍한 자들이며, 얼
마나 미련한 자들인가를 알겠느냐?
69 너희들은 예수가 다시 온다 하였으니,
2천 년 동안 나의 아들은 내려오지 아
니하였으며 오지 아니하였으니,
70 아직도 처소가 마련되지 아니한 것이
라는 것을 너희들은 알겠는가?
71 여기서 내가 가르쳐 줌이니라.
72 예수가 하늘나라에 와 처소를 만드는
것이 아니요, 너희들이 바로 그와 같
은 곳에 와서 살아갈 수 있는 그와 같
은 백성으로 변했을 때, 나의 아들이
세상에 내려온다 함이니라.

73 나의 아들이 세상에 내려옴은 바로 너
희들이 천국이요, 너희들이 기거할 수
있는 이 세상이 됨이니,
74 하늘에서 이루어진 것같이 이 땅에서
이루어지는 그 세상의 역사를 이루고
자 하는 것이니라.
75 그러니 나의 아들 예수가 다시 너희들
에게 내려온다는 것은 무엇인 줄 알
겠느냐?
76 나의 성령이요, 나의 뜻이 세상에 내
려와 하늘에서 이루어진 것같이 이
땅에서 이루어져 교통하며, 하나가 되
는 세상을 만드는 그 역사를 비유한
뜻을 너희들에게 전했음이니,
77 이제 어리석은 백성들아! 너희들은
이와 같은 뜻을 깨우치라.
78 그리고 나의 아들 예수가 세상에 내려
와 너희들을 인도하고 안내한 적이 없
으며, 처소를 만들었으니 다같이 가자
하여 천군이요, 천사를 데리고 나팔을
불며 너희들을 데리고 이끌어 가는 사
실이 2천 년 동안 한 번도 없었으니,
79 너희들이 구원받은 자가 하나도 없다
는 것을 스스로 너희들이 시인하는 행
위임을 그리 알라.
80 이제 너희는 하늘나라에 거할 수 있는
백성이 되기 위하여 그를 바라는 것이
가르침이요, 그 뜻임을 알라.
81 그리하여 내가 너희를 깨우쳐 인도하
고자 하여, 다시 어리석은 백성 너희
들을 구원하고자 하여,
82 나의 아들을 세상에 내려보내 나의 성
령으로써 나의 책으로써 160권이라는
대장정의 역사를 이루어 너희들을 깨
우치고자 함이니,
83 하늘의 처소에 기거하는 자격이요, 그
근본이요, 너희들이 오를 수 있는 것
을 내가 내려보내니,
84 이를 보고 연구하고 가슴에 안고 정독
하여 너희들이 하늘에 오를 수 있는
그 영광을 얻도록 그리하라.
85 지금 바로 나의 성령이 다시 내려옴이
니, 내 뜻임이니,
86 예수가 내려오는 것도 내 뜻이요, 또
한 나의 성령을 나의 아들을 통해서
내려보내니, 예수가 재림하여 너희들
을 깨우치고 인도하는 것과 같음이니
라.
87 2천 년 동안 나의 아들이 세상에 천군
이요, 천사를 데리고 내려와 너희들을
구하지 않았으니,
88 너희들은 한 사람도 구원을 받지 못했
다는 겸손한 자세로써 그 두려움과
무서움을 알도록 하라 하여 내가 이
뜻을 나의 새로운 성경에 기록하여 전
함이니 그리 알라.

9,820 번째 하나님 말씀

2004년 3월 4일 07시 00분

1 사랑하는 나의 아들아!
2 "네, 아버님! 말씀하옵소서."
3 너의 제자들이요, 나의 법전을 읽고
깨우친 만백성 너희들은 알아야 될 것
이며, 너희들이 얼마나 은혜와 축복
속에 선택된 백성인가 또한 그 감사함
을 알아야 될 것이니라.
4 너희들이 나 여호와가 역사하는 것을
모르고, 또한 그를 알지 못하며, 그리
고 아무리 배워도 또 읽고 깨우치고

본다 해도 알지 못하며, 성서를 천 번
만 번을 읽는다 해도 내 뜻을 모르는
백성이니, 마음이 비워지지 아니한 자
는 결코 그 뜻을 모르느니라.
5 그러니 나의 뜻을 모르고 가는 그 백
성들이 얼마나 어리석고 불쌍한 백성
이며,
6 또한 그들이 지도자로 서서 나의 피조
물 만백성을 이끌어 가니, 거기에 또
같이 가는 자는 얼마나 더 불행하고
가련한 백성들이더냐?
7 지금의 믿음의 길을 가는 백성 너희들
은 무엇이더냐?
8 나의 아들 예수를 찾으며 나를 믿기만
하면 무조건 너희들은 그저 거칠 것
없이 천국을 간다는 것, 이것이 너희
들의 오늘의 믿음이요, 깨달음이 아니
더냐?
9 그러니 믿는 자는 천국을 가며 믿지
않는 자는 지옥을 간다는 그것으로써
지금까지 오랜 세월 동안 온 것이 믿
음이요, 너희들의 신앙의 상태라는 것
을 알라.
10 그러나 나의 아들을 따르는 백성 너희
들은 하늘에 오르는 길이 무엇이며 나
여호와가 역사하고자 하는 것, 내가
이루고자 하는 것이 무엇인가를 앎이
니, 곧고 바른 그 길을 오는 백성들이
아니더냐?
11 나는 나의 아들 예수를 통하여 너희들
에게 가르쳤으며 이리 전했음이니라.
12 다시 한 번 내가 나의 법전에 기록하
여 전하는 이 의미의 두렵고 무서움을
너희들은 어찌 모르느냐?
13 '무덤 속에 있는 자들아! 나의 아들의
음성을 들을 때가 오나니' 나의 아들
은 그리 말하였느니라.
14 죽어 무덤 속에 있는 자라도 너희들이
나의 아들의 음성을 들을 때가 있을
것이라 그리 말한 그 대목에서 나의
아들을 통하여 뭐라 전하였느냐?
15 '선한 일을 행하는 자는 생명의 부활
로써, 악한 일을 행한 자는 심판의 부
활로써 나온다.' 내가 기록하여 전한
가르침을 너희들은 알겠느냐?
16 지금 그 죽음의 무덤이라는 것을 너희
들은 죽어 너희들이 묻혀진 것을 이야
기하나,
17 지금의 육의 세상을 사는 것 이 세속
에 사는 것이 너희들이 나의 뜻을 거
역하고 삶이니, 이게 바로 너희들이
죽음의 무덤에서 사는 백성들이니라.
18 그러니 내가 나의 아들을 통하여 너희
들에게 지금의 세상에서 선한 일을 행
하는 자는 생명의 부활로써 태어날 것
이며, 악한 일을 하는 자는 심판의 부
활로써 그 죄의 대가를 치른다 기록하
여 너희들에게 전한 그 뜻을 아는가?
19 너희들이 어찌 이를 모른다 말할 것이
며, 이는 너희들과 관계없는 말이라
그리 말할 것이냐?
20 그러니 내가 여기서 기록하고 전하는
뜻은 무엇이더냐?
21 너희들이 나의 아들 예수를 믿으며 나
를 믿고 찾는 그 믿음을 가지고는 구
원을 받지 못하는 것이니,
22 너희들이 믿고 믿지 않는 것으로써 구
원을 받고 받지 않는 것이 아니라, 너
희들이 어찌 살아가는지가 구원의 기
초요, 근본이니라.

23 믿고 안 믿는 그 모두의 차원을 떠나
서, 너희들이 선한 행위를 하고 사는
자는 생명의 부활로써 거듭나는 것이
요,
24 악한 일을 하고 사는 자는 그 심판의
기준이라는 것에 너희들이 그 대가를
치른다 하지 않았느냐?
25 그러니 이와 같이 말하고 가르치는 종
교 집단이요, 지도자야말로 무엇인 줄
알겠느냐?
26 천지를 창조하고 만물 모두를 역사한
나 여호와의 뜻이요, 나의 위대함을
모르는 자며 내가 이끌어 가는 것을
모르는 자니라.
27 지금 너희들이 어떠한 형국으로 가느
냐?
28 내가 너희들에게 이와 같은 뜻을 전한
것을 알겠느냐?
29 선한 일을 행하고 착한 일을 하고 사
는 자는 생명의 부활이요, 그렇지 않
는 자는 심판의 대가를 치른다는 것은,
30 이 세상을 창조한 나 여호와는 모두를
다 덮고 있으며 모두를 다스리고 있음
이니라.
31 그러니 믿는 것으로써 구원을 받고 못
받는다 말하는 것은 너희들이 억만 분
의 일도 안 되는 그 이치를 가지고 나
의 뜻이요, 나에게 역사하는 것처럼
가르치는 것이니라.
32 그 모두를 다 초월한 것이 나의 아들
딸이요, 이 세상을 창조한 나 여호와
의 위대한 뜻이며 방대한 뜻임을 너희
들은 알라.
33 그러니 그 작은 것으로써 심판의 기준
을 삼지 말라.
34 너희들이 정녕 어찌 사느냐가 가장
중요한 것이요, 믿고 안 믿는 것은 중
요치 아니함을 너희들은 알라.
35 너희들이 나를 모르기 때문이니라.
36 너희들이 지금 모르기에 만백성을 내
가 반대하는 지옥으로 인도하는 짓을
하고 있음을 알라.
37 이제 내가 다시 한 번 전함이니, 너희
들이 믿고 안 믿는 그것으로써 구원의
심판이라 하지 말라.
38 너희들이 어찌 선하게 살며 악하게 사
느냐 그것이 믿고 안 믿는 그보다 더
위대하며 높이 있으며 내가 바라는 뜻
이 여기 있음이니,
39 너희들은 창조주요, 이 세상의 만물을
창조하여 지배하고 다스리는 나 여호
와를 모르며, 내 뜻을 모르며, 내가 원
하는 것을 모르며, 나의 위대함조차도
모르는 자들이라는 것을 그들에게 전
하라, 사랑하는 나의 아들딸들아!

9,821 번째 하나님 말씀

2004년 3월 4일 07시 03분

1 사랑하는 나의 아들아!
2 "네, 아버님! 말씀하옵소서."
3 너희들이 성령의 뜻을 모르니 어찌 나
여호와의 뜻에 의하여 내 뜻을 역사하
며 살아가는 백성이라 말할 수 있겠느
냐?
4 지금의 종교 집단이요, 지도자 중에
나의 뜻을 아는 자 하나도 없다면, 너
희들은 믿겠는가?
5 수천 년 동안 믿어 오는 그 종교 집단
이요, 지도자, 이끄는 자요, 그리고 구

원을 받았다며 울고불고 광란의 짓을
하는 그 백성 너희들이 나의 뜻을 아
는 백성이 한 사람도 없음을 알라.
6 이것이 바로 무엇이더냐?
7 너희들이 성경을 읽고 쓰고 또 읽고
써도 그것을 알지 못하는 자이기 때문
이니라.
8 그러니 성경을 읽고 쓰고 해도 너희들
이 그 뜻을 알지 못하며 내 뜻을 아는
백성이 하나도 없음이니,
9 나 여호와가 예언으로써 모두를 역사
하고자 하는 그 뜻을 전하는 것을 너
희들이 어찌 알겠느냐?
10 그러니 나의 뜻을 알아듣지 못하며 내
예언을 알지 못함이니, 너희들이 또한
무엇을 이룰 수 있고 역사할 수 있단
말이더냐?
11 어찌 나의 뜻을 알아듣지 못하는 자가
내가 원하는 것을 이루겠느냐?
12 아무것도 못 이루니 너희들은 나의 뜻
을 행할 수가 없는 자들이니라.
13 나의 뜻을 알지 못하니 행함이 없으
며, 행하지 못하니 너희들이 이루는
것이 없음을 알라.
14 그리하여 불쌍하고 가련한 너희들에
게 마지막의 기회를 주어, 너희들이
읽고 깨우쳐 누구나 다 알 수 있으며
깨달을 수 있는 하늘의 이치와 하늘에
오르는 빛을 볼 수 있는 나의 법전을
나의 사랑하는 아들을 통하여 160권
의 법전으로써 세상에 내려보낸 그 뜻
을 알겠느냐?
15 그러니 이것이 얼마나 소중하고 귀한
것인가를 나의 아들을 따르는 제자요,
나의 법전을 읽고 깨우친 백성 너희들
은 만백성에게 전함에 주저하지 말며
게을리해서는 아니 될 것이니 그리 알
라.

9,822 번째 하나님 말씀

2004년 3월 5일 06시 06분

1 사랑하는 나의 아들아!
2 "네, 아버님! 말씀하옵소서."
3 지금의 나의 피조물 만백성이요, 그리
고 너를 따르는 제자 그 모두가 어렵
고 힘든 길을 걸어감이니라.
4 이는 바로 무엇이더냐, 사랑하는 나의
아들아!
5 "네, 아버님! 저는 그리 생각하옵나이
다.
6 사람이 살아가다 병이 남이니, 그 병
을 고치기 위해서 쓴 약을 먹게 되며,
또한 고통스럽고 어려운 길을 가게 되
어 있으며,
7 또 그 병이 강하고 중함으로 인하여
수술을 해야 되며 칼을 몸에 대야 되
며, 그와 같은 시련의 고통을 겪어 그
병을 치료함이니,
8 오늘의 저의 제자들이요, 아버님의 말
씀을 듣고 깨우친 그들도 모두가 지금
그 병에 걸려 있으며,
9 그 병을 스스로 수술하지 아니하면 아
니 되며 치료하지 아니하면 아니 되기
에, 오늘의 그들이 병의 수술이요, 약
을 먹고 고치는 그와 같은 과정을 가
고 있다 그리 생각하옵나이다.
10 저희들의 몸이 아프니, 병이 남으로
간단히 약으로써 치료할 수 있는가 하
면,

11 약으로써 치료하지 못하여 그 병마에
목숨을 잃는 그와 같은 것이 저희들이
인간 세상에 살아가는 한 과정인 줄
알고 있사옵나이다.
12 그러니 그와 같이 저를 따르는 제자들
이요, 그리고 법전을 읽고 깨우친 백
성들,
13 또한 그 병의 경중에 따라서 그가 그
만큼 쓴 약을 먹어야 될 것이며, 고통
을 겪게 되는 그와 같은 것으로써 치
료를 하지 아니하면 아니 되기에,
14 오늘의 저희들이 그와 같은 길을 간다
저는 그리 생각하옵나이다.
15 그리해도 저희들이 고통과 시련 속에
서 그 병마에 죽어 가는 사람보다는
그를 딛고 일어설 수 있기에, 그 산고
의 고통보다도 더 아픈 그 치료를 하
지 아니하면 아니 되기에,
16 그와 같은 길을 저희들에게 주시는 것
이라 그리 생각하고 있사옵나이다."
17 사랑하는 나의 아들아!
18 내가 너에게 일찍이 깨우쳐 주었듯이,
건강한 자에게는 약이 필요치 아니하
다 하였느니라.
19 그러니 병든 자에게는 그 약이 필요하
며 그 의술이 필요하며 의사가 필요하
다 하였음이니,
20 오늘의 사랑하는 나의 아들딸 그들이
깨끗하게 거듭나기 위하여 그 모두를
치료하고 수술하지 아니하면 아니 되
기에, 모든 그 시련을 겪고 가게 됨이
니라.
21 그러니 바른 의술이요, 바른 의사요,
바른 약을 씀으로써 그 병마는 치료될
것이며, 그 병을 너희들이 딛고 일어
설 것이니, 그것은 아무것도 아니지
않더냐?
22 너희들이 그를 치료하지 아니하며 알
지 못하여 너희 육신이 변화되며 썩어
져 가는 그와 같은 병이 아니고,
23 너희들 스스로 알고 있기에 그를 치료
할 수 있다면 그것은 아무것도 아니
요, 병이라 말할 수 없느니라.
24 그러니 바로 나의 아들을 따르는 제자
들이요, 나의 법전을 읽고 깨우친 만
백성 너희들은 지금 스스로 네 병이
무엇이며 네가 앓고 있는 것이 무엇인
지를 의사도 알고 너도 아니, 그를 고
치지 못할 것이 무엇이 있겠느냐?
25 바로 이것이 너희들이 오늘에 선택된
백성들의 영광임을 알라.
26 너희들이 죄를 짓고 살아온 것, 죄를
짓는 것, 그리고 무엇이 죄며 하늘에
오르는 길을 거역하는 것인가 그 모두
를 지금 알고,
27 그를 수술하고 고치기 위해 달려가는
것이 선택된 나의 아들을 따르는 제자
너희들이요, 나의 법전을 읽고 깨우친
백성 너희들이 아니더냐?
28 그러니 너희들은 두려워할 것이 없음
이니라.
29 알면 치료할 수 있으며, 알면 그 약이
있으니 투여하고 수술할 것은 수술하
면 되지 않더냐?
30 그것을 모르고 그것을 잡지 못하기에
너희들은 두렵고 무서운 것이나, 네가
알고 의사가 알며 그리고 또 약이 있
음이니, 무엇도 두려워하지 말고 고민
하지 말라.
31 한순간이요, 한 시대를 지나고 나면

너희들이 그와 같은 역경이요, 시련을
겪어야 되는 그 이유를 알게 될 것이
며,
32 그를 거울삼아 두 번 다시 병에 걸리
지 않는 그와 같은 삶을 살 수 있는 나
의 아들을 따르는 제자들이요, 선택된
너희들이기 때문이니 그리 알라.

9,823 번째 하나님 말씀

2004년 3월 5일 06시 11분

1 사랑하는 나의 아들아!
2 "네, 아버님! 말씀하옵소서."
3 새로운 성경이요, 나의 법전이 과연
무엇이더냐?
4 너희들이 참진리요, 깨달음을 얻으며
바른길을 갈 수 있는 것, 그것이 하늘
의 뜻이요, 참진리임을 너희들은 알아
야 될 것이니라.
5 나의 법전이요, 새로운 성경이 기록되
어 전하는 것이 과연 너희들이 헛된
것이 있는가?
6 헛된 것이 없으며 너희들이 이를 보고
깨우침으로 너희 자신을 다스리며 네
마음이 변하는 그와 같은 삶을 살 수
있는 것이니,
7 그러니 헛된 것이 없으며 잘못 가르치
는 것이 없거늘, 어찌하여 지금 너희
들은 이단이요, 사탄이요, 그리고 마
지막 시대에 오는 거짓 선지자가 세상
을 혼란케 하기 위하여 하는 행동이라
그리 규정 지으며 어찌 그리 밀어붙이
며 그리 말을 할 수 있는가?
8 너희들은 나의 뜻을 알아야 되는 것이
니라.
9 너희들이 나의 뜻을 알지 못하면서 그
모두를 역사한다는 것은 다 너희 자신
이 만든 것이요, 네 생각으로써 너희
들이 살아가는, 그와 같은 나와는 관
계없는 백성들의 삶이라는 것을 알아
야 될 것이니라.
10 나 여호와가 전하는 뜻을 너희들은 알
아야 될 것이며, 새로운 성경을 내가
새로운 법전이요, 마지막 구원의 시대
에 역사하는 것이라 하여 내려보내는
그 뜻을 너희들은 알아야 될 것이니라.
11 그 뜻을 알지 못하면 너희들은 정녕
그리도 너희들이 갈구하고 구원한 것
은 얻을 수 없음이니라.
12 나의 새로운 성경은 너희가 나의 뜻을
알 수 있도록 내가 전하는 것이며, 누
구나 글을 알아 읽을 수 있는 백성이
라면 내가 원하는 것, 내 뜻이 무엇인
가를 알도록 기록되었음을 너희들은
어찌 모르는가?
13 너희들이 복음을 전하며 죄의 온상인
교회를 짓는 것, 그와 같은 것이 구원
이요, 내 뜻에 의하여 역사하는 것이
라 그리 말하나, 그 모두는 나와 관계
없다 하였음이니,
14 너희들은 내 뜻을 거역하며 내 뜻을
모르며 나와는 관계없는 그와 같은 길
에서 역사를 함이니,
15 그것은 인간 너희들의 편안과 안일을
위하여 지금 하고 있는 행위라는 것을
너희들은 알아야 될 것이니라.
16 더욱이 창조주 나 여호와의 뜻을 따라
하늘에 오르는 길을 온다는 백성들이,
그리고 나의 나라에 오겠다는 백성이
요, 올 수 있다는 그 백성들이 어찌하

여 내 뜻을 모르며 내가 원하는 것을
모르고 있단 말이던가?
17 내가 너희들에게 무어라 말하였느냐?
18 너희들이 부모에게 재물을 바쳐 그 기
뻠을 주는 것보다도 그 부모의 뜻을
헤아리는 아들이 부모에게 정녕 기쁨
을 주는 자라 하지 아니하였던가?
19 그러니 너희들이 내 뜻에 따라 역사하
는 것이 아니요, 내 뜻을 알고자 내 뜻
에 따라 살아가는 것이 아니요,
20 그저 너희들은 인간의 생각이요, 인간
의 모든 지혜로써 나의 피조물 만백성
을 통제하며 제왕의 자리를 지키며 너
희들의 안일을 위한 그와 같은 삶을
살아가기 위하여 역사함이니,
21 지금 그것이 잘못되었으며 그를 고치
지 아니하면 아니 된다 하여 내가 나
의 아들을 통하여 내리는 새로운 성경
160권을 너희들은 지금 어찌 평하는
가?
22 이것을 사탄이요, 이단이라 그리 평하
는 너희들이 얼마나 우를 범하는 것이
며, 구원의 길을 볼 수 있는 그 백성들
의 앞길까지 막는 것이 너희들이 지금
하고 있는 짓이라는 것을 알고 있는가?
23 이제 나는 너희들에게 마지막으로 경
고하는 것이니라.
24 너희들이 나의 뜻을 알지 못하여 내
뜻대로 역사하지 못하거든, 말없이 나
의 법전을 읽고 깨우쳐 내가 전하는
그 뜻이요, 내가 역사하고자 하는 뜻
을 깨달아 구원의 길을 얻도록 그리하
라.
25 그 길이 아닌 다음에는 결코 너희들이
나에게 오를 수 없음을 너희들은 알아
야 될 것이니라.

9,824 번째 하나님 말씀

2004년 3월 5일 06시 17분

1 사랑하는 나의 아들아!
2 "네, 아버님! 말씀하옵소서."
3 나의 법전을 읽고 깨우친 백성이요,
그리고 나의 아들을 따르는 제자, 너
희들은 곧 내가 무어라 하였느냐?
4 너희들은 만백성을 구하는 전사로 역
사할 것이며, 만백성의 선생으로 역사
할 자라 하였음이니,
5 너희들은 나의 백성을 낚는 어부가 되
어야만 된다 그리하지 아니하였던가?
6 그러니 내가 너희들에게 그리 전하고
깨우쳤건만, 나의 아들을 따르는 제자
너희들은 과연 얼마나 많은 백성을
나의 성전에 인도했으며, 나의 법전을
읽고 깨우치도록 그들을 낚았다 생각
하는가?
7 얼마나 너희들이 나의 많은 백성들을
구원의 길로 낚아 올렸는가?
8 이는 곧 얼마나 너희가 나의 백성을
깨우치며 그 모두를 갖다 역사했으며,
그리고 그들이 바른길을 볼 수 있도록
너희들이 인도했느냐 하는 것, 그것을
내가 너희들에게 묻고자 함이니라.
9 너희들은 살아서 움직이는 그 백성을
너희들이 낚는다는 것, 그것이 과연
보통의 정성이요, 보통의 열의로써 모
든 것이 이루어질 수 있다 말하는가?
10 살아서 움직이는 그 백성들을 낚아 나
의 법전을 보고 깨우침의 그 길로 인
도하는 것,

11 피하려 하며 도망가려 하며 등지고 움
직여서 제 마음대로 가는 그들을 나의
성전에 인도하며 나의 법전을 읽고 깨
우치도록 인도하는 그 역사는 너희들
이 온갖 정성을 다하지 아니하면 아니
됨이니라.
12 온갖 정성을 다 바치고 다해도 너희들
이 사람을 낚을 수 있을까 말까 하거
늘, 내가 그리 명하였건만,
13 과연 너희들은 어떠한 마음으로써 나
의 피조물 만백성을 낚아 나의 법전을
읽고 깨우치게 하는 어부가 되었는가?
14 너희들이 진정한 어부가 된 사람이 없
음을 알아야 될 것이니라.
15 그러니 그것도 역사하지 못하는 너희
들이 어찌 나의 법전을 만들어 만백성
을 구하는 전사로서 역사할 수 있으며
내 뜻을 전파할 수 있단 말이던가?
16 내가 너희들에게 말하였느니라.
17 너희들은 인간을 낚는 어부라 하였으
니, 너희들이 나의 백성을 과연 낚아
보았는가?
18 정녕 그를 낚기 위해서 너희들이 얼마
나 정성을 들이고 노력을 했으며 얼마
나 연구를 했는가?
19 그저 지나가는 말로써 나의 백성을 낚
는다 생각한다면, 너희들은 도망가고
피하며 제 갈 길이 바쁜 그 백성들을
어찌 낚을 수 있는가?
20 낚을 수 없음이니라.
21 그러니 너희들이 그와 같은 백성이라
면, 나의 법전을 세상에 만들어 전할
수 있는 그 자격, 또한 없으며 나의 뜻
을 전파하는 그 역사를 못 할 것이니,
내가 어찌하면 되겠는가?
22 그러니 너희들은 사람을 낚는 어부로
서 그 기술을 배우도록 그리하라.
23 넓고 넓은 바다에 가서 고기를 잡는
것에 최선을 다하는 그 어부는 그물을
던지는 것, 고기들이 모여드는 것, 고
기들이 흘러가는 그 길을 넓은 바다에
서 알고 있음이니,
24 그러한 자만이 그물을 던져 고기를 건
질 수 있는 것이 아니더냐?
25 그러니 내가 살아서 움직이며 살아서
도망가는 그 백성들을 낚는 어부가 되
라 하였거늘,
26 너희들은 과연 어부의 그 직분을 얼마
나 충실히 행하고 역사했는가 오늘 이
순간 너희들은 깨우쳐 보도록 너의 제
자들에게 그를 전하도록 하라, 사랑하
는 나의 아들아!

9,825 번째 하나님 말씀

2004년 3월 5일 06시 25분

1 사랑하는 나의 아들아!
2 "네, 아버님! 말씀하옵소서."
3 너를 따르는 제자들이요, 그리고 나의
법전을 읽고 깨우친 만백성 너희들은
수천 년 동안 믿음의 길을 오는 그 백
성들이 구원이요, 구원해 달라 얽매이
고 매달리는 것, 이것에 매달리지 말
며 이를 생각하지 말라 하였음이니라.
4 지금의 구원에 얽매어 사는 그 백성
들, 그들이 가는 믿음의 길이 과연 진
정한 믿음으로 가는 백성들이던가?
5 그들은 진정한 믿음이요, 나 여호와의
뜻에 의하여 역사하는 것이 아님을 너
희들은 알아야 될 것이니라.

6 그들은 나의 아들 예수를 믿으며 나를
찾는 그 순간에 저희는 구원을 받았다
말하는 자들이 아니던가?
7 그러면 저희들은 구원을 받았는데 어
찌하여 구원에 매달리며, 구원에 매달
리는 그 믿음의 길을 간다 하느냐?
8 그러니 그들이 어떠한 자들이라 내가
말하였더냐?
9 천국에 가는 것, 하늘에 오르는 길은
영광이요, 축복된 길이기에 빨리 가며
그 길을 위해서 살아간다 하면서, 너
희들이 병들고 몸이 아팠을 때 너희들
은 이를 치료해 주기를 바라며 소원하
는 것이며,
10 그리고 너희들이 병을 고쳤을 때 목숨
을 바쳐 나 여호와의 사업을 위하여
모두를 다 바치며 천사와 같이 살겠다
고 울고불고 매달리는 것이 너희들이
라 하지 아니하였더냐?
11 그러니 너희들이 말로써는 천국이요,
그곳을 가고자 하나, 너희들은 천국을
인정하지 아니하며 나 여호와가 존재
하는 걸 인정하지 아니하기에,
12 너희들이 병들어 나에게 올 때쯤 되면
그 길을 가지 않도록 해 달라 울고불
고 소원하는 것이 종교 지도자요, 집
단이요, 구원의 길을 가는 그 광신하
는 신도들이라 하지 않았더냐?
13 그러니 너희들이 다 허황된 것이며 잘
못된 자들이니라.
14 너희들은 구원을 받았다 하면서, 어찌
하여 너희들이 구원에 매달리며 그 믿
음이요, 신앙의 길을 가는가?
15 너희들이 믿기만 하면 구원을 받았다
하니 너희들은 그것으로 끝난 것이니
라.
16 그러니 구원을 받지 못한 백성들에게
구원이라는 것이 필요하며 그 소원이
과연 필요하지 않던가?
17 너희들의 믿음의 길이 정녕 다 헛된
것이니라.
18 너희들이 구원을 받아 천국에 오르기
만 하면 너희들 앞으로 상급만이 남아
있으며 그 상급을 받으면 된다는 백성
들이, 어찌하여 구원의 말을 해야 하
며 구원이 필요하여 거기에 매달리는
가?
19 너희들은 여기서 깨우쳐야 될 것이니
라.
20 정녕 의사와 약이 필요한 것은 누구에
게 필요하더냐?
21 병든 자에게 그것이 필요한 것이니라.
22 그러니 병든 자가 약으로써, 의술로
써, 의사의 기술로써 모두를 고쳐서
건강한 사람이 되었다면, 너희들이 과
연 어찌 살아가야 되는 것인가, 그 삶
의 길을 바로 보고 역사하는 것이 너
희들이 가야 할 길이 아니더냐?
23 그러니 지금의 모든 백성 너희들이 그
치료하는 백성이요, 치료된 백성이라
말하면서도 너희들은 지금 바로 어떠
한 백성들이더냐?
24 치료되지 아니한 자요, 수술되지 아니
한 자의 그 행위를 하는 것이 너희들
이 아니더냐?
25 너희들이 구원을 받아 하늘에 오를 수
있는 모든 결정이 난 자요, 너희들 자
신은 올 수 있도록 모두의 답을 받은
자요,
26 그리하여 너희들이 나에게 왔을 때 얼

마나 큰 상급을 받느냐 그것만 남았다
고 알고 있는 백성들이,
27 너희들은 다 치료된 백성이요, 건강한
백성이라면, 건강한 백성으로서 너희
들이 거듭났다면,
28 너희들이 어찌 살아갈 것이며 어떠한
삶을 살아가야 될 것인가를 알고 그에
따라 살아가는 것이 아니고,
29 지금도 너희들이 구원에 매달리고 구
원에 몸부림치는 것은, 약과 의사와
의술이 필요하다 하여 거기에 치료하
기 위하여 매달리는 자들이 아니더냐?
30 그러니 너희들의 믿음이 헛된 것이며
너희들이 잘못 가는 백성이라는 것을
너희들은 알아야 될 것이니라.
31 그러니 너희들이 제가 어찌 역사하는
지를 모르고 지금도 그 약을 달라, 의
사를 보내 달라 하며 그것을 위하여
몸부림치느니라.
32 완벽하고 건강한 자가 어찌 그를 찾는
가?
33 너희들은 어찌 살아갈 것인가 그것만
을 생각하면 되는 것이니라.
34 그러니 나의 아들을 따르는 제자들이
요, 나의 법전을 읽고 깨우친 만백성,
너희들이 구원에 얽매이지 말며 구원
을 소원하지 말라는 나 여호와의 가르
침이,
35 그 뜻이 얼마나 너희들에게 큰 축복이
요, 영광이요, 깊은 의미가 있는 것인
가를 너희들은 깨닫도록 그리해야 될
것이니라.

9,826 번째 하나님 말씀

2004년 3월 6일 06시 05분

1 사랑하는 나의 아들아!
2 "네, 아버님! 말씀하옵소서."
3 이 세상에 살아가는 그 백성들이요,
수십억의 나의 아들딸들이요, 헬 수
없는 많은 백성들이 세상에 왔다가 사
라져 감이니라.
4 그 많은 나의 백성들 중에서 가장 귀
하고 소중한 백성이 누군 줄 아느냐?
5 바로 너희들이니라.
6 나의 아들을 통하여 내가 직접 내리는
나의 성령이요, 나의 뜻을 받아들이는
너희들이 이 세상에서 만백성을 구할
백성들이니, 너희들보다 더 소중하고
귀한 백성이 없음이니라.
7 그리고 너희들은 들어야 될 것이니라.
8 너희들이 살아가면서 인간 세상의 어
떤 사업이요, 어떤 기업이요, 무엇보
다도 너희들이 나 여호와의 뜻을 듣는
그보다도 더 위대한 것이 없음을 알아
야 될 것이니라.
9 그러니 나로부터 선택된 귀중한 백성
이요, 너희들보다 더 귀한 사업을 역
사하는 백성들이 없음이니,
10 이 세상에 살아가는 백성들 중에 가장
부지런한 자가 되어야 될 것이며, 그
리고 최선의 노력을 다하는 그와 같은
백성의 마음으로써 너희들이 살아가
야 됨을 절대 잊어서는 아니 될 것이
니라.
11 내가 너희들에게 작은 거짓도 살인하
는 것이니, 거짓말하지 않는 백성이
되라 하였음이니,

12 이 세상의 모든 백성 중에 거짓을 하
지 않는 가장 귀한 너희들이 되라 하
는 것처럼, 이 세상의 어떤 백성보다
도 귀하고 소중한 사업을 역사하는 것
이 너희들이니,
13 너희들이야말로 가장 부지런한 백성
이어야 될 것이며, 그리고 가장 생각
이 깊은 백성으로서 살아가야 됨을 너
희들은 어찌 모르는가?
14 너희들보다 부지런한 자요, 너희들보
다 더 착한 자요, 아름다운 생각을 가
지고 사는 백성이 이 세상에 없고, 너
희들을 따라갈 수 있는 자가 아무도
없는 그와 같은 삶을 살아야 됨이니라.
15 진실된 삶이요, 부지런한 삶이요, 그
리고 노력하는 삶이요, 그와 같은 삶
으로써 살아가지 아니하면 아니 됨을
너희들은 알아야 될 것이니라.
16 모든 백성들이 지도자가 되며 남들을
다스리는 자가 되되, 그들은 이해관계
요, 저희들이 생각하고 노력하여 많은
백성을 다스린다 할 것이니라.
17 그러니 일반 백성들이 왕이 되어 세
상을 다스리는 것과 나의 아들을 따르
는 제자들이요, 나의 법전을 읽고 깨
우친 백성이 왕이 되어 다스리는 차이
는 무엇인 줄 알겠느냐?
18 일반 모든 백성들은 권위주의요, 저희
들의 자리를 지키며 저희들이 인간의
제왕이 되기 위하여 가르치나,
19 너희들이 제왕이 되었을 때 너희는 네
피를 짜서 그 백성을 위하여 바치며,
그 백성을 위하는 그와 같은 마음 자
세로 제왕의 자리를 지켜야 하는 것이
나의 아들을 따르는 제자들이요, 그리
고 나의 법전을 읽고 깨우친 백성 너
희들인 것을 잊어서는 아니 될 것이니
라.
20 너희들이 인간의 제왕이 되었을 때,
정녕 너희들은 인간을 위하여, 그리고
모든 백성들을 위하여 네 피를 짜서
그들에게 부어 줄 수 있으며, 그들에
게 바칠 수 있는 그와 같은 마음의 지
도자가 되는 것,
21 그리고 너희들이 인간의 제왕이 된다
면 그와 같은 사람이 되도록 노력하
고 그와 같은 길을 가는 것,
22 그것이 일반 백성들이 지도자가 되며
제왕의 자리를 지키는 것과의 그 차
이임을 너희들은 알아야 될 것이니라.
23 그와 같은 마음으로써 모두를 다스리
며 그와 같은 마음으로 역사하는 것이
나의 아들을 따르는 제자들이요, 나로
부터 선택된 백성, 너희들이 가야 할
길이고 역사할 길이니, 그것이 차이점
이라는 것을 잊지 말라, 사랑하는 나
의 아들딸들아!

9,827 번째 하나님 말씀

2004년 3월 6일 06시 15분

1 사랑하는 나의 아들아!
2 **"네, 아버님! 말씀하옵소서."**
3 너를 따르는 제자들이요, 나의 법전을
읽고 깨우친 만백성 너희들, 그리고
이 길을 가고자 하는 백성 너희들은
알아야 될 것이니라.
4 너희들은 구원이요, 복음을 전하는 이
와 같은 것을 먼저 생각하고 살아가
나, 그것보다도 더 소중함이 있다는

것을 너희들은 알아야 될 것이니라.
5 모든 신앙의 길을 가는 백성들은 구원
을 위하여 기도하고 경배하며 복음을
전하는 것으로써 저희들이 구원의 길
이요, 하늘에 오르는 길이라 그리 생
각하나,
6 구원이요, 복음이라는 것을 생각하기
전에 너희들은 더 깊이 먼저 깨닫고
생각해야 될 것이 있음을 알아야 될
것이니라.
7 이는 곧 나 여호와가 역사하고자 하는
것이 무엇이며, 내가 이루고자 하는
것이 무엇인가를 너희들이 깨달아야
될 것이며,
8 나의 뜻을 먼저 생각해 보는 그와 같
은 너희들이 되지 아니하면 절대 아니
됨을 알라.
9 복음의 역사요, 구원의 역사보다도 나
여호와가 정녕 역사하는 생각이 무엇
인지 내 뜻을 들여다보는 그와 같은
마음으로 너희들이 변화되지 아니하
면 아니 됨을 알라.
10 그것을 먼저 알아야 될 것이니라.
11 그러니 구원을 받기 위하여 기도하지
말라 내가 너희들에게 전한 뜻을 알겠
는가?
12 나 여호와의 뜻을 너희들이 알고자 기
도하는 그와 같은 마음으로 깨닫도록
그리하라.
13 내 뜻이 무엇이며 내가 원하는 것이
무엇인가를 정녕 너희들이 안다면, 너
희들은 너희들이 가야 할 길을 알게
될 것이며, 너희들이 하나가 되어 모
두를 역사할 수 있다는 것을 알아야
될 것이니라.
14 이제 네가 모든 너의 제자들에게 전해
야 할 일이 있으며, 네가 그들에게 해
야 할 말이 있는 것을 알고 있느니라.
15 너는 알면서 어찌하여 그리 전하지도
아니하며 그를 행하지 아니하느냐?
16 "네, 아버님!
17 아버님의 뜻대로 제가 역사하고 그를
전하고 싶으나, 과연 저의 제자들의
그 나약하고 어려운 환경이요, 그 심
정에서 그들을 이끌어 갈 수 있는 길
은 없사옵나이다.
18 지금 저희들이 운영하는 그 달란트 사
업도 모두가 다 저희들이 피를 바치는
것처럼 그를 살리기 위하여, 그를 역
사하기 위하여 그 마음 자세가 되어
야 하나 아직도 그들의 마음 자세가
되지 아니하였나이다.
19 그러니 그들에게 부은들 무엇하며 그
들에게 전한들 무엇하겠사옵나이까?"
20 사랑하는 나의 아들아!
21 운영하는 자의 마음이 비어야 되며,
또한 너희들의 그 마음이 비어야 되며,
22 너희들의 피를 바쳐 나 여호와의 뜻을
역사한다는 그 생각을 먼저 가지며 너
희들 모두가 하나가 될 때 모두가 이
루어진다는 것을 잊어서는 아니 될 것
이니라.
23 모두를 던지고 모두의 마음을 비우며,
오로지 나 여호와의 뜻에 의하여 그
모두를 역사한다는 것,
24 그리고 내 뜻이 무엇인가, 내가 명한
것이 무엇인가, 내가 내린 것이 무엇
인가 그 뜻을 너희들이 소중하고 귀하
게 생각한다면,
25 과연 너희들이 지금과 같은 자세요,

지금과 같은 마음으로 갈 수는 없는
것이 아니더냐?
26 이 세상에서 가장 부지런한 자요, 가
장 귀한 자요, 그리고 가장 열심히 사
는 백성이 되어야 한다고 내가 너희들
에게 그리 말하였으며,
27 내가 달란트 사업을 역사함이니, 그것
이 나의 뜻이요, 내가 역사하는 귀하
고 소중한 것이라 생각하는 백성들이
과연 얼마나 있으며, 너를 따르는 제
자들이 과연 얼마나 있는가?
28 그것은 너희들 인간의 사업이 아니요,
나 여호와가 명한 사업이라 생각하는
것, 거기에 너희들이 초점을 맞추고
생각하고 들여다보면 거기에 길이 있
을 것이니라.
29 너희들에게 내가 일찍이 말하지 아니
하였느냐?
30 하나의 화살을 꺾기는 쉬우나, 열 개
백 개의 화살이 뭉칠 때 절대 꺾지 못
한다 하였음이니,
31 너는 네가 알고 있는 그와 같은 방법
으로써 너의 제자들에게 다스리고 전
하라.
32 그러면 그것을 행하고 행하지 아니하
는 것은 그들의 뜻일 것이니라.
33 나 여호와의 달란트 사업이 무너지는
그와 같은 역사가 있어서는 아니 될
것이니라.
34 그것이 바로 무엇인 줄 알겠느냐?
35 너희들이 피를 나누는 그와 같은 하
나가 되고자 하는 마음이요, 내가 역
사하는 것을 너희들이 귀하고 소중히
여기는 마음이 없음이니라.
36 그를 시기하고 질투하는 그와 같은 마
음자리를 가지고 있는 제자가 한 사람
이라도 있다면, 절대 나는 그를 성공
으로써 빛을 보지 못하도록 할 것이
니라.
37 남들이 그와 같은 생각을 가지고 저
희들이 그와 같은 마음을 가져도, 제
가 무엇을 맡아 역사해도 성공할 것이
라 생각하는 그 기대심리요, 그 마음
자리가 너희들에게 있어서는 절대 아
니 됨이니,
38 너희가 그리하여 지금 이 길을 가고
있음이니, 너는 내가 명하는 그와 같
은 뜻대로 행하도록 그리하라.
39 행하고 행하지 않는 것은 그들의 것이
거늘, 어찌하여 너희들이 지금 이와
같은 형국에 있을 때 네가 그 말을 하
지 아니하며, 네가 너의 제자들에게
명하지 아니하며 그대로 두고 있는가?
40 여기에는 먼저 우선순위가 있음이니
라.
41 누가 변하고 누가 변하기를 바라는 것
보다 그들이 변할 수 있는 깨달음을
전해 주는 것, 그리고 그들의 손에 쥐
여 주는 것이 소중함을 잊지 말라, 사
랑하는 나의 아들아!

9,828 번째 하나님 말씀

2004년 3월 6일 06시 22분

1 사랑하는 나의 아들아!
2 "네, 아버님! 말씀하옵소서."
3 너희들은 말씀으로써 모두를 역사한
다 그리하느니라.
4 창조주 아버님의 말씀으로써 너희들
은 구원을 받고 또 그 모두가 역사한

다 그리 말하느니라.
5 그러나 너희들은 알아야 될 것을 이제
는 깨닫고 있지 않은가?
6 너희들은 말씀이라는 것을 듣고 말씀
이라는 것을 들음으로 인하여 너희들
이 변하는 그 삶을 알지 못하며 나의
뜻을 알지 못한다면,
7 천 날 만 날 나의 말씀이라는 것을 듣
는다 해도 너희들이 역사할 수 없는
것임을 알라.
8 그러니 너희들이 말씀을 듣는 것으로
써 모두가 역사하며 이루어진다 생각
하지 말며,
9 너희들은 나의 뜻을 알아야 되는 것이
요, 나의 뜻을 알기 위하여 기도하라
는 그 뜻을 알겠느냐?
10 너희들이 나의 뜻을 전하기 위하여 말
씀이라는 것이 세상에 내려오며 새로
운 성경이요, 그리고 지금 구약과 신
약의 그 성경 그 모두가 필요한 것이
아니었더냐?
11 그러니 이는 곧 너희들이 나의 뜻을
알고 내가 원하는 뜻을 알 수 있는 그
와 같은 너희들로 변화되지 아니하면
아니 됨이니라.
12 그러니 너희들이 나의 뜻을 아는 것,
그를 보는 것이 가장 소중하며 귀한
것이라는 것을 너희들은 알아야 될 것
이니라.
13 나의 뜻을 모르면 너희들은 아무런
의미가 없음이니라.
14 아무리 너희들이 성서를 읽고 나로부
터 말씀을 듣는다 해도, 내가 나의 아
들을 통하여 내리는 창조주 아버님의
말씀이라 하여 그를 너희들이 아무리
듣는다 해도, 너희들은 그것으로써 구
원이요, 역사를 할 수 없는 것이니라.
15 너희들이 들으면 들을 때마다 그 뜻이
무엇이며, 나 여호와가 역사하고자 하
는 것이 무엇인가를 알아야 될 것이
니라.
16 그러니 내 뜻을 아는 백성이 없었기에
구약과 신약이요, 몇천 년 역사가 흐
르는 그 세월 속에서 바로 보고 가르
친 백성이 없음을 너희들은 알아야 될
것이니라.
17 전하는 나의 말을 알아들으면 무엇하
느냐?
18 그 말을 듣고 들으면 무엇하는가?
19 너희들이 성서를 읽고 또 읽으면 무얼
한단 말이더냐?
20 그 내용을 모르면 아무것도 아님이니
라.
21 그러니 나 여호와의 참뜻이요, 내가
역사하고자 하는 그 모두가 바람결에
스쳐 가는 그와 같은 형국이 되고 마
는 것이 너희들임을 알아야 될 것이니
라.
22 내가 역사하는 것, 내가 달란트 사업
을 시작하고자 하는 것, 그리고 그를
너희들에게 명한 그 뜻을 너희들이 살
펴보고 생각한다면, 너희들이 어찌해
야 될 것인가를 알 것을,
23 너희들이 말로써 그저 달란트 사업이
요, 말로써 나 여호와가 역사하며, 말
로써 그러한 것이 있는 것을 전해 듣
고 그대로 스쳐 간다면 과연 너희들은
무엇이더냐?
24 아무것도 이루는 자가 없으며 아무것
도 역사하는 것이 없음이니, 이제 너

의 제자들은 그 뜻을 알도록 해야 될
것이며, 그 뜻을 알아듣도록 연구하라.
25 그리하면 모두를 이룰 수 있는 길이
거기 있을 것이며, 또한 내가 사람을
보내 줄 것이거늘,
26 너희들은 그저 듣고 지나가며 말로써
흘려보내는 그와 같은 오늘의 삶을 살
고 있으니,
27 너희들은 참진리요, 나 여호와의 뜻을
받아 내 뜻을 알아 너희들이 그걸 따
라 역사하고자 하는 그와 같은 삶을
사는 것이 아니요,
28 그저 참진리요, 나의 진정한 뜻이 바
람결에 스쳐 가는 것처럼 그저 흘러가
버리니, 이 세상에 남는 것이 없으며
이루어지는 것이 없으며 너희들이 역
사하는 것이 없음을 알라.
29 이제 나의 아들을 따르는 제자 너희들
은 창조주 너희 아버지의 말씀이요,
나의 뜻이라는 것, 나의 성령이요, 나
의 법전의 그 모두를 그저 읽고 듣고
하는 것으로 역사하지 말라.
30 너희들은 참뜻이요, 나 여호와의 뜻을
알고자 기도하며 그 깨달음을 얻어야
되며,
31 내가 원하는 것을 알았을 때 너희들의
모두의 변하는 역사요, 내 뜻에 따라
행할 수 있는 것이라 하는 것을 잊지
말라, 사랑하는 나의 아들딸들아!
32 내 뜻을 살피도록 그리하며 그리 기도
하라.
33 그리고 뜻을 알도록 기도하라.
34 그리고 뜻을 알도록 너희들이 나의 법
전을 읽고 또 읽도록 그리하며,
35 읽을 때마다 너희들이 나의 뜻이 무엇
인가를 알며, 나의 아들을 통하여 창
조주 나 여호와의 말씀이라 하여 너희
들이 듣는 그 강론, 그 모두의 뜻이 무
엇이며 그 의미가 무엇인가를 깊이
깨닫고 연구하는 백성이 되면,
36 내가 명한 것, 내가 역사하는 것을 너
희들이 실패하지 아니하며 이룰 수 있
는 것이라는 것을 알라.

9,829 번째 하나님 말씀

2004년 3월 6일 06시 27분

1 사랑하는 나의 아들아!
2 "네, 아버님! 말씀하옵소서."
3 만백성을 구하는 그 역사에 나의 모두
를 가지고 내려간 나의 아들이 어떠한
결과를 맞이하였느냐?
4 그러니 너희들은 나의 아들을 통하여
전하고자 하는 나의 말뜻을 과연 알지
못하며 알아듣지 못하는 백성이 아니
더냐?
5 그러니 나의 아들을 통하여 전하고자
한 말의 그 뜻을 너희들이 알았다면,
너희들은 그와 같은 형국으로써 이루
어지지는 아니하였을 것이니라.
6 내가 나의 아들을 통하여 세상에 이루
고자 하는 그 참뜻이 무엇인가?
7 그 뜻을 알지 못하기에 나의 아들을
십자가에 그리 못 박아 죽이는 그 엄
청난 짓을 저지를 수 있는 것이 너희
들이었느니라.
8 너희들에게 전하는 그 말이 무엇이며,
나의 아들 예수가 너희들에게 깨우치
고자 하는 것이 무엇인가, 그것을 말
로써 그저 듣는 것이 아니요,

9 그 숨어 있는 뜻이요, 그 참뜻이 무엇인가 비유의 뜻으로 전하는 나의 아들 예수의 그 참뜻이요, 나 여호와의 뜻을 알았다면,
10 너희들이 사람을 십자가에 못 박아 죽이는 그와 같은 엄청난 짓, 그리고 나의 아들을 죽이는 그와 같은 짓을 할 수 없었을 것이며, 그 짓을 하지는 않았을 것이니라.
11 그러니 예수를 통하여 전하고자 하는 그 말이 아니라, 거기에 숨어 있는 진정한 내가 전하는 그 뜻을 알지 못한 어리석은 백성들이요,
12 그를 들을 수 있고 그를 생각할 수 있고 그와 같은 의미가 무엇인가를 알 수 있는 지혜를 가진 백성들이 아니었기에 그와 같은 것을 역사했으며,
13 그와 같은 것을 느끼는 백성이 있었고 그를 알아듣는 백성이 있었고 그 전하는 내 뜻이 무엇인가를 생각하는 백성이 있었다면,
14 그렇게 너희들이 무섭고 무서운 짓을 저지르지는 아니하였을 것이니라.
15 그저 전하는 말은 말로써 지워 버렸으며, 그 속에 있는 진정한 참진리의 뜻을 알지 못하며 듣는 백성이 없었기에, 너희들이 그와 같은 험악한 짓을 하였음을 알아야 될 것이니라.
16 그리하여 지금 내가 나의 아들을 통하여 법전이요, 새로운 성경이라 하여 책으로 만들어 너희들에게 보내며 너희들에게 전함이니라.
17 그러니 이를 보고 읽고 깨우치는 백성, 나 여호와의 뜻을 아는 자, 그리고 내가 원하는 뜻을 아는 자는 너희들을 따를 것이며 역사할 것이니,
18 그리하여 만 명 중에 한 명이 나의 뜻을 깨닫는다는 그 의미가 거기 있음이니라.
19 그러니 수천 년 동안 오는 세월 속에서 그 많은 백성들 중에 나의 뜻을 알며 내 뜻을 들여다보는 자가 없었다 함이니,
20 이제 나의 아들을 통하여 내가 내리는 나의 성경이요, 나의 법전은 너희들이 직접 전하고 읽고 정독할 수 있기에,
21 거기에서는 그래도 만 명 중에 하나가 나의 뜻이 무엇인가를 알게 됨이니,
22 나의 뜻이 무엇인가를 깨닫는 그 백성은 결코 너의 곁을 떠나지 아니하며, 너희들을 원망하지 아니하며, 너희들에게 이단이요, 사탄이라 등 돌리는 자가 없을 것이니라.
23 나의 성전에 와서 공부하다 가는 백성, 그리고 나의 아들의 강론을 듣고 배우는 백성, 너희들의 귀가 막히고 눈이 막혀 나의 뜻을 모르기 때문에 너희들이 두렵고 무서운 줄 모르며 여기를 떠나는 그와 같은 형국이니,
24 천날 만날 있어도 나의 뜻을 듣지 못하며 그 뜻을 깨닫지 못하는 자들, 결코 여기서 견딜 수 없는 백성들이 떠남이라는 것을 알라, 사랑하는 나의 아들아!

9,830 번째 하나님 말씀

2004년 3월 6일 06시 33분

1 사랑하는 나의 아들아!
2 **"네, 아버님! 말씀하옵소서."**

3 이 세상의 모든 백성 중에 가장 부지
런하며 열심히 사는 백성이요, 그리고
아름답게 사는 백성이요,
4 한 점의 부끄럼이 없는 삶을 위하여
가는 그와 같은 백성으로서 살아가는
것이 나의 아들을 따르는 제자들이요,
너희들이 역사하는 길이라 하였음이
니라.
5 그것이 바로 무엇인 줄 알겠느냐?
6 너희들이 내가 전하는 그 말씀이라는
것을 듣기 전에 나의 참뜻을 듣고 그
참뜻을 깨닫는 백성이 되면,
7 너희들은 자연히 그와 같은 백성으로
서 살아갈 수 있으며, 그리 살지 아니
하면 아니 되는 것이라는 그 의미가
여기에 있음을 너희들은 알아야 될 것
이니라.
8 그러니 너희들이 법전을 읽고 깨우치
되, 새로운 성경을 접하되, 나 여호와
가 이와 같은 뜻을 내리는 것이 무슨
뜻이며 무슨 의미일까 하여 그것을 알
고자 기도하고 경배하는 마음으로써
그를 깨달을 때,
9 하늘의 이치를 알며 내가 이루고자 하
는 것을 너희들이 알게 됨이니,
10 그게 바로 너희들이 반석 위에 서서
하늘에 오르는 찬란한 빛을 보게 되는
것이며 나를 따라오는 그와 같은 역사
의 길을 가게 됨이니라.
11 너희들이 나의 참뜻을 이해하며 그 참
뜻을 알고자 기도하여 그 지혜를 얻었
을 때, 너희들은 흔들리지 않는 백성
이 되며, 네가 세상에 존재하는 것이
얼마나 위대하고 귀한 것인가를 너희
들 스스로 알게 될 것이니라.
12 그러니 나의 법전을 읽고 공부하는 모
든 제자요, 나의 백성들은 내가 원하
는 뜻이 무엇인가, 내가 말하는 뜻이
무엇인가, 내 뜻을 알 수 있도록, 깨우
침을 얻도록 그리하라.
13 내 뜻을 알 때 너희들은 세상의 눈이
뜨일 것이며, 이 세상을 보는 눈이 뜨
일 것이며, 그리고 선과 악이라는 것
이 하나가 되어 그 모두가 다 너희들
앞에는 부질없는 것이라는 것을 알게
될 것이니라.
14 나의 아들을 따르는 제자 너희들은 선
도 악도 그 모두가 다 너희들 앞에는
하나며, 그 모두가 분리되어 있지 않
으며 존재하지 아니한다는 그 뜻을 그
때 알게 될 것이니라.
15 그러니 너희들은 나의 뜻을 들여다보
며 나의 뜻을 알기 위하여 기도하고
경배하는 그와 같은 마음으로 살아가
라, 사랑하는 나의 아들딸들아!
16 너희들이 나의 법전을 접할 때, 이것
은 무슨 뜻이며, 내가 무엇을 원하는
것이며, 내가 무엇 때문에 이와 같은
뜻을 내려보내는 것인가 그것을 생각
하고 생각하다 보면,
17 세상이 두렵지 않으며 세상이 감사함
이요, 은혜로 그득히 차 있음이니,
18 너희들에게 흔들리는 마음을 가지고
살라 해도 너희들은 흔들릴 수가 없으
며, 천사와 같이 살라 하지 아니하여
도 너희들이 천사와 같은 마음으로 변
할 수 있는 것이 여기 있음이니라.
19 너희들은 말하느니라, 인간이 아무리
생각하고 다스려 나가도 부끄러운 점
한 점 없이 살아갈 수 있는 사람이 될

수 없으며 그와 같은 삶을 살 수 없은
것이라.
20 깨우쳐 가고 발버둥치고 변하고자 하
는 너희들도 그리 생각할 것이며, 그
말이 정녕 타당하다 너희들이 그리
생각할 것이니라.
21 그러나 나 여호와가 너희들이 역사하
지 못할 것을 역사할 수 있다 말했단
말이더냐?
22 그러니 나의 뜻이 무엇인지 그 뜻을
너희들이 알 때, 그 뜻을 깨달을 때야
말로 너희들은 나의 감사함에 눈물 흘
릴 수 있으며, 너희들이 살아감이 무
엇인가를 알 수 있으며,
23 이 세상에 너희들이 지키지 못할 것이
없으며, 행하지 못할 것이 없으며 놓
지 못할 것이 없는 것이라는 것을 알
게 될 것이니라.
24 그리되면 너희들이 바로 천사의 길이
요, 하늘에 오르는 길을 걸어오고 있
음을 너희들은 알며,
25 모든 백성들이 인간은 거짓되지 아니
하며 추한 모습으로 살지 아니할 수
없다, 그리고 인간은 실수하지 아니하
고 살 수 없다, 인간은 남을 속이지 아
니하고 살 수 없다, 너희들은 완벽한
인간이 될 수 없다는 그와 같은 그 모
두를,
26 너희들이 넘지 아니하고 행하지 아니
하여도 이미 너희들이 그리 행하고 지
키고 갈 것이며, 그 모두를 초월한 삶
을 살고 있는 네 모습을 보게 될 것이
니라.
27 그러니 나 여호와의 뜻이 무엇인가를
깨닫도록 그리하라.
28 내가 원하는 것이 무엇인가를, 나의
아들을 통하여 내리는 그 귀중한 말씀
이요, 강론이 무엇을 의미하며 무엇을
원하는가, 그리고 너희들이 정독하는
나의 법전이 무엇을 원하며, 이 뜻을
과연 내가 무엇 때문에 기록하여 내리
는가,
29 애절한 마음으로 그 지혜를 얻어 들여
다보면, 너희들이 변하지 아니할 것이
없으며 버리지 못할 것이 없으며 너희
들이 거듭나지 못할 것이 없음을 알
라, 사랑하는 나의 아들딸들아!

9,831 번째 하나님 말씀

2004년 3월 6일 06시 42분

1 사랑하는 나의 아들아!
2 "네, 아버님! 말씀하옵소서."
3 내가 나의 법전에 기록하여 너에게 전
하기를, 하얀 눈이 세상에 내려 쌓임
이니, 그는 네 마음이 변한 선물이라
하였음이니라.
4 너희들 백 년의 역사 속에서 오늘 하
얀 눈이 세상을 덮었다 함이니, 그는
과연 무엇으로써 내가 이리 내린 줄
아느냐?
5 너를 만날 사람, 만나지 못할 사람, 너
를 정녕 만나면 아니 될 사람과 만나
야 할 사람을 구분하기 위하여,
6 오늘의 이 눈이 세상에 내려져 있으며
쌓였음을 너는 알아야 될 것이니라.
7 너는 정녕 이것이 두렵고 무서워 내
뜻을 기록하지 아니하며 피하려 하나,
너는 그리해서는 아니 될 것이니라.
8 이는 정녕 나 여호와의 뜻이며, 모든

백성들이 말하기를, 사랑하는 나의 아
들을 만날 자와 만나지 아니할 자를
구분하기 위해 내가 세상에 하얀 눈을
내렸다 하면, 너희들은 믿지 아니할
것이며,
9 정신 나간 자요, 미친 자가 하는 소리
라 그리할 것이니라.
10 그러나 나는 사랑하는 나의 아들 네가
만나야 할 사람과 만나서는 아니 될
사람, 나의 강론을 들어야 될 백성과
들어서는 아니 되는 그 백성,
11 정녕 듣되 진심으로 가슴에 울림으로
듣는 것이 아니요, 생각은 다른 곳에
있으며, 마음은 다른 곳에 있으면서
듣는 그와 같은 자,
12 그와 같은 백성을 구분하고자 내가 오
늘의 이 길을 모두 막았으며, 오늘의
이와 같은 하얀 눈으로써 세상을 다스
렸다는 것을 너는 어찌 모르겠는가?
13 너는 그를 인정하지 아니하려 하며,
그를 기록하지 아니하려 하며, 그것은
결코 있을 수 없는 일이며, 그것은 뜻
이 아닐 것이라 그리 생각하여 네가
기록하지 아니하려 하나, 너는 그것을
두려워하지 말라.
14 다만 너는 내 뜻과 내가 역사하는 것
을 기록하여 전하면 될 것이니라.
15 너희들에게 이보다 더한 것이 있을 수
있으며, 더 무서운 것이 있을 수 있음
이니라.
16 나는 오늘 하얀 눈으로써 세상을 덮음
이니, 이는 정녕 나의 아들의 마음을
아프게 하는 자, 나의 아들의 마음을
아는 자와 모르는 자요,
17 그리고 나의 아들을 만날 자와 만나지
못할 자를 내가 구분하기 위함이니,
너는 이와 같은 의미를 알라.
18 그리고 기록하여 그리 전하면 될 것이
니라.
19 이를 깨닫고 두려움을 아는 너의 제자
들이 있을 것이며, 그렇지 아니하면
그저 네가 허황된 이야기요, 헛된 이
야기요, 그저 쓸데없는 이야기를 기록
하는 정신 나간 자라 말할 수 있으나,
20 내가 이 눈으로써 너에게 보여 줌이
두 번째이니라.
21 첫 번째는 네가 마음이 변했을 때 내
가 눈을 내려 세상을 덮어 그 증표를
보인다 하였으며,
22 이번은 네가 스스로 만날 사람과, 내
가 너를 통하여 내리는 그 강론을 귀
중히 듣지 않는 자와, 너희를 쓸데없
는 자라 하여 인간의 오만을 버리지
못하는 자가 그 강론을 듣지 못하도록
하기 위하여 내가 이 눈으로써 다스렸
음을 너는 알라, 사랑하는 나의 아들
아!

9,832 번째 하나님 말씀

2004년 3월 6일 06시 49분

1 사랑하는 나의 아들아!
2 "네, 아버님! 말씀하옵소서."
3 육을 가진 자는 정녕 신이 아니며, 신
은 육으로써 모두를 역사할 수 없다
하지 않았더냐?
4 너는 정녕 그 뜻을 아는가?
5 "네, 아버님! 저는 그리 생각하옵나이
다.
6 아버님께서 그 무서운 말씀이요, 육을

가진 자는 신이 아니라 그리 말씀하심
은,
7 육을 가진 자는 세상의 그 모두를 느
끼며, 육을 가졌기에 그 육의 생각을
버리지 못하며 지우지 못하는 그와 같
은 것,
8 저희들의 마음을 열라 하였으며, 가슴
을 열라 하였으며, 그리고 모두를 열
고 세상을 보라 하신 그 말씀, 또한 육
을 가지고 있기 때문에 그 육을 떠나
서 육의 생각을 떠나서 세상사를 보고
모두를 역사하라는 그 아버님의 말씀
이라는 것을 저는 느끼고 있사옵나이
다."
9 정녕 너는 육을 가진 자는 신이 아니
라는 그 뜻을 알겠는가?
10 "네 아버님! 저 자신도 수없이 육의
생각이요, 육의 그 마음을 버리지 못
하며, 정녕 아버님의 말씀을 따라 그
대로 행하고 지키는 것이 인간 세상에
서 있을 수 없으며, 감히 꿈에도 그리
그릴 수 없는 그와 같은 일이기에,
11 저 자신이 육의 생각으로써 더러는 벗
어나지 못하며, 그 생각에 의하여 흔
들리는 제 마음이 지금도 다스려지지
못했다는 것을 알고 있사옵나이다.
12 하얀 눈이 세상에 내릴 때 제가 마음
이 곱게 변화되며 그리하여 상을 내
리신다는 그 말씀,
13 또한 제가 만날 사람과 만나서는 아니
될 사람의 그 길을 차단하기 위하여
하얀 눈으로써 세상을 덮으신 아버님
의 기적의 그 역사를 누가 믿을 것이
며, 그를 어찌 제가 법전에 감히 기록
할 수 있겠사옵나이까?
14 다만 아버님의 말씀이 두렵고 무서워
인간의 생각을 접어 두고 이와 같은
것을 기록하여 전하는 그 마음 자체도
제가 육을 가진 인간이기에 그 인간의
생각을 버리지 못함이니,
15 그것이 바로 저희들의 가장 큰 죄요,
가장 큰 모순이요, 가장 큰 잘못이오
며,
16 그리하여 육을 가진 자는 신이 될 수
없다는 아버님의 그 말씀은 저희들이
살아가면서 생각할 때,
17 육의 생각을 버리지 못하며 육의 생각
을 앞세워 생각할 수 있는 그와 같은
삶을 사는 것이 인간이기에, 육을 가
진 자는 그를 벗어날 수 없다는 그 생
각이 들기에,
18 그리하여 그 의미의 말씀이라는 것을
저는 생각하고 있사옵나이다."
19 사랑하는 나의 아들아, 내가 무어라
말하였느냐!
20 인간 세상의 지혜와 생각으로써는 따
를 수 없으며 이해할 수 없는 것이 하
늘의 법도요,
21 하늘의 법도를 알고자 하는 인간 세상
의 너희들은 그 모두를 초월한 마음
자세로써 보지 아니하면 아니 된다 하
지 아니하였더냐?
22 사랑하는 나의 아들아!
23 이제 네가 육을 가진 자는 신이 아니
라는 그 뜻을 알았다면,
24 너는 바로 네 육의 생각의 모두를 다
버리며, 육의 생각을 접목시켜서는 아
니 되는 것이니라.
25 그러니 바로 너희들이 육을 가진 자는
신이 아니라 하였음이니,

26 육의 생각을 저버리고 오로지 너는 조
용히 기도하며 묵상으로써 내가 명한
것을 그저 받아들이며 그대로 행하고
실천하는 마음으로 더 굳건히 가도록
그리하라.
27 네가 네 생각에 불안과 공포를 느끼고
네 생각을 잠시라도 한다면, 그게 바
로 육을 가졌기에 너희들이 신이 될
수 없는 것이며, 천사가 될 수 없는 그
근본이니라.
28 그러니 그를 벗어나고 깨우치도록 그
리하며, 너의 제자들 또한 그를 넘으
라 그리 전하라, 사랑하는 나의 아들
딸들아!
29 나 여호와가 너를 사랑하며, 너의 제
자들을 사랑하며, 나의 모든 백성들을
사랑함을 잊지 말라.

9,833 번째 하나님 말씀

2004년 3월 6일 11시 40분

1 사랑하는 나의 아들아!
2 "네, 아버님! 말씀하옵소서."
3 나의 피조물 만백성 너희들이 나이를
먹으며 기력이 쇠진함이니, 너희들이
하는 말이 무엇이더냐?
4 제가 사는 것보다 차라리 죽는 것이
낫다 그리 말하니,
5 그들이 막상 그와 같이 말하나, 그들
이 정녕 죽음을 대비하여 죽고자 하는
그 마음이 있어서 그러더냐?
6 좀 더 살고자 하며 더 역사하고자 하
는 것이 그들의 본 마음이나, 그들은
그리 말하느니라.
7 그것은 주변에 있는 모든 백성들이 그
를 알아 주며 그를 기억해 주기를 바
라는 그와 같은 마음의 애절한 뜻이
아니던가?
8 그러니 너희들 인간도 그와 같이 말을
하느니라.
9 그리고 그 자신도 그것이 거짓이요,
부끄러운 것이라는 것을 알고 있을 것
이니라.
10 차라리 죽는 것이 낫다 말하나, 그래
도 너희들은 죽는 것보다는 사는 것이
더 귀하고 소중하며,
11 그 죽음이라는 것에 너희들이 임박할
때 얼마나 두려움과 공포의 마음을 갖
는가?
12 그러니 그 말이 작은 거짓이요, 다 쓸
데없는 것이 아니던가?
13 그러니 그보다도 더 대표적이요, 그보
다 더 잘못된 백성이 무엇인 줄 알겠
느냐?
14 너희들은 너희 자신이 네 가족을 속이
나, 종교 집단이요, 지도자 너희들은
구원을 받는 것, 하늘에 오르는 길의
영광이요, 죽음이 축복의 길이요, 하
늘의 구원을 받았다 하며 나에게 오를
수 있다 그리 자신하며 그리 확신하는
자들이,
15 어찌하여 죽음 앞에 너희들은 기도원
에 가서 기도를 받으며 그 종교 지도
자에게 가 건강을 위해 또 살기 위하
여 기도하며, 종교 지도자 너희들도
또 그리 매달리고 애원하는가?
16 그것은 너희들이 바로 인간이 인간을
속이는 것보다도 너희들이 나 여호와
를 속이는 것이요, 나를 기만하는 것
이 너희들의 오늘의 삶이요,

17 여태껏 너희들 종교 집단이요, 믿음이 흘러온 것이 그러한 것이니, 근본적이고 원천적인 것부터 나를 속이며 나를 기만하고 살아온 것이 너희들이니라.

18 그러니 하나를 보면 열 가지를 안다는 말이 있듯이, 너희들이 죽음을 놓고서 하늘에 오르는 길이 영광이요, 축복이요, 구원을 받았다 말하는 자,

19 그러면서 막상 너희들이 병들고 죽음에 임박할 때 너희들은 살기 위해서 몸부림을 치지 않느냐?

20 그러니 그것 하나를 보면 열 가지 백 가지를 알 수 있듯이, 너희들은 다 거짓된 믿음이요, 거짓된 신앙 속에서 왔음이니,

21 막상 종교 지도자라는 자들이 나의 피조물 만백성을 우롱하며 속이고 속여 저희들의 삶을 위해 도구로 사용하다가, 제가 죽음에 직면하니 그리 돌변하는 것이 아니냐?

22 그러니 너희들이 얼마나 거짓된 행위를 했으며 거짓을 한 것인가를 증명하는 것이 아니더냐?

23 그러니 이제 모든 종교 집단 속에 있는 백성 너희들은 알라.

24 너희들이 구원을 받았으며 나에게 오를 수 있는 자격을 받은 자라는 그 꿈에서 깨어나라.

25 그는 상상할 수도 없으며 너희들은 그와 같은 것을 저버려야 될 것이며, 그 생각을 해서는 아니 될 것이니라.

26 오늘의 종교 집단이요, 지도자들이 진정한 나의 참진리의 길을 역사한 것이 아니라,

27 나의 뜻을 거역하는 그 길만으로 너희들을 이끌고 왔음이니, 너희들이 가는 길이 지금 지옥 불로 간다 함이니라.

28 너희들이 사는 것이요, 믿음이요, 종교 집단에 속해 있는 것, 그 신앙이라는 것이 나를 위해서 오는 것이 아니요, 나를 향해서 오는 것이 아니요,

29 너희들이 지옥의 그 길을 가기 위하여 지금 달려가고 있다는 그 말을 듣는 것, 그리고 너희에게 기회를 줘 깨우치라, 들여다보라,

30 그리고 가던 발길 멈추고 나의 법전을 높이 들고 외치는 그들의 목소리를 들어 너희들이 법전을 접하여 읽고 깨우쳐 바로 서라 함이니,

31 이것도 죽기 전까지 너희들이 받을 수 있는 은혜요, 축복이라는 것을 알라.

32 너희들이 육의 삶을 마치고 그 두렵고 무서운 죽음의 순간에 너희들의 육은 보냄이요, 영혼은 나에게 와 심판을 받는 그 순간까지 그때까지 너희들이 나에게서 받을 수 있는 축복의 은혜요, 영광이요, 이 귀중한 것을 너희들이 저버림이니,

33 그때 너희들이 후회하는 순간에는 아무것도 너희들이 잡을 수 없으며 너희들을 도울 수 없으며 이와 같은 소리도 들을 수 없을 것이며,

34 나의 법전이요, '하늘에 오르는 길'이요, '하나님! 말씀하옵소서.' 하는 이 책도 너희들이 살아 있을 때만 볼 수 있으며, 육이 존재하는 속에서만 볼 수 있음이니, 너희들이 그때는 이미 늦으니라.

35 너희들이 아무리 지금 나의 법전을 이단이요, 사탄이라 그리 말하나,

36 너희들이 정녕 죽음에 직면하여 눈이
보이지 아니하며 귀가 들리지 않을
때, 나의 '하늘에 오르는 길'이요, '하
나님! 말씀하옵서.'라는 이 책 표지만
이 네 앞에 와 닿아 있을 것이며,
37 그것으로써 하늘을 가리고 있으며 네
모두를 덮고 있을 것이며, 네 눈에 보
이는 것은 그것밖에 없을 것이니라.
38 지금 너희들의 눈으로 읽을 수 있으며
볼 수 있으며 들을 수 있을 때, 너희들
은 오만방자하며 교만하여 나의 법전
을 보지 아니하며 던져 버리니,
39 너희들이 죽음 직전이요, 눈이 보이지
아니하며 남들이 가르치는 것, 읽어
주는 것을 듣지 못하고 회개하지 못하
는 그 순간에 왔을 때,
40 네 눈앞에 보이는 것은 '하나님! 말씀
하옵소서.', '하늘에 오르는 길'이요,
이 나의 새로운 성경이요, 나의 법전
만이 너희들 앞에 아른거리니,
41 너희 자식이 그를 알아 너희들에게
그를 보여 줄 수도 없으며, 그를 읽어
주어도 네가 듣지 못하며, 네가 보지
못함이니 회개할 수 없을 것이니라.
42 죽어 가는 네 영혼에게만 나의 법전이
라는 것이 대문짝만하게 보일 것이니,
43 너희들은 그를 밀고 헤치고 일어날 수
없으며 그를 통과할 수 없음이니, 그
때 가서 너희들이 아무리 몸부림쳐도
아니 됨이니라.
44 십계명이라는 것을 소홀히 생각하며
지킬 수 없다는 자, 너희들이 죽어 와
심판을 받아 하늘에 오르고자 하니,
45 그 십계명이 열 개의 계명의 그 영혼
들이 모여 너희들을 심판하니, 그들이
길을 비켜 주지 아니하며 열어 주지
아니하여 못 온다 했듯이,
46 너희들은 나의 법전이 보임이니, 그
법전 그것 외에는 보이는 것이 없음이
니, 그를 헤치고 너희들이 나에게 오
를 수도 없는 것이니라.
47 지금 너희들이 살아 숨을 쉬며 인간관
계의 교류를 가질 수 있으며 듣고 볼
수 있을 때, 이때밖에 기회가 없음이
니, 지금을 놓치는 어리석은 백성이
되지 말라, 그때는 이미 너희들이 늦
음이니라.

9,834 번째 하나님 말씀

2004년 3월 6일 11시 46분

1 사랑하는 나의 아들아!
2 "네, 아버님! 말씀하옵소서."
3 나의 아들을 따르는 제자들이요, 나의
법전을 읽고 깨우친 백성 너희들이 나
의 법전을 한 구절 한 구절 읽어 너희
들 양식으로 삼으며 지혜를 얻음이니,
4 그것이 하늘의 길을 보며 나의 뜻을
보는 것이니, 너희들이야말로 영광과
축복 속에 사는 백성임을 알라.
5 나의 아들을 따르는 제자 너희들은 알
라.
6 이제 너희들과 그리고 나의 법전을 읽
고 깨우친 모든 백성 너희들은 육의
세상에 와 이 세속의 삶을 사니,
7 너희들이 살다 죽어 가면 아무것도 가
져가는 것은 없으나, 너희들이 아무것
도 남기고 가는 것이 없는 줄 아는가?
8 너희들은 가면서 반드시 남기고 가는
것이 있음을 알아야 될 것이니라.

9 너희들이 육의 삶을 살다가 남기고 가는 것이니, 그 남기고 가는 것이 무엇을 남기고 가느냐 그것이 가장 중요하고 어렵고 힘든 길이니라.

10 지금 나의 아들을 따르는 '김윤수'라는 그 제자, 너도 그를 깊이 깨우쳐 너는 이를 잊지 말라.

11 네가 이 세상에 와 살면서 무엇을 남기고 갈 것이며 무엇을 역사하고 갈 것인가 그를 생각한다면,

12 네가 오늘의 감에 있어서 흔들림이 없으며, 네가 나의 아들을 보기에 하늘에서 내린 나의 아들이요, 소중하고 귀한 자라 할 수 있을 것이며, 그리고 나의 법전이 무엇인가를 알 것이며, 네가 여기에 와 있는 것을 너는 특히 알 것이니라.

13 믿음을 모르고 가는 너는 그와 같은 이치를 깨달으라.

14 이 세상에 네가 왔다 무엇인가를 남기고 감이니, 네가 과연 남기고 가는 것이 무엇인가를 너는 알라.

15 그렇다면 오늘의 네가 가는 길이 무엇이며, 네 마음을 어찌 잡고 다스려야 될 것인지,

16 네 마음이 인간 세속으로써 흔들리느냐, 그렇지 아니하면 믿음의 길이요, 나 여호와의 뜻의 길에 가야 되는 것이냐, 이것을 네가 지금 스스로 깨닫고 바로 서야 될 것이니라.

17 내가 지금 물가에 서 있는 어린아이를 보는 부모의 마음과 같은 것이 내가 너를 보는 마음이니, 네가 어찌 가야 할 것인가, 네가 무엇을 남기고 가야 될 것인가를 생각하라.

18 네가 이 세상에 와 네 이름 석 자 외에 무엇인가를 남기고 간다는 것을 생각하면,

19 오늘의 네가 가는 길보다 더 위대한 역사요, 그보다 더 소중함을 남기고 가는 것이 없음을 너는 알게 될 것이니라.

20 이제 나의 아들을 따르는 제자 너희들도 마찬가지니라.

21 너희들이 이 세상에 살다 감이니, 무엇인가는 남기고 가느니라.

22 그 남기고 가는 것이 무엇인지 알겠느냐?

23 무엇을 남기고 갈 것인가 그 삶을 선택하도록 그리하라.

24 남의 것을 착취하며, 남을 시기하며 질투하며, 남의 것을 약탈하며, 남의 것을 도둑질하며 강도질하며, 그리고 살인하는 자, 남을 밀어붙이는 자, 횡령하는 것, 사기하는 짓, 간음 강간하는 것, 남을 음해하고 적대시하는 것, 핍박하는 것,

25 그리고 제가 높은 자요, 잘난 자라 생각하며, 남을 인간 이하로 생각하는 자,

26 불쌍하고 가련한 자에게 말로써만 도와준다 하며 제 손에서 재물이 손실나는 것으로써 도와주지 않는 그와 같은 이중적인 마음을 가진 자, 그 모두를 너희들이 남기고 갈 것인가,

27 그리고 너희들이 나의 아들 예수를 따랐던 유다와 같은 업적을 남기고 갈 것인가,

28 닭 울기 전에 세 번을 배신하던, 가장 믿은 수석 제자가 그와 같이 아니 할

것이며 죽음으로써 따르겠다 했으나
그가 닭 울기 전에 세 번을 부인하며
나의 아들을 모른다 말한 그와 같은
업적을 너희들이 남기고 갈 것인가?
29 너희들이 어떠한 업적을 남기고 갈
것인가 그것은 너희들에게 달렸음이
니라.
30 바로 내가 너희들에게 이와 같은 하늘
의 이치요, 지혜를 줌은 무엇인 줄 알
겠느냐?
31 너희들이 무엇을 남기고 왔느냐에 따
라서 너희들의 심판의 증거가 됨이니
라.
32 너희들이 육의 세상에 살다 남기고 온
것, 그리고 너희들이 역사해 놓고 나
온 것, 그것이 어떤 것인가를 너희들
이 뒤돌아볼 때,
33 잘못된 것을 많이 남기고 온 자, 너희
들은 감히 심판대에 설 수도 없음이니
라.
34 이미 너희들이 죽어 나에게 오면 심판
대에 설 수 없으며, 너희들은 오로지
지은 죄목에 따라 간다 하였음이니,
35 너희들이 돌아서서 너희들의 하늘의
그 영혼이 지상을 내려다보니, 너희들
이 심판을 받기 전에 떠 있어 나에게
오는 그 영혼이 뒷모습을 바라볼 때,
36 너희들이 남기고 온 것이 죄의 덩어리
만 그득히 남겼으며, 선하고 아름다운
행함을 남긴 것이 없으니,
37 그가 스스로 두려워 심판대에 서지 못
하고 제 길을 찾아간다 하지 아니하였
더냐?
38 그러니 이제 사랑하는 아들딸이요, 그
리고 나의 아들 옆에서 바짝 따라가는
너희 그 제자들, 그리고 모두를 다 바
쳐 가는 제자들이요, 만대에 이름을
남길 나의 아들을 따라가는 제자 너희
들, 모두는 무엇을 남길 것인가를 하
루하루 생각하며,
39 1초도 너희들이 그와 같은 생각을 하
지 아니하면 아니 될 것이니 너희들은
그리 알라.
40 네가 무엇을 남기는 사람이 될 것인
가, 남기고 가는 사람이 될 것인가 그
를 점검하고 또 점검하도록 그리하라.

9,835 번째 하나님 말씀

2004년 3월 6일 11시 49분

1 사랑하는 나의 아들아!
2 "네, 아버님! 말씀하옵소서."
3 나 여호와가 나의 아들을 통하여 너희
들에게 지혜요, 깨달음이요, 그 무서
운 하늘의 뜻을 너희들에게 전해 줌이
니,
4 그를 너희들이 어찌 받아 너희들이
어찌 기록하며 어찌 살아가는가는 너
희들의 손에 달렸음을 알라.
5 너희가 지금 생활 속에서 무엇을 남기
고, 그리고 네가 무엇을 남기고 가고
자 하는지, 네가 지금 무엇을 남기는
행동을 하고 있는지, 네가 무엇을 생
각하고 지금 행하고 있는가를 항상
판단하지 아니하면, 너희들은 아무것
도 이룰 수 없으며,
6 너희들이 나에게 와 심판을 받을 때
스스로 심판대에 설 수 없는 백성이
된다 내가 그리하지 않았더냐?
7 그러니 나의 아들을 따르는 제자들과

나의 법진을 읽고 깨우친 만백성 너희
들은, 너희들이 무엇을 남기고 가며
무엇을 이루고 갈 것인가를 잊어서는
아니 될 것이니라.
8 너희들이 죄악이라는 것만을 그득히
남기고 나에게 왔을 때 너희들은 고개
를 들지 못함이니,
9 너희들이 무엇을 남기고 나에게 왔느
냐에 따라서 너희들은 심판대에 서고
못 선다 내가 하지 아니하였더냐?
10 이제 나의 아들을 따르는 제자 너희들
은 지혜를 얻으며 하늘의 비밀을 알며
나의 뜻을 알며 심판의 기준을 아는
백성들이니,
11 너희들이 나에게 얼굴 붉히고 돌아서
서 심판대에 서지 못하는 백성이 되어
서는 절대 아니 됨이니라.
12 너희들이 어찌 살며 무엇을 남기고
왔느냐에 따라서 나 여호와도 거둬 줄
수 없으며 지워 줄 수 없으며, 그 심판
하는 자 앞에 내가 그를 덮어 줄 수 없
음이니라.
13 이것이 하늘의 법도요, 하늘의 뜻이니
라.
14 공의의 하나님이요, 창조주 나 여호와
도 인간 세속에서처럼 뒷거래가 이루
어지며, 사랑하는 자를 더 보살펴 주
며, 미운 자를 내치며,
15 예쁜 자에게 떡 하나 더 주며, 미운 자
에게 떡 하나 덜 주는 그와 같은 삶을
살 수 없으며, 그와 같은 것이 이루어
질 수 없는 것이 하늘의 법도이니라.
16 그러니 내가 흘러가는 말 속으로 너
희들은 다 알고 있지 않으냐, 그 모두
가 나의 뜻인 것을.
17 '미운 자에게 떡 하나 더 주라.' 그러
한 뜻이 무엇인 줄 알겠느냐?
18 그것이 바로 너희들이 아름다움을 남
기는 것이요, 그 남김을 가지고 오는
것이 너희들이 나에게 와 구원을 받으
니, 미운 자에게 떡 하나 더 주는 것이
정이요, 사랑이요, 나에게 은혜를 받
음이요,
19 너희들이 예쁘고 고운 자에게 떡 하나
더 주는 것, 재물을 주는 것, 그것은
너희들이 상과 복을 받을 것이 아니라
는 것을 알겠느냐?
20 가난하고 불쌍한 자, 미운 자를 너희
들이 보살피라, 그것이 나의 뜻이요,
너희들이 상을 받음이니라.
21 사랑하는 제 자식이나 제 가족에게 무
엇을 전하고 남기고 베푸는 것이 과연
사랑이요, 인정이더냐?
22 인간적으로 살면서 너희들이 손을 잡
고 마주 보면 기쁘며, 만나서 기쁘며,
같이 있으면 즐거운 사람에게 너희들
이 베풀어 준다는 것은 네 마음의 기
쁨을 얻기 위한 것이니, 그건 진정한
사랑이 아니요, 베풂이 아니니라.
23 그러니 '미운 자식, 미운 자에게 떡 하
나 더 준다.'는 하늘의 진리요, 하늘의
뜻을 너희들은 새겨 네 것으로 만들어
행하도록 그리하지 아니하면 아니 될
것이니라, 사랑하는 나의 아들딸들아!
24 이는 너희가 육의 세상에 남기고 온
것에 대해 그대로 너희들이 심판을 받
기 때문이니라.
25 절대 이를 잊지는 말라, 이를 잊어서
도 아니 됨이니라.
26 그는 그대로 행하여지며 역사한다는

것을 알라.
27 그러니 내가 나의 아들을 통하여 너희
들에게 간곡히 명하느니, 미운 아들에
게 떡 하나 더 주며, 미운 자식에게 떡
하나 더 주며, 미운 친구에게 큰 떡 하
나 더 얹어 줄 수 있는 그것이 사랑이
요, 너희들의 변화된 삶이니 그리 알
라, 사랑하는 나의 아들딸들아!

9,836 번째 하나님 말씀

2004년 3월 6일 11시 55분

1 나의 아들을 따르는 사랑하는 제자요,
그리고 나의 법전을 읽고 깨우쳐 나에
게 오고자 하는 선택된 나의 사랑하는
너희들은 너희 자신을 알아야 될 것
이니라.
2 어떠한 백성들이 어떠한 형태로 세상
을 살아간다 해도 너희들은 나로부터
생명을 받아 세상에 태어난 소중한 나
의 아들딸이니,
3 너희들은 나로부터 받아 나간 그 인
간의 본성이요, 심성이요, 그 성령의
아름다움 그대로 너희 자신을 지켜야
되며, 너희들이 그리 돌아가지 아니하
면 아니 됨을 알아야 될 것이니라.
4 너희들이 이 세상에 태어날 때, 아담
과 하와가 특별히 세상에 태어난 것이
아니요, 특별한 것을 가지고 세상에
나간 것이 아니니라.
5 너희들이 이 세상에 나갈 때는 아담과
하와와 같이 똑같은 아름다운 마음을
가지고 세상에 나감이니,
6 너희들은 아담과 하와가 그 미물에 속
아서 넘어갔다 하나,
7 너희들이 인간 세상에서 악에 부딪칠
때마다 그를 이기지 못하고 넘어지는
것이 아담과 하와가 그와 같이 무너
진 것이며, 너희들도 그와 같이 무너
지는 것이니라.
8 너희들이 아름다운 마음, 나의 성령이
요, 심성을 가지고 세상에 태어났으나,
9 육의 세상의 욕심을 가지며 무엇인가
를 네 앞에 더 놓고자 하는 생각을 갖
는 그 순간에 아담과 하와가 무너지는
것과 같이 똑같이 너희들이 무너짐이
니라.
10 그러니 내가 너희들을 세상에 태어나
도록 했을 때의 그 심성을 그대로 지
키고 너희들이 그리 살라 하는 것이
나 여호와의 뜻이니,
11 나의 아들을 따르는 제자 너희들은 그
와 같은 뜻을 따라 그리 살아가야 됨
을 절대 잊지 말라, 사랑하는 나의 아
들딸들아!
12 그리하여 너희들이 소중한 나의 아들
딸이니, 너희 자신을 잘 지키고 살라
하는 것이 나 여호와의 뜻이니라.
13 내가 구약과 신약의 성서를 내리며 십
계명을 내리며 율법을 내리며, 지금
나의 아들을 통하여 나의 법전을 내리
는 그 뜻이 무엇이더냐?
14 내가 너희들에게 내려 준 그 심성 그
대로 돌아오라 하는 것이요, 나의 아
들딸들이 그와 같은 자세로 돌아와 달
라 하는 것이 나 여호와의 뜻이니라.
15 그와 같은 백성만이 제자리로 올 수
있으며 나에게 올 수 있기 때문이니라.
16 지금의 너희들은 너무나 자신을 지키
지 못하고 살아가느니라.

17 너희들이 악에 약하며 악에 물들기를
그저 지나가는 바람처럼 그리 흘러들
어 가 버리며 악에 물들어 있으니, 바
로 너희들을 바로잡고자 하는 것이 나
의 뜻이니라.
18 어찌 너희들이 자신을 지키지 못하며
그리도 쉽게 악에 물들며 그리 무너
지느냐?
19 너희가 악을 행함에는 즐거워하며 선
을 행하는 데는 어렵고 힘들다 그리
생각함이니,
20 너희들이 네 재산의 축적이요, 네 재
산의 손실이 있음이니, 이를 지키고
자, 더 이루고자, 보호하고자 하는 그
속에서는 너희들이 스스로 깨우침을
얻을 수 없으며, 스스로 너희들이 나
로부터 성령을 받아 나간 그 원심으
로 돌아올 수 없으며, 너희 자신을 지
킬 수 없는 너희들이 되어 간다는 것
을 알라.
21 이제 사랑하는 나의 아들딸 너희들은
들으라.
22 그리고 나의 아들을 따르는 제자들과
나의 아들과 더불어 살아가며 법전을
만들며 그 강론을 들으며 같이 가는
너희들은 알아야 될 것이니라.
23 너희들 자신이 악에 쉽게 무너지지 말
며 너희 자신을 지켜, 내가 너희들에
게 내려 준 최초의 그 마음이요, 아담
과 하와 같은 순수한 그 마음으로 돌
아오라.
24 그것이 너희들이 나에게 올 수 있는
길이요, 나에게 가장 큰 선물이요, 내
가 바라는 길이라는 것을 절대 잊지
말고 그리 살아가도록 하라.

9,837 번째 하나님 말씀

2004년 3월 6일 12시 02분

1 사랑하는 나의 아들아!
2 "네, 아버님! 말씀하옵소서."
3 내가 너에게 무어라 말하여 전했느냐?
4 너를 따르는 제자들이요, 나의 법전을
읽고 깨우친 만백성 너희는 시험을 받
는다, 나 여호와가 시험을 한다는 말
을 하지 말라 하지 아니하였더냐?
5 그러나 모든 종교 집단이요, 지도자
그들은 말하느니라.
6 함부로 나로부터 시험을 받는다 말하
며, 그 말을 저희들이 보통으로 하고
있으며,
7 그것이 당연한 것이며, 시험을 받는
것이 또한 축복된 백성이라 그리 생각
하느니라.
8 시험이라는 것이 무엇이더냐?
9 시험을 받는다는 것은 내가 너희들을
의심하는 것이요, 너희들을 믿지 못하
는 것이거늘,
10 너희들은 어찌하여 믿지 못함을 받는
것이 축복이며 영광의 길이라 그리 생
각하며, 시험이라 너희들이 함부로 그
리 말하느냐?
11 그러나 나 여호와는 너희들에게 훈련
은 시켜도 시험은 하지 아니함을 너희
들은 알라.
12 시험이라는 것은 결국 무엇이더냐?
13 너희들이 남을 의심할 때, 남을 믿지
못할 때, 그 본심을 알고자, 그 본심을
떠보고자 하는 것이 시험이 아니더냐?
14 그러니 인간이 인간의 인격을 손상시
키는 것이며, 너희들이 용서받지 못할

행위를 하는 것이 바로 시험을 하는
자요,
15 인간 세상에도 그러하거늘, 어찌하여
너희들의 머리카락 숫자까지도 아는
창조주 여호와가 너희들을 시험한다
는 말을 함부로 하는가?
16 나는 너희들을 나의 뜻에 역사하는 나
의 백성으로 거듭나는 그 역사를 이루
기 위해 거듭 훈련은 시키나, 내가 너
희들을 시험하지 아니함을 알라.
17 인간 세상에도 시험은 인간의 인격을
손상시키며 그를 의혹하는 것이며, 그
를 인간 이하로 생각하기 때문이요,
18 기준 미달이요, 너희들이 용서받지 못
할 짓을 함부로 할 수 있는 사람이라
는 그 마음을 가지고 있지 아니하면,
너희들이 어찌 인간을 시험하여 쓸
수 있단 말이더냐?
19 그러니 너희들이 인간 세상에서도 모
든 일은 어찌하는가?
20 이제 나의 백성들은 말로써 역사하는
것이 아니라, 모든 것을 증거로써 증
명하지 아니하면 그를 믿지 아니하는
것이 오늘의 그 결과가 아니더냐?
21 그러니 인간이 인간을 무서워하는 세
상으로 만든 것이 오늘의 종교 집단이
요, 지도자 너희들의 책임이니라.
22 그들이야말로 인간을 믿지 못하도록
그리했음이니라.
23 그는 바로 저희들이 나 여호와가 존재
함을 믿지 못하는 것처럼 종교 지도자
라는 자들이 나 여호와가 존재하는
것이요, 내 뜻을 따라 제가 행하는지
아닌지 그 자체를 모르며 저 자신이
알지 못하며, 그리하여 불안함과 공포
속에 살아가는 자들이니라.
24 그러니 하늘을 의심하며 나 여호와의
존재함을 의심하는 자들이 만백성을
가르친다 하니,
25 그 마음의 뿌리는 의심의 마음에서 모
든 성서의 설교요, 가르침이 전해짐이
니, 그를 듣고 배우는 그 백성들이 어
찌 되겠는가?
26 그들은 의심하는 자의 말을 듣고 배우
니 의심을 하게 됨이니라.
27 스승이 거짓된 자가 거짓을 가르치며
수없이 그리하면, 그 제자 또한 스스
로 모르고 거짓을 배우며,
28 정도의 길을 가도록 하는 스승이 있으
면 그는 자신도 모르게 정도의 길로
가는 백성으로 변화되는 것이 인간 세
상의 너희들의 교육이 아니더냐?
29 그러니 오늘 너희들이 시험이라는 백
성 그 자체가 저 자신이 나를 믿지 못
하기 때문에 제가 모든 백성을 믿지
못하는 자들이요, 그리해서 그와 같은
형국이 되었음이니라.
30 그리하여 지금은 인간 세상에 증거하
지 않으며 증명을 하지 아니하면 너희
들이 그 자체를 믿지 못함이니,
31 그리하여 너희들이 그를 믿지 못하기
때문에 시험이라는 말을 하며 시험에
드는 것이니라.
32 그 자체가 너희들이 상대방을 인격적
으로 대하지 못하며, 인격적으로 대할
수 있는 너희 자신이 함량 미달이요,
너희가 자격을 갖추지 못한 자이기 때
문이니라.
33 의심한다는 뜻은 바로 무엇이더냐?
34 그 자체가 자신이 의심하는 마음이요,

의혹하는 마음을 가지고 살아가는 자
들이니라.
35 그러니 여기서 내가 너희들에게 다시
한 번 묻고자 함이니라.
36 믿음의 길을 가고 하늘을 향하여 달려
오는 백성 너희들을 거듭나는 훈련으
로써 내가 달구는 것을, 너희들은 나
여호와가 시험한다 하지 말라.
37 그는 곧 나를 의심하는 것이요, 나에
게 무례한 짓을 하는 것이요, 나에게
욕되는 짓을 저지르는 너희들이라는
것을 알라.
38 그러니 시험이라는 말을 함부로 쓰지
말며, 너희들이 어렵고 힘들다 하여
나 여호와가 너희들을 시험한다 생각
하지 말라.
39 너희들이 깨닫지 못하며 다스려지지
못했기에 내가 너희들을 바로 서게
하고 깨우치기 위해서 훈련은 너희들
에게 내가 거듭 명하며,
40 너희들이 거듭되는 훈련 속에서 거듭
나는 나의 백성으로 원하는 것이요,
41 시험하는 것으로써는 거듭날 수 없음
을 너희들은 알아야 될 것이니라.
42 그러니 시험이라는 것이 얼마나 무서
운 줄 알겠는가?
43 시험이라는 것은 거짓으로써 너희들
을 떠보게 되며, 거짓으로써 너희들의
마음을 알고자 하는 것이니,
44 묻는 자가 정녕 거짓으로 물으며 너희
들의 대답이 어찌 나오냐 했을 때, 그
묻는 자가 너를 떠보려고 거짓으로 말
했다 하면, 그 결과는 과연 어찌 되겠
는가?
45 그 부하는 얼마나 실망을 할 것이며,
그 부하는 어떠한 곳에 기준을 두어
야 될 것인가?
46 그러니 거짓으로 떠보기 위한 마음에
제가 대답을 했다면 그것 또한 거짓된
대답이 아니던가?
47 그러니 너희들이 나에게 훈련이라는
것은 있어도 시험이라는 말은 함부로
쓰지 말라 함이 여기 있느니라.

9,838 번째 하나님 말씀

2004년 3월 6일 12시 05분

1 사랑하는 나의 아들아!
2 "네, 아버님! 말씀하옵소서."
3 너의 제자들은 성서에 기록된 나의 뜻
을 잘 따르고 지키고 행하는 그와 같
은 삶을 살아야 될 것이니라.
4 나는 성서에 기록하여 네 이웃을 도우
며 너희 형제를 도와 가며 살아가는
그 도움의 한계를 내가 너희들에게 이
미 명하여 전했느니라.
5 너희들은 도움을 청하는 손을 뿌리치
지 말며 도움을 원하는 자를 등돌려
보내지 말라 내가 그리 가르쳤느니라.
6 또한 그러면서 내가 너희들에게 무어
라 말하였느냐?
7 너희들이 힘이 없는 자에게 도우려 하
는 것, 돕겠다 약속하는 것, 그를 지키
지 못하는 것은 살인과 같다 하였음이
니,
8 도와줄 힘이 있을 때 너희들은 망설이
지 말고 도와주며 너희들이 도움을 같
이 나누라 함이니라.
9 너희가 도와줄 힘이 있다 하면 망설이
지 말며 도와주라는 나의 뜻을 너희들

은 알아야 될 것이니라.
10 능력 있는 자가 도움을 청하는 자에게 도와주지 아니하며 내일 오라, 그리고 모레 오라, 다시 오라 하는 것,
11 그리하여 이웃이요, 네 형제를 돌려보내는 것은 너희들이 나의 것을 가지고 남용하는 것이요, 그건 죄가 됨이니라.
12 또한 도울 수 없는 자가 도와주겠다 언약을 하며, 저 자신을 지키지 못하는 자가 돕겠다는 그와 같은 거짓말을 하는 행위는 그를 믿고 믿은 자가 실패를 하게 됨이니, 너희들이 그를 살인으로 모는 것이라 하였음이니라.
13 그러니 이제 나의 아들을 따르는 제자들이요, 나의 법전을 읽고 깨우친 만백성 너희들은 정녕 남을 도울 힘이 있을 때는 최선을 다하여 도우라.
14 그리고 도움을 요청하는 그 손을 뿌리치지 말라.
15 그러나 너희들이 도움으로 실수할 수 있는 것이며 너희들이 무너질 수 있는 것은 진정한 도움이 아님이니라.
16 바로 서지 못하는 자가 나의 법전을 전할 때, 그 전하는 자를 보고 모든 이는 평가를 하느니라.
17 나의 법전의 뚜껑을 열어 그 속을 읽고 깨우치기 전에, 그 전하는 자의 자세요, 행동이요, 그가 어떠한 자인가가 중요함이니라.
18 너희들이 신뢰받지 못하는 자이면 아니 되느니라.
19 단단히 너희 자신을 지키며, 인간 사회에서 남으로부터 욕되지 아니하는 자, 그와 같은 삶을 살아가는 백성이 나의 법전을 전했을 때, 그들이 받아들임이니,
20 너희 자신이 무너지는 그와 같은 삶이 아니요, 너희가 도울 수 있는 힘이 있을 때 최선을 다해서 도우라 함이니, 너희들이 무너지는 일이 있어서는 아니 될 것이니라.

9,839 번째 하나님 말씀

2004년 3월 6일 12시 09분

1 사랑하는 나의 아들아!
2 "네, 아버님! 말씀하옵소서."
3 하나의 오물이 있을 때는 그것이 아무것도 아니나, 오물이라는 것이 쌓이고 또 쌓이면 그 오물은 썩을 수밖에 없으며,
4 썩어진 오물은 더러운 냄새가 진동하며 그 주변을 혼란케 하며 이 세상을 썩은 냄새로 덮어 가는 그와 같은 역사가 이루어지지 않느냐?
5 그러니 오물은 쌓이면 쌓일수록 더 더러워지며 더 썩어지며, 그 썩은 냄새는 세상을 진동하게 되어 있으며,
6 그곳에는 그를 필요로 하는 미물들이 또 모여드는 것이 아니더냐?
7 그러니 이와 같은 이치를 알고 너희들 자신이 죄악에 의하여 하나하나 쌓이게 된다면,
8 처음에는 아무것도 아니나, 쌓이고 쌓일 때는 너희 자신이 썩어 너희 자신을 구원할 수 없는 것임을 알라.
9 그리하여 작은 것도 함부로 하지 말며 작은 죄도 짓지 말라 하는 나 여호와의 뜻을 너희는 명심하고 명심하여 너희 것으로 만들어 행하는 삶을 살도

록 그리하라, 사랑하는 나의 아들딸들아!
10 오물은 모이면 모일수록 썩으며, 부자가 재산을 모으고 또 재산을 일구고 모으는 자는 바로 나에게 돌아올 수 없는 먼 길을 가는 것이며, 그는 또한 죄악의 길을 달려가고 있음이니라.
11 그러니 재산을 모으는 자가 다음과 같은 방법으로써 재산을 모았다면, 그 재산은 그를 죽도록 하며, 거듭나는 길을 막으며, 나에게 오는 길을 막는 것이니라.
12 재산을 모으되 너희가 의리와 정의로움을 지키고 살지 못하며, 의리와 정의라는 것을 그저 헌신짝처럼 버리고 사는 그와 같은 백성이 재물을 모았다면, 그것이 바로 잘못된 것이요,
13 너희가 인정이 없으며 인정을 베풀지 아니하며 정이 없는 그와 같은 백성으로서 재물을 모았다면, 그것이 내 뜻을 거역하는 자요,
14 썩으면 썩을수록 재물이 모여지는 자와 똑같은 너희들의 삶이 아니더냐?
15 인간 세상에 서로 교제하고 너희들이 믿으며 이웃과 더불어 사랑하는 마음을 갖지 아니하고 사는 백성, 그와 같은 자가 재물을 모음이니,
16 그 모두는 다 너희들이 나의 뜻을 거역하는 자요, 재물을 모으면 모을수록 그는 나로부터 멀어지는 자이니라.
17 그러니 결국 재물을 모은 자는 의리와 정의로움이 없고, 인정과 정이 없는 그와 같은 삶을 살고, 너희들이 교제가 없고 이웃의 고통을 모르는 그와 같은 삶을 사는 자만이 재물을 모을 수 있으며 이 세상이 그리 흘러가지 않느냐?
18 그러니 저만 알며 저를 위하여 사는 백성만이 재물을 모을 수 있음이니,
19 그와 같은 삶으로써 정녕 모은 재산이라면, 그는 재물로 하여금 그 자신을 썩게 만들었음을 알라.
20 그러니 내가 나의 법전에 기록하여 전하는 이와 같은 방법으로써 재물을 모으지 아니하며 재물을 관리하는 자를 내가 기억한다는 것을 알라.
21 저 자신의 축남이 없이 말로써만 사랑을 베푼다며 그 모두를 역사하는 것은 아무것도 아님이니라.
22 제 재산이요, 제 재물이 축나는 그와 같은 행위로 그와 같은 삶을 실천하는 것, 그것이 정녕 사랑이라는 것을 너희들은 절대 잊어서는 아니 됨이니 그리 알라.

9,840 번째 하나님 말씀

2004년 3월 6일 12시 14분

1 사랑하는 나의 아들아!
2 **"네, 아버님! 말씀하옵소서."**
3 나를 따르며 나의 뜻에 의해 살아가는 백성, 너희들은 나의 법전을 접하고 정독하고 깨우침으로써 너희가 지식의 근본이요, 깨우침이요, 지혜의 길을 연다 하였으며, 너희들이 하늘의 이치를 안다 하였음이니라.
4 그리하여 내가 나의 법전을 전하며 무어라 하였느냐?
5 '나의 법전을 가슴에 안고 정독하는 자, 반석 위에 서서 하늘에 오르는 길

을 본다.' 하였음이니라.
6 그러나 이것을 거절하며 이것을 던져
버린 어리석은 백성들아! 너희들의
깨우침인 이 법전이 무엇인가를 알지
못함이니,
7 너희들이 나의 법전을 이리도 멸시하
며 핍박하고 버리고도 과연 구원을 받
을 수 있으며 나에게 오를 수 있다 말
할 수 있느냐?
8 너희들이 세상에 태어나 인간 세상에
살아가면서 남으로부터 부끄럽지 않
은 그 지식이요, 삶을 얻기 위해서 어
찌하느냐?
9 좋은 선생의 훈계요, 좋은 선생의 가
르침 없이 너희들이 과연 그와 같이
성장될 수 있는가?
10 좋은 선생의 훈계를 받으며 곱게 성장
했을 때, 너희들은 인간 세상에 필요
한 백성으로 성장하지 않느냐?
11 그러니 곧 나의 법전이요, 새로운 성
경이 나 여호와가 나의 사랑하는 아들
딸 너희들을 훈계하는 가장 좋은 교본
이요, 가장 좋은 근본이며,
12 이보다 더 소중하고 귀한 너희들의 훈
계의 책이 없으며 성경이 없거늘,
13 어찌하여 나의 훈계의 가르침을 너희
들이 듣지 아니하며 이를 보지 아니하
는가?
14 너희들이 나의 법전을 그리 버려두고,
나의 가르침의 훈계의 뜻을 듣지 아니
하고 보지 아니하고 어찌 구원을 받을
수 있으며, 구원의 길에 들어설 수 있
는 지혜를 얻을 수 있다 말하느냐?
15 내가 나의 아들을 통하여 너희들에게
전함이니, 인간 세상에서도 너희들이
바르게 성장하기 위해서는 바른 선생
님의 훈계와 가르침을 받고 성장하듯
이,
16 너희들이 지금 나의 아들을 통하여 내
리는 160권의 법전을 바로 듣고 깨우
치지 아니하면 너희들은 결코 구원이
요, 나에게 올 수 있는 길이 없음이니
라.
17 그리고 그를 보는 지혜도 얻을 수 없
음을 너희들은 알라.
18 이는 바로 나 여호와의 가장 위대한
훈계요, 이 세상에 정도의 훈계의 가
르침이라는 것을 절대 잊지 말라.
19 그것이 곧 나의 법전이니라.

9,841 번째 하나님 말씀

2004년 3월 6일 12시 18분

1 사랑하는 나의 아들아!
2 "네, 아버님! 말씀하옵소서."
3 성서에 일찍이 기록하여 전하기를,
'네 아비의 훈계를 들으며 네 어미의
법을 따르는 그와 같은 삶을 살라.' 하
며 그 자식만이 너희들 인간 세상에
바로 설 수 있으며 바로 존재하는 백
성이 될 수 있다 그리 가르치지 아니
하였더냐?
4 인간 세상의 관계에서 네 아비요, 어
미의 가르침을 벗어나면, 너희가 악의
무리에 빠지며 잘못되는 백성으로 그
리 타락되는 삶을 산다 내가 그리 말
하고 전하였거늘,
5 너희들이 하물며 나에게 오르고자 하
는 자, 창조주 나 여호와의 뜻에 오고
자 하는 자, 거듭나는 세상에 거듭나

는 그 역사를 이루고자 하는, 하늘에
오르고자 하는 그 백성들이,
6 과연 창조주 나 여호와의 뜻을 따르지
아니하고도 하늘의 뜻을 알 수 있으며
나에게 오를 수 있다 그리 말하는가?
7 율법이요, 나의 십계명 그 모두가 나
의 뜻이니, 이를 거역하고 행하지 아
니하고 살아 하늘에 오르겠다 생각하
는 백성 너희들은 나의 뜻을 거역하는
자들이니,
8 인간 세상에서도 아비와 어미의 뜻의
가르침이요, 훈계를 버리는 자는 바로
설 수 없다 하였거늘,
9 더욱이 인간 세상의 삶을 마쳐 영혼의
나라요, 죽지 않고 거듭나는 영원한
세상을 오는 자가 그곳을 관장하며 그
모두를 다스리는 창조주 나 여호와의
뜻을 거역하며 순응치 아니하고 거기
에 올 수 있다 생각하는가?
10 나는 그리하여 너희들에게 마지막 한
번의 기회를 주기 위하여 나의 법전을
지금 세상에 내려보냄이니,
11 너희들이 나의 법전을 읽고 깨우치도
록 그리하지 아니하면 아니 됨이니라.
12 나의 아들을 통하여 내리는 160권의
법전이 바로 아비의 가르침이요, 어미
의 법도를 따라 너희들이 사는 삶의
그 모두를 거기에 기록하였음이니, 이
를 명심하고 또 명심하여 너희들이 행
하는 삶을 살도록 그리하라.
13 이를 행하지 아니하는 자는 결코 나에
게 올 수 있는 백성이 아님을 알라 전
하라.

9,842 번째 하나님 말씀

2004년 3월 6일 12시 25분

1 사랑하는 나의 아들아!
2 "네, 아버님! 말씀하옵소서."
3 내가 일찍이 성서에 기록하여 나의 아
들딸 너희들에게 전했느니라.
4 '나의 아들딸들아, 악한 자가 너희들
을 꼬일지라도 너희들을 이끌어 가더
라도 그 말에 현혹되지 말며 그를 쫓
아가지 말라.' 그리 말하였느니라.
5 '악이 너희들을 꼬여 끌어가고자 할
때, 온갖 금화와 보화를 얻어 줄 것이
며, 그리고 남의 것을 빼앗아서라도
네 집에 채우며, 그 빼앗은 것으로써
우리끼리 제비를 뽑아 그를 분배하여
네 창고에 쌓아 놓으면 되는 것이니,
6 우리들이 재물을 거둬들이며 부를 위
해서 피를 부르는 행위라도 주저하지
말며 그저 거둬들이자.'
7 그와 같이 너희들을 꼬일 것이며, 너
희들에게 같이 가고자 하는 자가 있을
것이라 그리 말하였음이니라.
8 그러니 너희들이 그와 같이 꼬이는
자, 그와 같이 유도하는 자의 말을 따
라 살아간다면, 너희들은 잘못된 세상
이요, 결코 내 뜻에 의해 살아가는 세
상이 아니라는 것을 내가 몇천 년 전
에 나의 성서에 기록하여 너희들에게
전한 역사를 알고 있느냐?
9 나의 성서에 이와 같은 뜻을 기록하여
전했음이니, 바로 너희들이 여기서 깨
달아야 될 것이니라.
10 내가 이와 같이 전한 것은 그 시대의
백성을 깨우치고자 함이 아니요,

11 너희들이 그와 같은 삶을 살아와서 오
늘의 현실이 그렇다 하면, 너희들이
나의 뜻을 거역한 것이요, 내 뜻에 의
해 역사하는 것이 아니라는 것을 알라.
12 재물 앞에서 자식이 부모를 버리며,
부모가 자식을 버리며, 너희들이 재물
을 갖고 남의 생명까지 피 흘려 살인
하는 것, 이와 같은 것이 바로 무엇이
더냐?
13 너희들이 피를 부르는 일이라도 재물
만 모아서 그를 나눠서 쓰고 가질 수
있다면 그와 같은 일을 행하고 역사하
자고 너희들을 꼬이는 자, 이끄는 자
가 있음이니,
14 그 말에 현혹되어 지금 너희들은 상상
할 수 없는 험악한 세상을 이루고 살
아가지 않더냐?
15 그러니 바로 이와 같은 세상을 만드는
것은 너희들이 잘못된 백성이요, 그와
같이 사는 것은 나 여호와의 백성이
아니요, 사탄의 자식이라 내가 몇천
년 전에 기록하여 전했음이니,
16 오늘의 현실이 그와 같이 이루어지지
아니했다면, 너희들은 내 뜻에 따라
지상의 낙원을 이루고자 공을 세운 종
교 집단이요, 지도자요,
17 그와 같은 형국이 지금 이 세상에서
벌어진다면, 너희들은 사탄의 자식으
로서 역사한 것이요, 창조주 나 여호
와의 뜻에 따라 역사한 것이 아니라는
것을 너희들은 알아야 될 것이니라.
18 내가 너희들에게 무어라 말하였느냐?
19 '절대 그들과 함께 길을 행하지 아니
하며 그들이 밟은 땅도 밟지 않는 그
두려운 마음으로 너희들이 살아가지
아니하면 절대적 아니 된다.' 내가 성
서에 기록하여 전했음이니라.
20 그러나 너희들은 재물이 생기는 일이
요, 금화와 은화를 거둘 수 있다면, 사
악한 길이라 해도 그들을 따라가는 것
을 주저하지 아니하고 따라가며,
21 그들이 간 전철을 그대로 밟아 그보다
더 악한 행위를 저지르는 것이 오늘의
너희들임이니,
22 종교 집단의 지도자, 너희들이 코를
땅에 대고 걸으며 혀로 땅을 핥으면서
걸어도 너희들은 용서받지 못하며 너
희들의 죄를 다 치를 수 없는 것이라
했음이니,
23 오늘의 세상을 너희들이 그리 만들었
느니라.
24 내가 성서에 기록하여 몇천 년 전에
너희들이 어떠한 방법으로 재물을 모
으며, 피를 봐서라도 창고에 쌓아 놓
고,
25 악한 짓을 해서 재물을 거둬들여 서로
나눠 쓰는 그와 같은 세상이 되어서는
아니 된다 가르치고 전한 뜻이,
26 너희들이 몇천 년이 흐른 지금, 나의
아들 예수가 너희들을 바로잡고자 하
여 그 고통 속에 피로써, 죽음으로써
그 대가를 치르고 너희들을 깨우쳐 주
고자 했던,
27 그 대가로써 너희들이 바로 서고 깨우
침을 얻도록 했던 그 고통스러운 그
모두가 다 물거품으로 돌아간 것이
오늘의 현실이 아니더냐?
28 그렇다면 너희들이 잘못됨을 지금이
라도 깨우쳐야 될 것이니라.
29 지금 너희들의 시대를 미리 예언했음

을 너희들은 알겠는가?
30 물질만능의 시대요, 물질 앞에는 사람
의 생명조차도 초개같이 그저 짓뭉개
버리고 잘라 버리는 그와 같은 사악한
백성들이 이 세상에 존재하며,
31 그들에게 사주하며 그들을 물건처럼
재물로써 악용하는 그와 같은 자들이
존재하는 세상이 되었음이니, 너희들
은 오늘의 믿음이 나에게 오르는 길이
라 하지 말라.
32 재물을 거둬들이는 것이 그리 소중하
고 귀한 것이 아니라는 것, 그는 일순
간이요, 너희들이 영원히 간직할 수
있는 너희들 것이 아니며 버리고 온다
는 것, 그리고 버리고 간다는 것, 그것
을 깨우쳐 주기 위하여 내가 나의 법
전을 지금 세상에 내려보내는 것을 너
희들은 알고 있지 않으냐?
33 그저 피를 흘려서라도 재물을 거둬 보
겠다는 재물 만능주의가 된 것, 거기
에 빠지고 빠져 버린 백성들이 헤어날
줄 모르고 돌이킬 수가 없음이니,
34 내가 나의 법전을 통하여 나의 피조물
만백성 너희들을 다스리고 구하고자
하는 것이 지금 내가 역사하는 것이요,
35 거기에 선택된 너희들은 재물 만능주
의에서 탈피해야 되며, 거기에 얽매이
는 자, 그것이 두려워 놓지 못하는 자,
그와 같은 백성 너희들 또한 그들과
똑같은 자이니라.
36 피를 봐서라도 재물을 모아 분배의 원
칙과 분배의 뜻에 따라 네 창고에 그
득히 쌓아 놓고 네 육신의 편안함을
위해 살고자 하는 자들과 아무것도
다른 것이 없는 어리석은 백성임을 알
라.
37 이제 내가 나의 법전에 기록하여 오늘
의 현실을 너희들에게 전함이니,
38 내가 몇천 년 전에 너희들이 이와 같
은 세상을 만들어서는 아니 될 것이며,
39 이와 같은 세상이 되었을 때 내가 유
황불에 모두를 집어던진다 하였음이
니, 지금이 과연 어떠한 세상이더냐?
40 이와 같은 세상을 만들었음이니, 내가
그리 만든 자를 뽑아 유황불에 태워
버리며 던지고 버리는 것은 당연한 것
이 아니더냐?
41 그리하여 그를 대비하여 새로운 씨앗
을 뿌리며 새싹을 틔우고 있는 것이
나의 법전임을 알라, 사랑하는 나의
아들딸들아!

9,843 번째 하나님 말씀

2004년 3월 6일 12시 57분

1 사랑하는 나의 아들아!
2 "네, 아버님! 말씀하옵소서."
3 너희들이 작은 하나의 가정을 이룸에
있어서 남녀가 힘을 합쳐 서로 아름
다운 꽃을 피우는 데 최선의 노력을
다하지 아니하면,
4 그 아름다운 한 송이의 가정의 꽃은
피지 못하는 것이 아니더냐?
5 서로 이해하고 양보하며 제 주장을
내세우지 아니하며 '미안합니다. 제가
잘못했습니다. 이해하십시오. 용서하
십시오.'
6 이와 같은 말을 주고받을 수 있는 그
와 같은 가정을 갖는다면, 그 가정은
아름다운 꽃을 피울 수 있는 것이니라.

7 그러나 인간 너희들이 '죄송합니다.
미안합니다.' 하는 그 말 한마디를 할
수 없는 그와 같은 너희들이 되기에,
제 뜻을 주장하며 제 뜻을 펴고자 하
는 그와 같은 반복된 삶이라면,
8 두 사람이 합쳐서 남들같이 아름다운
가정이요, 한 송이의 아름다운 꽃을
피울 수 없는 것이 인간 세상에 너희
들이 살아가는 모습이니라.
9 그러니 너희들이 가정이라는 아름다
운 한 송이의 꽃을 피우기 위해서는
너희들의 피나는 노력이 필요하지 않
더냐?
10 물을 줄 때 물을 줘야 되며 복토를 할
때, 또 토양을 더 갖다 부을 때 부어야
되며 이와 같이 서로 잘 맞추고 조율
하여 갔을 때만이 너희들이 가정이라
는 하나의 아름다운 꽃을 피울 수 있
음이니라.
11 가정이라는 한 송이의 아름다운 꽃을
피우기 위하여 남녀 두 사람이 모두를
다 이해하고 양보하며 서로 사랑을
베풀며 그리 살아가지 아니하면 아니
되는 것이며 그 꽃을 피울 수 없음이
니,
12 지금 나의 아들을 따라서 가는 제자
너희들은 과연 어떠한 꽃을 피우고자
하느냐?
13 어떠한 단체요, 지금의 모든 종교 집
단들이요, 방대한 조직을 가지고 있는
그들이 피우고자 하는 그 꽃보다도,
14 너희들이 피우고자 하는 그 꽃이야말
로 이 세상 만백성들이 향기를 맡으
며 아름다움을 볼 수 있는 그 위대하
고 찬란한 하늘의 꽃을 피우는 것이며,
15 그 꽃을 피우기 위하여 가는 것이 너
희들임을 알아야 될 것이니라.
16 그러니 이 세상에 단 하나밖에 없는
아름다운 꽃이요, 향기로운 꽃이요,
17 그리고 하늘에서 내리는 그 씨앗을 받
아 그것을 땅에 길러 그 꽃을 피우는
것이 너희들이니,
18 과연 너희들이 어떤 마음으로 가야 될
것이며, 어떠한 마음으로 살아가야 될
것인가는 너희들 스스로 알 것이 아니
더냐?
19 이제 하늘의 뜻을 알며 하늘의 법도를
앎이니, 나 여호와가 너희들이 가야
할 길만을 가르쳐 주며, 너희들이 해
야 할 것을 깨우쳐 지혜를 심어 줌이
니,
20 그다음에 역사하는 것은 사랑하는 나
의 아들을 따르는 제자 너희들이 해야
할 일이니라.
21 다시 한 번 내가 너희들에게 묻느니라.
22 너희들이 가정이라는 작은 꽃 한 송이
를 피우는 것도 둘이 힘을 합하여 서
로 소중히 존경하며 사랑하며 예의를
갖추며 그리 살아가며,
23 모두는 자기의 뜻이라 말할 수 있는
그와 같은 아름다운 마음을 가지고 살
아갈 때 가정이라는 한 송이의 꽃을
피울 수 있으며 그 역사가 지속된다
하지 아니하였더냐?
24 그러니 만백성을 구하는 세상에 단
한 송이의 꽃이요, 그것도 지상에 내
린 그 씨앗을 가꿔 기르는 너희들이니,
25 그리고 모든 백성들이 맡을 수 있는
가장 향기로운 꽃이요, 이 세상의 만
백성을 구하는 '하늘에 오르는 길'이

요, '하나님! 말씀하옵소서.'라는 꽃을
피우는 너희들은 얼마나 너희 자신을
버려야 되며 너희 자신을 비워야 되
며,
26 어찌하여야 너희들이 그 꽃을 피울
수 있는 것인가를 그 제자들이 모여
합의하고 의논하고 역사하는 그와 같
은 시간을 갖도록 그리하라.
27 그렇지 아니하면, 가정의 꽃이 파괴되
듯이 너희들이 꺾이고 부러지며 떨어
지는 것처럼,
28 오늘의 나의 꽃이 또한 모두가 피지
못하며 부러지고 떨어지는 그와 같은
형국이 된다면, 이는 어찌해야 되는가?
29 한 가정의 꽃이 꺾이고 부러져 떨어졌
다면 그 가정으로서 끝나나,
30 너희들은 단체요, 집단이요, 모든 종
교 집단이 피우고자 하는 그와 같은
집단의 꽃보다도 그 모두를 다 통합하
여 하나의 꽃을 피우니,
31 너희들보다 위대한 꽃을 피우는 자 없
으며 그보다 더 향기로운 꽃을 피우는
자가 없음이니라.
32 하늘과 땅 사이에 한 송이의 꽃을 피
우고 한 송이의 그 향기롭고 아름다운
꽃을 피우는 것이 너희들이니,
33 과연 너희들이 그 꽃을 피우기 위하여
너의 제자들과 네 이웃과 어떠한 마
음을 가지고 가야 되는 것인가 그를
너희들은 알아야 될 것이니라.
34 지금 너희들이 나의 성전에 한 백성을
인도하고 깨우치는 것, 그것이 보통의
성의와 보통의 노력으로써는 이룰 수
없음이니,
35 이 세상에 아름다운 꽃을 피운다는 너
희들이 한 마음이 되어 그와 같은 정
성을 들이고 꽃을 피우지 아니하면 아
니 될 것이며,
36 그 꽃을 피우는 정성된 마음으로 너희
들이 이웃의 형제를 구하는 데 온갖
정성을 다 들이도록 하라.
37 정성과 모두를 다 기울였을 때, 너희
들이 그를 얻을 수 있는 그와 같은 백
성이 될 수 있는 것을 알아야 될 것이
니라.
38 사랑하는 나의 아들아! 너는 알고 있
지 않으냐?
39 어떠한 계기든지 사람의 마음을 돌릴
수 있으며 사람의 마음을 역사시킬 수
있는 것이 너희들의 마음이 아니더냐?
40 너는 나의 법전에 기록하여 너의 제자
들에게 무엇을 전하고 싶은가?
41 "네, 아버님! 저는 다음과 같은 이야
기를 전하고 싶사옵나이다.
42 아래 윗집에 두 가정이 삶이니, 서로
원수지간이요, 서로 잘되는 것을 시기
하며, 앞에 가는 것을 질투하며, 그리
고 서로 나가서 비방하기를 좋아하는
가정이 있사옵나이다.
43 한 가정은 그저 퍼붓는 대로 당하기만
하며, 그저 욕하면 욕하는 대로 듣기
만 하며 묵묵히 살아가는 가정이고,
44 한 가정은 제가 잘났으며 제가 더 무
엇인가를 이루고자 그 아래 가정을 짓
밟으며 그를 무너트리며 그를 파괴하
고자 온갖 짓을 다 저지르고 훼방하
는 그와 같은 두 사람이 아래 윗집에
산다 할 때,
45 그들이 과연 어떠한 것으로써 하나가
될 수 있겠나이까?

46 그 두 집에 다섯 살 먹은 아이들이 있
는데 윗집도 그 아들을 잃어버렸으며
아랫집도 그 아들을 잃어버렸음이니,
47 그 아들들을 찾지 못하여 서로 광분하
고 있으며 세상에 보이는 것이 없는
그와 같은 형국이옵나이다.
48 그러니, 어디 먼 곳에서 그 두 아들을
발견한 자가 연락이 왔음이니, 그저
남한테 당하고 당하는 부부가 먼저 가
서 보니 그 두 아들이 다 죽음 직전에
있으며 탈진상태에 있는 것을 보았사
옵나이다.
49 그러니 그 욕을 먹어 가며 그 윗집에
서 저희들을 비방하며 무엇인가를 이
루지 못하게 하며 훼방을 놓던 그와
같은 가족이지만, 그가 자기 아들은
걸려서 오며, 그 욕하던 윗집 자식은
업고 오는 그와 같은 마음으로써 행할
때,
50 그 욕하던 부부가 탈진해서 죽어 가는
그와 같은 자식들 중에 제 자식은 걸
려서 오며 자기 자식을 업고 오는 그
와 같은 마음을 볼 때,
51 과연 그러고도 그 아랫집 사람에게
욕하며 시기하며 훼방할 수 있겠나이
까?
52 그는 절대 그리하지 못하며 그는 마음
을 바꿀 것이며 생각을 바꿀 것이옵나
이다.
53 그러하니 두 가정이 화목할 것이며 하
나의 뜻을 이루어서 갈 수 있사옵나이
다."
54 그러니 너희들이 그보다 더한 정성이
요, 그보다 더한 행동이요, 그보다 더
한 아름다운 마음 자세로 이 세상을
살아가지 아니하면 아니 되는 것이니
라, 사랑하는 나의 아들딸들아!
55 정녕 너희들은 남의 아들과 네 아들
중에서 하나를 버릴 때, 무의식적으로
네 아들을 버리고 남의 아들을 구원해
야 하는 것이라 하였음이니,
56 너희들이 그와 같은 정성으로써 남의
집 자식을 구하며, 네 자식을 버릴지
언정 남의 아들을 업어 그에게 전해
줬을 때 그 부모가 무어라 말하겠느냐?
57 과연 그 부모가 그래도 너를 미워하며
시기하고 질투하며, 네가 가자는 곳이
요, 네가 역사하는 곳을 따라오지 아
니하며 따르지 아니하겠는가?
58 이것이 너희들의 마음 자세요, 너희들
이 가야 할 길이요, 행해야 할 길이요,
나의 아들을 따르는 제자 너희들이 해
야 할 일이니라.
59 너희들은 이 세상에서 모든 백성과 똑
같이 산소를 마시고 삶이니, 너희들은
그것을 그저 다른 백성들처럼 주니까,
있으니까 마시는 것처럼 생각하는가?
60 나 여호와가 너희들에게 준 생명수라
생각하며 그 소중함과 귀함을 알고 그
를 마시고 살아가는 너희들이 나 여호
와의 뜻이 무엇이며 내가 기뻐하는 것
이 무엇인가 그를 향하여 살아가고자
하는 마음을 항상 지워서는 아니 되
며, 나 여호와의 기쁨의 그 길을 가고
자 연구하고 생각하라.
61 그리하면 너희들이 내 뜻을 알 것이
며, 천사가 될 수 있는 길이 여기 있으
며, 정녕 하늘의 이치를 알 수 있는 지
혜를 얻게 됨이니라, 사랑하는 나의
아들딸들아!

9,844 번째 하나님 말씀

2004년 3월 6일 13시 08분

1 사랑하는 나의 아들아!
2 "네, 아버님! 말씀하옵소서."
3 사랑하는 나의 백성 너희가 직접 나의
명을 듣지 못하며 나를 보지 못하며
나를 만지지 못함이니,
4 그리고 너희들이 그 마음을 비우지 못
했으며 마음을 열지 못하여 악의 씨를
뽑아 버리지 못하였기에 너희들이 나
를 볼 수 없으며 나의 명을 직접 듣지
못하는 것이니라.
5 그러니 너희들이 어찌하겠는가?
6 내가 '하나님! 말씀하옵소서.', '하늘에
오르는 길'이요, 새로운 성경이요, 나
의 법전이라 하여 내려보내는 이 책을
정독하고 정독할 때,
7 너희들이 나를 만나게 될 것이며, 지
혜를 얻을 것이며, 명석함을 얻을 것
이라는 것을 너희들은 절대 잊지 말라.
8 사랑하는 나의 아들딸들아!
9 너희들이 나로부터 명을 받지 못함이
니,
10 너희들이 나에게 명을 받으며 나를 본
다면, 어떠한 악으로부터 너희들은 구
원할 수 있으며 그리 넘어지지 아니할
것이니라.
11 그러니 너희들은 악을 막을 수 있는
힘이 없으며, 악이 너희들을 유혹하는
것을 너희들이 견디지 못하고 넘어지
는 그와 같은 삶을 사는 것이니,
12 나의 법전을 가슴에 안고 정독하고 또
정독하라.
13 그리하면 너희들이 나를 만날 것이며
명석한 지혜를 얻음이니,
14 그 속에서 악을 막을 수 있는 방패가
스스로 네 마음속에서 성장하며, 네가
그 모두를 막을 수 있는 힘이 거기서
존재함이니라.
15 그러니 너희들이 참진리요, 그 아름다
움을 지키고 살지 못한다면, 결코 너
희들은 악으로부터 막을 수 있는 방패
요, 그 힘이 너희들 자력으로써 이루
어지지 못함이니,
16 그리하여 내가 나의 아들에게 십계명
을 암송하며 그 십계명대로 살라 하는
것이며, 나의 뜻을 거역하지 말며 살
라 그리 내가 너희들에게 전함이니라,
사랑하는 나의 아들딸들아!
17 너희가 하늘에 오르는 선함이요, 천사
가 되는 길을 너희들은 보고 들을 수
없어 알지 못함이니, 너희들이 깨우치
지 못하지 않더냐?
18 그러니 내가 나의 성령이요, 내 뜻을
세상에 내려보내어 이를 기록하여 너
희들이 읽고 보고 하도록 너희들에게
내려보냄을 알라.
19 모든 믿음의 길을 가는 백성들이요,
수천 년 동안 믿음을 달려온 그 백성
들이 무어라 말하느냐?
20 세상에 존재하는 것은 나 여호와가
존재하게 하지 아니한 것이 없으며,
내가 역사하지 아니한 것이 없다 너희
들이 그리 말하나, 막상 너희들은 그
리 말하지 아니하더냐?
21 이것과 저것을 확실히 구분하여 가고
자 하는 것이 오늘의 종교 집단이요,
지도자가 아니더냐?
22 내 뜻을 따르지 아니하며 내가 역사하

는 길을 같이 가지 아니할 때는 모두
를 정적으로 생각하며, 그를 받아들이
지 아니하려 하며, 그를 용서하려 하
지 아니함이니,
23 그것이 사랑이요, 사랑을 근본으로 하
는 역사의 길을 너희들이 가고 있는
자들이더냐?
24 모든 종교 집단의 지도자 스스로 저
만이 위대한 것이며, 제 종교요, 제 종
파만 하늘에 오르는 길이요, 제 강론
이요, 제 설교만이 하늘에서 내리는
나의 성령이라 그리 가르치고 있음이
니,
25 너희들 모두 담을 치는 자들이요, 모
두를 다 막아 버리는 어리석은 행위를
하고 있음이니라.
26 너희들이 이 세상에 태어난 그 생명
자체가 귀하고 소중한 걸 안다면, 너
희들이 어떠한 종파의 길을 가든 그
것은 아무런 관계가 없음이니라.
27 너희들은 그 모두를 다 사랑하는 마음
으로 가야 될 것이니라.
28 너희들은 원수를 사랑하라 하였으며,
오른뺨을 때리면 왼뺨까지 내놓으라
하였음이니, 과연 너희들은 그리 행하
고 실천하고 가느냐?
29 그것을 행하지 못하며 실천하지 못하
는 자가 말로써 천 날 만 날 말한다 해
도 그것은 나의 뜻이 아니며, 내 뜻을
거역하는 백성들이요, 어리석은 자라
는 것을 너희들은 알아야 될 것이니라.
30 성서라는 것이 무엇이더냐?
31 너희들이 가장 불리한 쪽으로 해석하
며, 너희들이 가장 불리한 쪽으로 너
희 것으로 만들어 듣고 깨우쳐 가는
것이요,
32 거기에 기록되어 있는 작은 내용 하나
도 버리지 말고 지우지 말며 그대로
행하고 지키고 사는 것이 너희들이 해
야 할 일이며 너희들이 가야 할 길이
니라.
33 그러나 그 길은 어렵고 힘드니, 악의
씨에는 꿀과 같아 그리 넘어지며, 선
을 행함은 어렵고 힘들며 쓴 약과 같
으니 이를 거부하는 나의 백성들이 지
금 이리 되었으며,
34 쓴 약을 거부하는 백성들에게 그 약은
구원의 길이 아니라 그리 선동 선전하
는 자들이 있으니,
35 더욱이 먹기 힘들고 어려운 그 쓴 약
을 먹지 말라, 그를 먹지 아니하고 단
꿀을 빠는 것이 하늘에 오르는 길이라
하니,
36 우선 꿀을 따라가는 어리석고 불쌍한
백성들이 있지 않으냐?
37 그것이 바로 지옥으로 가는 길이요,
지옥문 앞에 가서 들어가지 아니하려
고 몸부림치는 불쌍한 모습이 너희들
의 모습이니라.
38 그리하여 나의 아들을 통하여 160권
이라는 법전을 세상에 내려보내 너희
들이 읽고 깨우쳐 바른길을 가도록 하
고자 하는 것이 나 여호와의 뜻이니라.
39 너희들이 구원이라는 것을 위하여 믿
음의 길을 간다 하지 않았느냐?
40 나는 구원을 바라지 말라 하였음이니
라.
41 구원이라는 것을 믿음이 아니요, 나
여호와의 뜻이 무엇인가를 바라보고
그를 깨우쳐 가는 그 길이 나에게 오

르는 길이라 하였음이니라.
42 너희들이 천사가 되어서 하늘에 오르
는 길이요, 천사가 아니면 나의 나라
에 오를 수 없다 하였음이니,
43 천사가 오르는 길은 너희들이 구원이
라는 것에 계산을 두며 목적을 두며
그를 울고불고 매달리는 것이 아니라,
44 그 구원의 길도 남에게 양보하는 것,
그리고 아버지 하나님께서 예수님을
세상에 보내 그 죽음의 고통을 바라보
시는 아프고 절규하는 그 마음이요,
45 자식을 살릴 수 있는 비상약을 가지고
있으면서도 그에게 내리지 못하는 나
여호와의 가슴이 찢어지는 아픔을 들
여다보고 그를 생각할 수 있는 그와
같은 백성이 되라 함이 나 여호와의
뜻이 아니었더냐?
46 그러니 너희들이 내 마음을 알고 내
마음을 보는 그와 같은 길에 매진하도
록 그리하라.
47 그리하면 너희들이 모두를 알게 될 것
이니라.
48 하늘에 오르는 길을 보지도 못하고 듣
지도 못하는 너희들을 깨우치기 위하
여 내가 나의 법전을 새로운 성경이라
하여 세상에 내려보내느니라.
49 나의 법전을 읽고 정독할 때, 성령이
너희 자신에게 임하게 될 것이며, 너
희들이 변화되는 그와 같은 삶을 살게
될 것이니라.
50 너희 자신이 변화되는 삶을 사는 지
혜를 얻으며 변화될 때 네 영혼이 나
에게 와 심판을 받으니,
51 그 영혼이 살아남을 알 것이며, 그 영
혼이 즐거워함을 안다는 것을 알라,
사랑하는 나의 아들딸들아!
52 근심 걱정에서 헤어나는 지혜를 얻을
것이니라.
53 악에서 너희들을 구할 수 있는 지혜를
얻을 것이니라.
54 그러니 내가 나의 아들을 통하여 내리
는 160권의 그 법전을 정독하고 또 읽
으라.
55 이 세상에 내려보내는 것은 나 여호와
의 뜻이라 하였음이니, 나 여호와의
뜻이 아니라는 것은 세상에 존재할 수
없다 함이니,
56 나의 법전이 어떠한 내용이며 어찌
너희들을 이끌어 가는가 그를 보고 정
독해서 보고, 그때 가서도 잘못되었을
때는 나의 법전을 찢어 버리고 태워도
내가 너희들에게 말하지 아니할 것이
니라.
57 무조건 저희들의 생각이요, 저희들의
가르치는 것이 저와 같이 가는 길이
아니라 하여,
58 나의 법전을 높이 들고서 종교 지도자
가 이는 사탄이요, 사악한 자가 만든
것이라 하여, 그를 보고 깨우치는 백
성들의 길까지 막는 그 사악한 짓을
하지 말라.
59 그들은 불안하기 때문이니라.
60 제가 알지 못하기 때문이니라.
61 그리고 저 자신이 진정한 보석을 가지
고 있지 아니함이니라.
62 내가 너희들에게 전하느니라.
63 모든 믿음의 길을 가는 백성 너희들은
들으라.
64 종교 지도자요, 목회자라는 자들은 하
늘에 오르는 것이 영광이요, 축복이라

하느니라.

65 그러니 제가 병들어 죽어 가게 되었을 때 제 목숨을 살려 주며 저를 구원해 달라 기도하는 자는 가짜이니라.

66 천국에 가는 것, 하늘에 오르는 그 죽음이 위대한 것이요, 영광이요, 하늘에 오르는 것이 축복이라면,

67 제가 스스로 죽음을 거부하지 아니하며, 죽음 앞에 감사하다 기도드리는 자가 바로 진정한 지도자이니라.

68 그러나 저희들이 모든 종교 집단이요, 기도원이요, 능력 있는 자를 찾아가서 제 목숨을 연장해 달라 기도하는 것,

69 그리하여 '목숨을 연장해 주시면 아버님의 뜻이요, 아버님 사업의 역사에 목숨을 바쳐 열배 백배 더 하겠다.' 기도하는 종교 지도자는 다 거짓된 자요, 사기꾼의 행위라는 것을 너희들은 알라.

70 나의 아들을 따르는 제자들이요, 너희들이 하늘에 오르는 길이요, 구원을 받는 길이 영광이라면, 고통이요, 죽음 앞에 초연하며, 두려워하지 말며,

71 나의 아들 예수처럼 그 모두를 받아들이는 그와 같은 삶을 사는 것이 진정한 지도자요, 나의 백성이요, 나의 뜻을 전하는 것이요, 나의 백성을 구하는 지도자라 함을 명심하고 또 명심하여 가슴에 깊이 새겨 이를 교훈으로 삼도록 그리하라.

9,845 번째 하나님 말씀

2004년3월 7일 06시 19분

1 사랑하는 나의 아들아!

2 "네, 아버님! 말씀하옵소서."

3 나의 피조물 만백성 너희들이 살아가는 길이 무엇이더냐?

4 거짓된 짓을 하지 아니하며, 남을 속이지 아니하며, 아름답게 살아가는 것이 너희들이 살아가야 할 근본이며 기본이며,

5 나는 그와 같은 백성을 세상에 창조하였으며 그와 같은 나의 아들딸을 세상에 보냈느니라.

6 그러니 거짓 하지 아니하며 남을 속이지 아니하고 살아가는 그것이 인간의 도리요, 너희들이 살아가야 하는 그 길이나, 지금의 백성들이 어찌 살아가는가?

7 거짓 하지 아니하며 남을 속이지 않는 사람은 바보 같은 자요, 남을 속이고 살아가는 것이 당연한 것처럼, 그리고 네 이득이요, 이익을 위해서 네 앞에 더 큰 분배의 원칙에 따라 너희들은 그를 위하여 거짓 하며 남을 속이는 것이 당연한 세상처럼 이리 변화되었지 않았더냐?

8 그러니 바로 나 여호와가 너희들에게 역사하는 것이 무엇이던가?

9 너희들이 거짓 하며 남을 속이는 그와 같은 삶을 살아서는 아니 됨이라 하였거늘,

10 너희들이 그와 같은 행위를 하고 사는 것이 당연시되는 이 세상을 바로잡고 바로 세우고자 하는 것이 나 여호와의 뜻이니라.

11 그것이 나의 아들을 통하여 내리는 새로운 성경이요, 나의 법전이거늘,

12 과연 그것이 무엇이 잘못되었기에 너

희들이 그를 가지고 이단이요, 사탄이
라 그리 말하느냐?
13 지금 나는 나의 아들을 통하여 거짓된
짓을 하지 아니하고 사는 것, 남을 속
이지 않는 것이 나로부터 생명을 받
아 나간 나의 피조물 만백성, 나의 아
들딸들이 살아가는 길이라 하였음이
니라.
14 그러니 지금 나의 뜻이요, 나의 계명
인 그 십계명을 지키고 살 수 없다 하
는 그 백성들은 바로 무엇이더냐?
15 거짓말을 하지 아니하고 살 수 없으
며, 거짓된 짓을 하고 사는 것이 인간
의 삶이요, 인간의 기본자세라 말하는
자들과 똑같음이니라.
16 그러니 나 여호와는 너희들이 거짓된
행위를 하고 살아서는 아니 된다 그리
나의 아들을 통하여 가르치며,
17 지금 모든 종파요, 믿음의 길을 가는
그 백성들은 인간이기에 십계명을 지
킬 수 없으며, 그리 살아갈 수 없다 말
하는 너희들은 바로 무엇이더냐?
18 내가 거짓 하지 아니하며 남을 속이지
아니하고 살아가는 것이 너희들의 삶
의 도리요, 근본이라 그리 말하나, 그
것은 그리 살 수 없다 말하는 자들이
요,
19 그리고 거짓된 짓이요, 남을 속이고
사는 것이 당연한 인간의 삶이요, 사
는 근본이요, 자세라 그리 가르치는
것과 무엇이 다르단 말이더냐?
20 내가 직접 써 내린 나의 친필을 지킬
수 없다 말하는 지도자요, 종교 집단
그들이 모두가 다 거짓되지 아니하고
는 살 수 없는 자라 하며,
21 오늘의 이 세상에 거짓 하는 것, 남을
속이는 것이 당연한 것이요, 사람의
근본이요, 살아감이라,
22 그러니 그것은 당연한 것이며, 잘못된
것이 아니고 죄도 아니요, 그와 같이
속이지 아니하고 사는 자가 도리어 잘
못된 자요, 바보라 그리 말하니,
23 지금 흰 피부를 가지고 사는 것이 근
본이라 할 때, 검은 피부의 백성이 있
으니 그것이 인간의 기본이요, 근본이
라 그리 말하는 것과 무엇이 다르더냐?
24 내가 하얀 피부를 가지고 사는 것이
나의 아들딸이라 말한다면,
25 검은 피부를 가지고 있는 것이 하나님
의 뜻이라 하며 거역하는 것과 무엇이
다르더냐?
26 너희들이 다섯 손가락을 가지고 있음
이니, 거기에 일곱, 여덟 개의 손가락
을 가진 것을 너희들은 기형이요, 잘
못됐다 그리 말하지 않느냐?
27 그러나 그것이 당연한 것이라 여기는
자들과 무엇이 다르던가?
28 그러니 그와 같이 잘못 가고 잘못 깨
달은 그 백성을 다스리고 바로 가도록
하며, 바로 깨우치고자 하는 것이 내
가 나의 아들을 통하여 내리는 160권
의 법전이요,
29 그를 가지고 옳은 것은 옳다 말하는
그것이 나로부터 선택된 백성 너희들
이니라.
30 그러니 옳은 것을 옳다 말하는 너희들
의 말을 듣고 만백성이 깨우치는 것은
바로 무엇이라 하였느냐?
31 너희들이 바른 삶이요, 곧은 삶을 사
는 것이며, 그 길만이 그리 역사할 수

있다는 것을 잊어서는 아니 됨이니 그
리 알라.
32 이제 깨달음을 알 만큼 알았으며 나
여호와의 뜻이 무엇인가를 아는 너희
들은 이제 그 모두를 정립하여 너희들
이 행하고 지켜 가는 그 삶만이 남았
느니라.
33 그러니 깨달은 백성이 그를 행하지 아
니한다면 알면서 행하지 않는 그 백성
들과 무엇이 다르더냐?
34 그러니 너희들은 나의 법전을 읽고 깨
우친 것이요, 나의 아들을 통하여 내
리는 강론을 듣고 인간은 어찌 살아야
될 것이며, 어찌 가야 된다는 것을 어
렴풋이 알고 있음이니라.
35 이제 너희들이 안개가 짙은 속에서 너
희들이 눈을 떠서 보는 것처럼 앞이
조금씩은 보이기 시작하지 않느냐?
36 그러니 너희들이 그 마음을 다져서 바
로 서는 노력을 다할 때, 그 안개가 걷
어짐이라는 것을 너희들은 잊어서는
아니 될 것이니라.
37 너희들은 지금 나의 법전과 나의 성령
을 믿지 못할 것이니라.
38 그리고 너희들이 불안한 마음을 갖고
있을 것이니라.
39 그러나 너희들은 알아야 될 것이니라.
40 나의 아들의 마음을 아프게 할 수 있
는 자, 그리고 내가 내리는 그 강론을
생명의 은혜라 받지 아니하는 자, 그
리고 그를 받아들이고 가장 기뻐해야
할 자들 중에 등 돌리는 자,
41 그와 같은 자가 오늘의 나의 아들을
통하여 내리는 강론을 듣지 못하도록,
너희가 상상할 수 없이 내가 하얀 눈
으로 세상을 덮어 버렸다는 것을 너희
들은 믿겠는가?
42 우연의 일치라 너희들은 말해도, 백
년 만이요, 몇십 년 만에 처음으로 이
와 같은 역사가 이루어진 것과,
43 그리고 오늘의 나의 아들의 특별한 그
기도요, 특별히 내가 내리는 가르침을
듣는 것을 막기 위하여 내가 이와 같
이 내렸다면, 너희들이 그래도 우연의
일치라 말할 수 있는가?
44 우연의 일치 치고는 너무나도 엄연한
사실이며 너희들 앞에 이루어진 현실
이 아니더냐?
45 그러니 너희들은 이를 두려워할 것이
며, 이를 무서워할 것이며, 이를 나 여
호와가 역사할 수 있다는 것을 믿어야
될 것이니라.
46 그리 믿고 가면 모두는 다 안개가 걷
히듯이 너희들이 앞을 볼 수 있는 것
이니라.
47 이것이 나 여호와가 역사하는 기적이
요, 나 여호와만이 할 수 있는 일이라
는 것을 잊지 말라.

9,846 번째 하나님 말씀

2004년 3월 7일 06시 23분

1 사랑하는 나의 아들아!
2 "네, 아버님! 말씀하옵소서."
3 지금의 나의 백성이 참진리를 행하지
아니하며, 너희들이 가고자 하는 그것
을 핍박하며 박해하는 이와 같은 험악
한 세상으로 변해져 있으며, 이와 같
은 세상을 만든 것이 과연 누구더냐?
4 나 여호와가 나의 아들을 통하여 160

권의 대장정의 법전이요, 새로운 성경
이라 하여 너희들을 깨우치고자 하며,
5 하늘에 오르는 길이 무엇이며, 인간의
삶이 무엇인가를 가르치는 나의 이 법
전이요, 새로운 성경까지도 핍박하고
박해하는 그와 같은 세상을 만든 것이
과연 누구라 생각하느냐?
6 너희들이 거듭나고 생명이 태어남을
너희 스스로 보지 못하며, 지옥의 길
을 구원의 길이라 가르치고 전하는 지
도자들만이 이 세상에 만연하였음이
니,
7 오늘의 이와 같은 기현상이 이루어지
고 있음을 너희들은 알아야 될 것이니
라.
8 너희들이 정녕 정답을 가지고 정답이
아니요, 오답을 가지고 정답이라 아무
리 발버둥치고 몸부림쳐도,
9 그 정답을 아는 세상이 올 것이며, 그
를 아는 백성들이 세상을 덮음을 너희
들은 알아야 될 것이니라.
10 그러기에 너희들이 인간 세상에 살아
가면서 가장 위대한 것은 무엇이더냐?
11 진실이라 그리 말하지 않느냐?
12 너희들이 말로써, 감언이설로써 남을
속이며 백성을 속일 수 있으며 그 순
간을 너희들이 속여 그 위기를 모면할
수는 있으나,
13 진실은 밝혀지는 것이며, 진실은 반드
시 승자요, 그보다 더 위대하고 당당
한 것이 없다 하지 아니하였더냐?
14 지금이라도 나의 법전을 정독하고 깨
우쳐 나의 뜻을 따라오고자 하는 백성
은 구원을 받을 것이요,
15 그렇지 못한 백성들은 재앙의 대가를
치르게 된다는 것을 너희들은 잊어서
는 아니 될 것이니라.
16 너희들은 알아야 될 것이니라.
17 이 세상에 너희들이 재물이요, 금화
요, 은화요, 그리고 보석이요, 그와 같
은 재물을 얻는 그것을 너희들은 얼마
나 기쁨과 영광으로 생각하느냐?
18 이제 사랑하는 나의 아들을 따르는 제
자 너희들은 감춰진 보석을 찾는 그
심정보다도 더 애절하고 갈급한 마음
으로써 나의 법전을 읽고,
19 나의 법전에 숨어 있는 뜻이 무엇이
며, 내가 너희들에게 전하고자 하는
뜻이 무엇이며, 너희들에게 깨우치고
자 하는 것이 무엇이며, 너희들에게
바라는 것이 무엇이며, 너희들이 무엇
을 역사해야 될 것인가를 찾아야 될
것이니 그리 알라.
20 너희들은 감춰진 보석을 찾는 그와 같
은 심정보다 더 애절한 마음으로 나의
법전을 알고자 하며 그 뜻을 깨우치고
자 하며, 나의 아들을 통하여 내리는
그 강론의 뜻을 깊이 깨우치는 데 최
선을 다하여 너희들이 바른 삶을 살도
록 그리하라, 사랑하는 나의 아들딸들
아!
21 세상의 무엇보다도 너희들이 나의 법
전의 뜻을 깨닫도록 하며, 새로운 성
경의 내용을 알아 너희들이 눈을 바로
뜨는 그와 같은 백성으로 거듭나도록
그리하라, 사랑하는 나의 아들딸들아!

9,847 번째 하나님 말씀

2004년 3월 7일 06시 30분

1 사랑하는 나의 아들아!
2 "네, 아버님! 말씀하옵소서."
3 너의 제자들 또한 그러하니라.
4 모든 너희들 세상사에 사는 것, 백 가
지 만 가지 그 모든 생각을 너희들이
스스로 자제하며,
5 선과 악이라는 것을 구분할 수 있는
그와 같은 마음으로 살아가지 아니하
면 아니 되느니라, 사랑하는 나의 아
들딸들아!
6 너희들이 모두를 지혜롭지 못하며 지
혜롭게 행하지 못한다면, 너희들은 악
의 씨앗에 의해 무너지게 되어 있으며,
7 너희들 마음속에 악의 씨앗이 서서히
자라기 시작하여 너희들을 무너트리
는 것이 너희들 인간이 가지고 있는
마음이니라.
8 그러니 너희들이 모든 것을 자제할 수
있는 지혜를 얻지 못하면, 결코 너희
들이 스스로 악의 씨앗에서 헤어나지
못하는 그와 같은 형국으로 되는 것이
나의 백성 너희들이 가지고 있는 마음
이요, 삶이니 그리 알라.
9 너희들이 백 가지 만 가지 잘못된 생
각이요, 해서는 안 되는 생각에 집착
하면, 너희들이 자칫하면 거기에 의하
여 모두가 무너지고 쓰러지게 되어 있
음을 너희들은 알라.
10 잘못된 것에 집착하고 잘못된 것에 인
연을 버리지 못하고, 거기에 얽매이는
그와 같은 삶을 살아서는 아니 되는
것이 너희들이니라.
11 인간 세상에 너희들이 잘못된 것에 집
착하며 또한 너희들이 무엇을 이루고
자 한다면,
12 지혜로 나의 뜻에 의하여 역사하는 것
이 아니요, 인간의 생각과 인간의 두
뇌로써 모든 걸 해결하고자 할 때,
13 너희들은 그 꿈이라는 것에 환상으로
써 보이는 것이 그와 같은 형국이요,
그와 같은 체험을 하는 것이 아니더냐?
14 그러니 너희들이 집착하는 것은 그렇
게 무서움이니라.
15 너희들이 잘못된 것에 집착하며, 그
잘못된 것을 버리지 못하며, 의롭지
못한 것을 저버리지 못할 때,
16 너희들은 스스로 무너지게 되어 있는
것을 알아야 될 것이니라.
17 너무나 그와 같은 것에 뿌리가 깊이
박혀져 있으며, 그와 같은 것을 버리
지 못하고 지금 살아가는 것이 너희들
이니라.
18 그러니 너희들이 정녕 생각이요, 판단
하는 그 지혜가 옳고 그르며 선과 악
을 모르는 것은 아니니라.
19 그러나 다만, 너희들이 꿈에 환상으로
보일 정도로 악이요, 물질이요, 재물
에 대한 그 욕망을 그리 지우지 못하
며 버리지 못하고 살고 있기 때문이니,
20 너희들이 스스로 자제하는 것이요, 그
를 다스릴 수 있는 지혜를 얻음이 가
장 소중하고 위대한 것임을 알아야
될 것이니라.
21 그러니 너희들에게 한 번 악의 씨앗이
뿌리를 내리기 시작하면, 너희들이 그
마음에 집착하며 그 악의 씨가 성장하
는 데 너희들 모두를 뺏기게 되니,

22 결국 벗어날 수 없게 되는 것이 너희
들임을 알아야 될 것이니라.
23 나의 아들 너와 너를 따르는 모든 제
자 너희들이 그와 같은 마음을 가지고
살아간다면,
24 결코 나를 만날 수 없으며, 나의 뜻을
막아버리는 그와 같은 사탄의 유혹에
넘어지게 됨을 너희들은 알아야 될 것
이니라.
25 모두는 지금 나의 뜻을 막으려 하며
나의 뜻이 역사하지 못하도록 하는 것
이 그들이 아니더냐?
26 그러니 결국 너희들이 그들에게 넘어
짐이니라.
27 그러니 너희들이 지혜로운 판단이요,
지혜로움 속에서 악과 선을 구분하여
다스릴 수 있고 자제할 수 있는 그 마
음의 훈련이 필요함을 너희들은 잊어
서는 아니 될 것이니 그리 알라.

9,848 번째 하나님 말씀

2004년 3월 7일 06시 35분

1 사랑하는 나의 아들아!
2 "네, 아버님! 말씀하옵소서."
3 세상사 모든 너희들의 인연이요, 만남
의 그 고리도 너희들이 어찌 생각하느
냐 하는 것에 따라서 천태만상으로 변
하느니라.
4 인간이 서로 만나고 인연을 갖는 그
고리도 너희들이 소중하다 생각하면,
그것이 소중하고 아주 귀한 것이요,
5 너희들이 서로 만나는 인간관계에 있
어서 소중하게 생각하지 아니하며 아
름답게 기억하지 아니하는 자에게는
아무런 의미가 없음이니라.
6 그러나 너희들이 인간의 인연이요, 인
간의 만남이요, 인간의 그 고리가 있
었던 것을 소중하고 귀하게 생각한다
면, 모두가 소중하고 귀하게 이루어지
는 것이 너희들임이니라.
7 그러나 아무렇지 않다 생각하는 자,
그저 흘러가는 바람결에 만난 인연이
라 생각하면, 그것 또한 아무런 의미
가 없으며,
8 거기에 너희들이 인간의 소중함이요,
아름다움마저도 지워 버리는 그와 같
은 삶을 사는 것이니라.
9 그러니 인간관계의 만남도 너희들이
어찌 생각하고 어찌 귀하게 생각하느
냐에 따라서 귀하게 되기도 하고, 아
무런 이해관계가 없고 의미 없는 그와
같은 인간의 고리가 되기도 한다 하지
아니하였더냐?
10 그러니 나의 법전을 접하고 읽는 백
성, 너희들이 과연 나의 뜻이라 하여
소중하다 생각하며 귀하게 생각하는
그와 같은 마음 자세로써 나의 법전을
접하며,
11 너희들이 거듭나는 역사가 여기 있다
믿으며, 단 하나밖에 없는 생명보다도
더 소중한 것이요, 더 귀한 것이라 그
리 읽고 깨우치면, 너희들은 귀함을
얻을 것이요,
12 그렇지 않은 백성이요, 그렇지 않은
마음으로 이를 접할 때는 아무런 의미
가 없는 책으로써 그저 기억됨을 너희
들은 알아야 될 것이니라.
13 나의 아들을 통하여 내리는 강론이요,
가르침을 듣는 그 백성들, 너희들이

이는 생명보다 더 소중한 창조주의 말
씀이요, 나 여호와의 뜻이라 하여,
14 한 자도 놓치지 아니하며 그를 기억하
고자 너희들 머릿속에 입력한다면, 그
것은 잊혀지지 아니할 것이니라.
15 너희들은 말하느니라, 나의 법전을 읽
고 돌아서면 그 모두가 지워지며 그를
기억함이 없다 함이니,
16 이것은 바로 너희들이 정독한 것이 아
니며, 너희들이 네 생명보다도 더 소
중하다는 생각을 가지고 나의 법전을
한 줄 한 줄 정독해 내려가지 아니하
였기 때문에 너희들이 아무런 의미를
찾지 못하며, 한 장을 넘기면 그 뒷장
이 지워지는 그와 같은 삶이 아니더냐?
17 그러니 이것이 너희들이 하늘에 오르
는 길이 어렵고 힘든 것이니라.
18 나의 법전을 읽고 깨우치는 것도 그저
남의 책 한 권을 읽으며 시집 한 권을
읽어 머릿속에 남는 것처럼 기억에 남
지 아니함이니, 너희들이 얼마나 나의
법전을 접하는 자세가 바르고 곧아야
되는가?
19 너희들이 정독하며 생명보다 더 소중
하고 귀한 나의 성령의 가르침으로 그
와 같이 알고 느끼지 아니하는 자는
결코 그를 기억하지 못할 것이니라.
20 나이가 많고 적음이 아니라, 나의 법
전은 나 여호와 창조주가 내린 이 세
상의 가장 귀중한 보배요, 가장 귀중
한 것이니,
21 너희들의 생명보다도 더 소중한 마음
으로 집중하여 이 법전을 읽고 깨우친
다면,
22 너희들은 한 장을 읽고 뒷장을 넘겼을
때 그를 잊어버리는 일이 없음이니라.
23 너희들이 앞으로 읽어 가며 앞으로 나
가니, 뒷장에 숨겨져 있는 그 내용이
지워짐은,
24 너희들이 정녕 바른 자세가 아니요,
너희들이 그 생명을 다 바쳐 읽고자
하는 그 귀한 마음이요, 소중한 마음
이 없기 때문이라는 것을 너희들은 알
라.
25 사랑하는 나의 아들딸들아!
26 나의 법전을 그와 같은 마음으로 접하
고 살아가도록 그리하라.
27 내가 다시 너희들에게 말함이니, 인간
의 부모와 만남이요, 부모와 자식이
요, 형제 간이요, 이웃 간이요,
28 그리고 모든 인간관계의 집단에서 만
난 그 인간과의 안면을 서로 귀하고
소중하게 다스려 가고 가꿔 가는 사람
은 귀하고 소중하며, 또 그리 귀하게
쓸 수 있으며 귀하게 나누며 갈 수 있
으나,
29 아무것도 아니라 생각하며 그저 지나
가는 인간관계는 의미가 없으며, 만난
의미가 없으며, 서로 알고 지내는 의
미가 없으며,
30 도리어 화가 되며, 너희들에게 피해를
주며, 서로 돌이킬 수 없는 감정이 격
화되는 그와 같은 인간관계를 만드는
것이 너희들이 아니더냐?
31 그러니 그와 같이 인간관계도 어찌 생
각하느냐에 따라서 천태만상으로 변
하거늘,
32 나의 법전을 생각하고 접하는 너희들
의 마음이 과연 어떠하겠는가?
33 바로 너희들이 목숨보다도 더 귀히 여

기지 아니하면, 그는 너희들의 마음속에서 지워지며, 네 머릿속에 지워지는 것이 그러하기 때문이라는 것을 알라.

9,849 번째 하나님 말씀

2004년 3월 7일 06시 44분

1 사랑하는 나의 아들아!
2 "네, 아버님! 말씀하옵소서."
3 너희들이 인간 세상에 살아가면서 첫 발을 어찌 디디며 어찌 가느냐에 따라서 너희들은 그 변화의 삶을 살게 되는 것이 아니더냐?
4 그러니 너희들은 출발이 소중하고 귀하다 하지 않더냐?
5 그러니 너희들이 살아가면서 인간이란 어떠한 마음이더냐?
6 누구든지 악의 구렁텅이에 발을 들여놓기 시작하며 거기에 빠지기 시작하면,
7 결코 돌아오지 못하며 헤어나지 못하는 것이 나의 사랑하는 백성 너희들이 가지고 있는 마음 자세임을 알라.
8 그러니 때로는 의지가 약하며 결단성이 없다 몸부림치며 잘못 가는 것을 알면서 고치지 못하는 것이 너희들이 아니더냐?
9 하나의 악습을 가지고 결코 이는 아니다 하면서도, 평생 그를 고치지 못하며 거기에 휘말려 살다가 모든 인생을 마치는 나의 사랑하는 아들딸 너희들이 수없이 세상에 존재함이니,
10 그러니 한 번 발을 디뎌 놓으며 그리고 악의 씨에 물들기 시작하면 저 자신이 헤어나지 못하는 것이 너희들이니,
11 바로 너희들은 거기에 첫 발을 디딜 때, 또한 너희들이 그 악의 씨앗을 볼 때, 처음부터 단죄하며 단절하지 아니하면 아니 됨을 알아야 될 것이니라.
12 모든 믿음의 길을 가는 그 백성들이요, 지금 신앙생활을 하는 백성들이요, 구원을 받았다 하는 백성들이 과연 무엇을 말하느냐?
13 네 앞에 와서 이야기하는 것이 맞고 옳은 것 같으나, 30년, 40년, 50년, 평생 듣고 배워 온 그 성서를 그들은 깨지 못하며, 그를 돌이켜 생각하지 못하며,
14 그리하여 서서히 몸부림치다가 나의 성전을 떠나며, 나의 성전에 와 강론을 듣는 것을 포기하는 백성이 그들이 아니더냐?
15 그러니 그들은 믿음이라는 것을 잘못 깨달았으며 잘못된 지도자 앞에 첫 발을 내디뎠기에,
16 지금 30년이요, 50년이요, 평생을 바치고서도 참진리를 보지 못하며, 그 길에 깨우치는 용기가 없으며, 돌아설 수 없는 것이 그들이 아니더냐?
17 정녕 저희들은 모든 종교 집단이요, 지도자들이 잘못되었으며 잘못 간다는 것을 알고 있으면서도 저희들이 첫 발을 잘못 디뎠기 때문에 헤어나지 못함이니라.
18 다만, 그들이 너와 같이 갑론을박하며 시시비비를 하며 네가 나의 뜻을 전하는 것을 듣고 그들이 하는 말은 결국 무엇이더냐?
19 저를 가르치는 종교 지도자요, 저를

이끄는 목자는 네가 말하는 그와 같은
사람이요, 너와 같은 삶을 사는 자요,
똑같은 삶을 사는 종교 지도자요, 목
자라 하여 저 스스로 위안을 얻고 있
는 것이니라.
20 그리고 돌아가면서도 그는 알 것이니
라.
21 제가 얼마나 잘못되었으며, 저희들의
종교 지도자가 너와 차별화되는 것이
무엇이며,
22 도저히 저희들의 종교 지도자요, 목자
는 네가 가고 있는 그 길을 따를 수 없
으며 갈 수 없다는 것, 그리고 잘못 가
고 있다는 걸 알면서도,
23 '우리 지도자는 그렇지 않다.'는 변명
으로써 네 앞에서 그들이 떠나며 깨
우치려 하지 아니함이니,
24 이것이 바로 구렁텅이에 빠지기 시작
하면 헤어나지 못하는 나의 백성 너희
들의 마음이요, 연약한 것이 너희들이
니라.
25 그러니 너희들이 첫 발을 디뎌 놓는
것, 악의 구렁텅이에 빠지는 것을 처
음부터 강력히 단죄하며 용서치 아니
하며 단절하는 그와 같은 마음을 가
지고 살아가지 아니하면 아니 됨이니
라.
26 그러니 너희들이 지금의 삶에서 머릿
속에서 생각나는 것, 육체의 안일을
위하여, 오늘의 삶을 위하여 너희들이
정녕 진정한 정의로움이요, 진정한 길
이 아니거든,
27 아예 그 생각을 지워 버리며 두 번 다
시 머릿속에 기억하지 않는 그와 같은
결단성을 보이고 결단을 가지고 살아
가야만, 너희들이 나에게 오를 수 있
는 백성이라는 것을 잊지 말라, 사랑
하는 나의 아들딸들아!
28 그리하여 너희들이 악의 구렁텅이에
발을 들여놓기 시작하여 그곳으로 빠
진다면, 너희들은 거듭나는 생명의 길
을 볼 수 없으며,
29 다시 태어나는 그 은혜와 영광을 얻지
못하는 것이 너희들의 운명이라는 것
은 너희 스스로 너무나도 잘 알 것이
니라.
30 내가 그와 같이 나약하고 결단성 없는
나의 백성들을 위하여 나의 법전을 세
상에 내려보냄이니라.
31 나의 법전을 세상에 내려보내 너희들
이 읽고 깨우쳐 악을 버리고 선의 길
을 택할 수 있는 지혜를 얻도록 하는
것이 나 여호와의 뜻이니,
32 이와 같이 나의 법전을 읽고 악과 선
을 구분하는 그 지혜를 얻는 것보다
더 위대한 영광이 없으며 축복이 없음
을 너희들은 알아야 될 것이니라.
33 너희들이 나의 법전을 읽고 지혜로움
을 얻어 악과 선을 구분하며 자르고
거둬들일 수 있는 그와 같은 현명함
을 갖지 못하면,
34 너희들은 정녕 그리 갈구하는 구원의
길을 볼 수가 없는 것이 아니더냐?
35 그렇지 아니하면 너희들은 정녕 의인
의 길을 가지도 못하며, 그를 보지도
못하며, 그를 바라보지도 못하는 그와
같은 자가 됨이니라.
36 의인이 되라 함이 무엇이더냐?
37 바로 너희들이 나에게 오를 수 있는
자격을 갖는 백성이기 때문이니라.

38 지금 너희가 나의 법전을 접하지 아니
하며 이를 따르지 아니할 때, 너희들
은 나와의 연결 고리가 끊어지며,
39 영원히 두 번 다시 그 고리는 연결될
수 없다는 것을 너희들은 알아야 될
것이니라.
40 너희들이 지금 살아 있는 동안에 나의
법전을 읽고 깨우치면 나와 너희들과
의 그 고리가 끊어지지 아니하는 그와
같은 기회가 있으나,
41 너희들이 정녕 죽어 왔을 때는 그 모
든 고리가 다 끊어져 있으며, 너희들
은 나에게 올 자격이 미달된 자라는
것을 그때 알 것이며 그때 통감하게
될 것이니 그리 알라.
42 사랑하는 나의 아들딸들아, 그리고 나
의 법전을 읽은 만백성 너희들은 들으
라.
43 그리고 지금 믿음의 길이요, 구원의
길이라 달려가는 사랑하는 나의 아들
딸들아!
44 나의 법전을 너희들이 버리지 말며 가
슴에 안고 정독하여 나의 참뜻을 깨우
치도록 그리하라.
45 나의 뜻을 저버리지 말며 너희들이 거
듭나는 영광을 얻도록 그리하라.
46 거듭남이란 너희가 생각조차 할 수 없
는 위대한 영광이요, 너희들이 생각할
수 없는 모두를 다 누리며 살 수 있으
며, 그 또한 영원히 죽지 않는 세상에
서 누릴 수 없는 영광을 누리며 살아
가는 것이니,
47 너희들이 백 년도 안 되는 그 삶에 의
해서, 너희들의 육의 삶을 위하여 소
중한 나의 법전을 버리며,
48 이를 가슴에 안고 정독하라 했으나 이
를 찢어 버리고 태우는 자요, 그리고
사탄이요, 마귀의 장난이라 하여 그
표지도 읽지 아니하며 쓰레기통에 처
박아 버리고 짓밟는 자,
49 그리고 나의 아들의 가슴에 비수를 꽂
고자 연구하는 자, 나의 뜻을 버리며
너희들이 거듭나는 그 기회의 영광을
다 버리는 자, 그와 같은 어리석은 삶
을 살지 않도록 그리하라, 사랑하는
나의 아들딸들아!

9,850 번째 하나님 말씀

2004년 3월 7일 06시 51분

1 사랑하는 나의 아들아!
2 "네, 아버님! 말씀하옵소서."
3 너희가 진정으로 충성을 다하고 몸과
마음을 다하여 나의 법전을 정독하고
깨우치라 할 때, 너희들이 과연 어찌
해야 되는가?
4 과연 너희들은 그와 같은 자세로써 지
금 세상을 살아가며 나의 법전을 접하
는가?
5 너희는 너희 제자들이요, 그리고 세속
의 삶에서 많은 백성들 앞에 너희들이
은혜를 받으며, 그리고 나 여호와 앞
에서 당당히 은혜와 축복을 받을 수
있으며 은총을 받는 것은,
6 바로 너희들이 나의 법전을 읽고 깨우
치며, 너희들의 목숨보다도 더 귀하게
여기며 충성함에 하나도 부족함이 없
는 그와 같은 마음 자세로써 나의 법
전을 정독하며 거기서 깨우침을 얻고
자 하는 그와 같은 삶을 살 때,

7 모든 백성들 중에 나 여호와 앞에 와
당당히 은혜와 은총을 받는 데 주저
함이 없는 그와 같은 영광이 있을 것
이니라.
8 그러니 너희가 귀하고 소중히 쓰이는
것을 또한 너희들은 알게 될 것이니라.
9 너희들이 나의 법전을 가슴에 안고 정
독하며 진정으로 충성과 몸과 마음을
모두 다 바쳐 나의 법전을 접하며 그
를 전하고자 역사할 때,
10 너희들이 얼마나 나에게 소중한 백성
으로서 쓰여졌으며, 선택된 것이 얼마
나 위대한 것인가를 머지않아 알 수
있을 것이니라.
11 그러니 소중히 쓰이고 있음을 너희가
알 수 있으며, 바로 너희들이 얼마나
위대한 것인가를 알게 될 것이니라.
12 하늘에 오르는 길을 알려 주었음이니,
내가 너희들에게 하늘에 오르는 길이
요, 나에게 오르는 그 모두를 가르쳐
주었으니,
13 너희들이 여기에 충성하며 네 목숨과
마음을 다하도록 그리하지 아니하면
아니 될 것이니라.
14 그 길만이 너희들이 영원히 나에게 올
수 있으며 거듭나는 영광을 얻는 것이
라 하지 아니하였더냐?
15 너희가 그 길을 달려 나에게 오지 못
하고, 지금 인간 세속에 살아가면서
서로 계산하며 타산적으로 따져 보며
그리고 이해관계를 생각하며 살아가
는 자,
16 그리고 이웃의 백성들이 가는 믿음의
길을 보면서 과연 그들의 믿음의 길이
진정한 것인가 아닌가 그와 같은 눈치
로써 눈치 작전을 하는 자, 그와 같은
자는 나로부터 축복받음이 없으며 은
혜요 영광이 없음을 너희들은 알라.
17 이제 사랑하는 나의 아들딸들아! 너
희들이 나의 성전에 와 나의 아들의
강론을 들으며, 오늘 내가 나의 아들
과 그 모든 기쁨과 축복을 같이함이
니, 오늘 내가 너희들에게 하나의 지
표를 줌이니라.
18 너희는 이제 나의 아들의 제자인 '이
기종'이라는 그 제자를 본보기로 하여
그리 살아가라.
19 이것이 내가 너희들에게 내리는 명령
이니라.
20 지금 내가 오늘의 이 기쁜 날을 기하
여 너희들이 누구를 지표로 삼아 갈
것인가를 가르침이니,
21 너희들은 나의 아들의 제자인 '이기
종'을 본보기로 하여 그를 따라 살아
가는 그와 같은 삶을 살라.
22 이것이 오늘 나 여호와가 너희들에게
내리는 가장 기쁜 영광의 명령이라는
것을 잊지 말라.
23 부모가 자식을 탓하며 부모가 자식을
나무랄 때, 과연 그를 얼마나 사랑하
기에 그와 같은 역사를 하는가?
24 오늘 내가 이 기쁜 날 너희들에게 명
하는 것은, 바로 너희들은 누구를 지
표로 삼으라 명함이니,
25 이것은 내가 너희들을 사랑하기 때문
임을 잊지 말라, 사랑하는 나의 아들
딸들아!
26 그를 따라 나의 아들의 제자의 가는
길을 기본으로 삼으라.
27 그래야만 너희들이 변화되는 그 길을

볼 것이니라.
28 이제 나 여호와가 너희들에게 명하는
그 뜻을 알겠는가?
29 내가 너희들을 사랑하며, 지금 나의
아들의 제자를 선정하여 그가 살아가
는 길을 본보기로서 너희들이 믿음의
길을 갈 수 있도록 오늘 너희들이 변
화의 역사를 한 것이 내가 얻은 가장
큰 기쁨이라 함을 너희들은 알라.
30 나의 법전에 의하여 모두를 거하라,
그리고 생각하고 깨우치도록 그리하
라.
31 인간의 지혜로써 판단치 말라.
32 나의 법전을 접하는 것을 너희들의
생명보다도 더 소중히 여기라, 그리고
더 귀히 여기라.
33 그러면 너희가 가야 할 길이요, 각자
의 길을 나 여호와가 인도할 것이거늘,
34 어찌하여 너희들은 충성을 다하며 몸
과 마음을 다 바쳐 그 길을 가지 못하
는가?
35 어찌 너희들이 어리석은 삶을 살아가
는가?
36 그리하여 지금 나의 아들을 따를 수
있는 그 본보기를 내가 정해 주었으
며, 그를 따라 우선 너희들이 변하도
록 그리하라.
37 그리하면 또한 그보다 앞에 가는 자가
너희들의 본보기로서 나에게 명을 받
는 자가 있을 것이니,
38 그를 명심하고 따르도록 하며, 그를
본보기로 하여 너희들이 변하는 역사
를 이루도록 하라.
39 내가 오늘의 기쁨을 너희들에게 전함
이니라.
40 그와 같이 한 사람을 지칭하여 너희들
의 본보기로 갈 수 있는 것, 그리고 그
제자 중에서 하나가 우뚝 섬이니,
41 그를 보고 너희들이 같이 갈 수 있는
것을 내가 명함이니, 이 명하는 나 여
호와의 기쁨이 이루 말할 수 없음을
알며,
42 이와 같은 역사가 이루어지는 오늘의
기쁨을 나의 아들과 너희들과 다같이
나누고자 함이니라.
43 이제 그가 나오니, 또 제2의 본보기의
사람이 나올 것이며, 제3의 본보기의
백성이 나올 것이니, 이보다 더 큰 나
여호와의 기쁨이 없으며,
44 오늘의 나의 기쁨을 너희들에게 전하
는 메시지이며, 내가 내리는 하얀 눈
의 꽃다발임을 알라, 사랑하는 나의
아들딸들아!

9,851 번째 하나님 말씀

2004년 3월 7일 09시 45분

1 사랑하는 나의 아들아!
2 "네, 아버님! 말씀하옵소서."
3 나 여호와가 너에게 말하여 전했느니
라.
4 너희들이 구원이라는 것, 구원, 구원
그것에 매달리지 말며,
5 나 여호와의 뜻이요, 내가 역사하는
것이 무엇이며, 나의 기쁨이요, 내 깊
은 뜻이 무엇인가 그를 연구하고 깨우
치라,
6 그것이 곧 너희들이 나에게 오르는 길
이라 내가 그리하지 아니하였던가?
7 오늘의 나의 성전을 찾는 자, 나의 성

전에 와서 나의 아들을 통하여 내리는
나의 강론을 듣는 자, 그 모두에게 축
복과 은혜와 영광이 있을 것이니라.
8 나 여호와의 강론을 듣는 그 백성을
내가 사랑하며, 그들을 보는 나의 마
음이 얼마나 기쁘겠는가?
9 나의 아들을 따르는 제자 너희들이 이
웃의 한 사람을 나의 성전에 인도해
와 너희들과 더불어 강론을 들을 때,
너희들의 설레는 그 마음이 얼마나
크고 기쁘더냐?
10 그것보다도 내 마음이 더함이니, 내
마음이 더 기쁘지 않겠느냐?
11 그러니 나의 성전을 찾는 모든 백성
너희들에게 은혜요, 영광이요, 축복이
있음을 너희들은 알아야 될 것이니라.
12 너희들은 바라지 아니하며 기대하지
아니하나, 이는 나 여호와를 기쁘게
함이니,
13 너희들이 나 여호와를 기쁘게 하는 그
것이 하늘에 오르는 길이요, 영광된
길이라 하였으나,
14 너희들이 나 여호와에게 기쁨을 준 만
큼 나 또한 너희들을 사랑할 것이며,
내가 너희들에게 그만큼 은혜를 줄 것
이니라.
15 특히나 오늘의 이 자리에 참석한 나의
선택된 백성들이요, 나의 아들을 통하
여 내리는 나의 강론을 듣는 자, 그를
보고 더욱이 깨달음을 얻는 백성이 있
다면, 그보다 더한 나 여호와의 기쁨
이 없을 것이니라.
16 나의 성전을 찾았다가 등을 돌리고 가
는 너희들의 형제들의 뒷모습을 보면
서 너희들은 안타까운 마음을 달랠 길
이 없으며 그 섭섭한 마음을 달랠 길
이 없음이니,
17 너희들이 그와 같은 마음을 느끼는 것
보다 나 여호와가 열배 백배 더 느낌
이니라.
18 오늘에 또한 너희들이 나의 강론을 들
을 것이며, 나의 법전을 읽고 나의 아
들이 설명하는 것을 깨닫고 들음이니,
19 그를 듣고 경청하는 너희들의 그 모습
이 얼마나 나에게 그리우며 예쁜 줄
아느냐?
20 그러나 마음을 다하고 충성을 다해서
그 강론을 듣고 또 깨우치고자 하는
백성 너희들이 더 나에게 기쁨을 주는
것이니,
21 너희들은 공부를 하며 깨닫는 그 시간
에 온갖 정성을 다하도록 그리하라.
22 남들이 흘러가는 이야기로 듣든 지나
가는 이야기로 듣든, 그러나 나의 아
들을 따르는 너희들은 온갖 정성을 다
하여 나의 뜻을 듣고 경청하도록 그리
하라.
23 너희들의 그 모습이 아름다움이요, 그
모습이야말로 나에게 가장 기쁨을 선
사하는 것이니,
24 오늘 나의 강론을 듣고자 모이는 나의
백성 너희들 모두를 사랑함이니,
25 너희들에게 모든 은혜와 영광이 있을
것이니, 오늘의 모든 자를 기억하도록
그리하라, 사랑하는 나의 아들을 따르
는 제자들아!

9,852 번째 하나님 말씀

2004년 3월 7일 09시 49분

1 사랑하는 나의 아들아!
2 "네, 아버님! 말씀하옵소서."
3 너를 따르는 제자들이요, 너와 더불어
가는 사랑하는 나의 백성 그들에게 너
는 전하라.
4 나의 아들을 따르는 제자 그들을 나의
아들이 선택된 자들이라 하지 아니하
였더냐?
5 나의 아들과 더불어 선택된 백성 너희
들이 감이니,
6 오늘의 훈련을 너희들은 두려워하지
말며 오늘의 역사함을 너희들이 겁먹
지 말라.
7 그러면서 또한 너희들이 살아감에 있
어서 나의 아들이 너희들을 꾸중하며
너희들을 나무람이니라.
8 그러나 너희들에게 꾸중을 하며 나무
란다 하여 너희들은 섭섭한 마음을 갖
지 말라.
9 오늘 이 순간부터 너희들에게 섭섭한
마음, 아쉬운 마음이 있다 하면, 그 모
두를 다 지우고 지우도록 그리하라,
사랑하는 나의 아들딸들아!
10 나 여호와가 너희들을 아직 버리지 아
니하였으며 너희들을 떠나지 아니하
였음이니,
11 사랑하는 나의 아들이 너희들을 꾸지
람하며 나무라며 핍박한다 하여 너희
들의 가슴에 섭섭한 마음이요, 아쉬운
마음이 있다 하면, 오늘을 기하여 너
희들의 그 마음을 모두 지우도록 그리
하라.
12 내가 너희들을 버리지 아니하였으며,
너희들을 떠나지 아니하였으며, 너희
들을 사랑하고 있음을 너희들은 알아
야 될 것이니라.
13 나의 아들이 너희들을 사랑하지 아니
하면, 너희들을 나무라지 아니하며,
매질하지 아니하며, 꾸지람을 절대 하
지 아니할 것을 너희들은 어찌 모르는
가?
14 나 여호와 또한 너희들이 훈련의 고된
삶으로 가도록 절대 하지 아니함이니
라.
15 나 여호와가 너희들을 버리지 아니하
였으며 너희들을 떠나지 아니하였으
며 너희들을 사랑하기에 너희들에게
고된 삶이요, 고된 훈련과 강도 높은
훈련을 시키고 있음을 너희들은 알아
야 될 것이니라.
16 나 여호와가 너희들을 버리지 아니하
였음이니라.
17 인간 세상에도 살아가는 그 법도가 무
엇이더냐?
18 세속의 삶에 있어서 인간의 부모가 그
자식에게 매질을 함은 바로 무엇이더
냐?
19 아직 그 부모가 자식에게 희망을 버리
지 아니하였으며, 그 자식을 버리지
아니하였기 때문에 그 부모는 자식이
바로 오라고 그 무서운 매를 대지 않
더냐?
20 그와 마찬가지니라.
21 지금 나의 아들을 통하여 너희들에게
꾸지람을 하며 너희들에게 아픈 매를
드는 그와 같은 역사함은 나 여호와가
너희들을 버리지 아니하였으며 너희

들을 사랑하기 때문이니,
22 너희들이 아쉬운 마음을 지우도록 그리하라, 사랑하는 나의 아들딸들아!
23 오늘의 너희들의 기쁨이요, 오늘의 영광을 나 여호와가 같이함을 알라.

9,853 번째 하나님 말씀

2004년 3월 7일 09시 54분

1 사랑하는 나의 아들아!
2 "네, 아버님! 말씀하옵소서."
3 사랑하는 나의 아들을 따르는 선택된 너희들이야말로 이 세상에 가장 위대한 것이며 나로부터 받는 축복이 과연 무엇이라 하였느냐?
4 너희들은 그저 쓰고 버리고 떠나는 것, 그리고 지워지는 재물이요, 그와 같은 부귀영화를 얻는 것이 아니요,
5 너희들이 나의 법전이요, 나의 성서요, 나 여호와의 뜻을 깨달을 수 있는 지혜를 얻는 것이 얼마나 위대하고 소중한 것이라 하였느냐?
6 지혜를 얻는 것보다 더 소중한 것이 없기에, 내가 너희들에게 내리는 상은 오로지 지혜라는 것을 줌이니,
7 그 깨달음이요, 지혜를 얻는 것이 나로부터 받는 가장 큰 사랑이라는 것을 너희들은 알아야 될 것이니라.
8 그러니 이 세상에 지혜를 얻는 것보다 더 귀하고 소중한 것은 없음이니라.
9 지금 나의 아들을 따르는 제자들이요, 나의 법전을 읽고 깨우친 만백성 너희들은 이 세상 것을 다 얻는 것보다도 더 소중한 것을 얻었으며,
10 이 세상에서 부족함이 없는 것을 얻은 것이 바로 너희들이 아니더냐?
11 모든 것을 너희들이 지혜로써 다스리며 생각으로써 다스릴 수 있으며,
12 선과 악을 구분하여 악을 버리고 선을 선택할 수 있는 그와 같은 위대한 지혜를 나로부터 얻음이니,
13 그것이 너희들이 나로부터 받는 가장 큰 상이요, 영광이요, 축복이라는 것을 깨우치라.
14 재물이요, 부귀영화요, 그 모두는 날아가는 것이며, 부서지는 것이며, 파도에 밀려 쌓이는 백사장의 모래처럼, 또 그리 물에 의해 흩어지는 것처럼, 파도가 밀려와 바위에 부딪쳐 산산조각이 나 흩어지는 물방울처럼,
15 너희들의 재물이요, 권력이요, 명예요, 부귀영화는 다 그와 같은 것이니라.
16 그리고 너희들이 죽어 나에게 와 심판을 받는 그 순간에 그 모두는 그보다도 더 무섭게 부서지며 너희들과 관계없는 것이라 하였음이니라.
17 그러나 지혜를 나로부터 얻고 지혜의 은혜를 받아 악과 선을 구분하는 삶을 살아, 악을 버리고 선을 선택하는 그와 같은 현명한 삶을 사는 너희들은 나에게 와 심판을 받을 때, 선이 무거움이 되니,
18 너희들의 선이 무거우면 너희들은 나에게 오르는 것이요, 악이 무거우면 너희들이 지옥으로 간다는 그 무게를 다는 거기에 모두가 적용되는 것이 아니더냐?
19 그 뜻을 너희들은 알아야 될 것이니라.
20 그러니 지혜를 얻는 것이 이 세상을

얻는 것보다 더 위대한 것이며, 소중
하고 귀하다는 나의 뜻을 너희들은 알
아야 될 것이니,
21 이 세상에 부족함이 하나도 없는 것이
나의 아들을 따르는 제자들이요, 나의
법전을 읽고 깨우쳐 변화되는 삶을 사
는 너희들이라는 것을 알라.
22 이 세상 어떠한 것과도 비교할 수 없
는 것이며, 그와 같이 그 길을 가기 위
하여 나로부터 선택된 백성이 너희들
이 아니더냐?
23 그러니 너희들은 이 세상에 부족한 것
이 없으며 모자란 것이 없으며 더 역
사하고자 하는 것이 없음이니,
24 모든 백성이 연연하여 죄를 범하는
것, 욕심을 버리지 못하는 재물이요,
명예요, 부귀영화를 그저 흘러가는 낙
엽을 놓듯이 그리 놓을 수 있는 너희
들의 오늘의 그 깨달음이야말로, 이
세상을 아름답게 역사하는 것이며,
25 나 여호와가 너희들에게 심어 주었던
그 원심의 꽃을 피우는 그와 같은 아
름다움을 너희들은 알아야 될 것이니,
26 너희들은 모르고 살 것이니라, 그리고
너희들은 스스로 알지 못할 것이니라.
27 그러나 너희들이 육의 삶을 마치고 나
에게 와 심판대에 섰을 때 너희들이
얼마나 위대한 삶을 살았으며, 얼마
나 귀한 삶을 살아온 것인가를 알게
될 것이니라, 사랑하는 나의 아들을
따르는 제자들아!

9,854 번째 하나님 말씀

2004년 3월 7일 10시 10분

1 사랑하는 나의 아들아!
2 "네, 아버님! 말씀하옵소서."
3 나 여호와가 창조한 이 아름다운 세상
은 너희들이 그 속에서 모든 변화가
역사해지며, 또한 그 변화 속에서 너
희들이 태어나고 죽는 그와 같은 변화
가 이루어지느니라.
4 그러나 너희들이 알지 못하는 사이에
그 모두가 역사하며 이루어진다는 것,
한 알의 씨앗이 뿌려지며 그 싹이 나
며, 그리고 죽고 살아가는 것, 그리고
성장하는 것, 그 모두를 다 너희들이
알지 못하는 속에 이 세상의 수억 가
지 모두가 다 역사하고 존재하는 그
위대함을 너희들은 알아야 될 것이니
라.
5 사랑하는 나의 백성 너희들이 가장 지
혜 높은 자요, 현명한 백성이요, 가장
위대한 것이라 말하나,
6 자연의 변화의 위대함이 너희들에게
보이든 보이지 않든 너희들이 알지 못
하는 사이에 그 모두가 변화되는 역사
가 이루어지며 하나가 이루어져 간다
는 것을 너희들은 알아야 될 것이니라.
7 그리하여 나의 아들 예수를 통하여 나
여호와의 뜻을 역사하는 것을 내가 씨
앗을 뿌리는 것에 비유하여 너희들에
게 전하지 아니하였더냐?
8 인간인 너희가 곡식을 거두고자 그 씨
앗을 뿌렸음이니, 그것이 자라는 것을
너희들은 알지 못하며, 그가 성장하는
것을 보지 못함이니라.

9 그러나 그들은 성장함이니라.
10 그리하여 그들이 자라서 결실의 열매
가 맺으니 결실의 열매가 맺었을 때
너희들이 눈으로 보고 느끼게 되는 것
이며,
11 그리하여 그 세월 속에 그들이 그냥
자랐구나, 그리고 잘 자라 주었구나,
그리고 결실의 때가 되었구나, 그리고
거둬들일 때가 되었구나 하여 너희들
은 그를 거둬들이느니라.
12 그러나 너희들은 그 성장하는 과정을
볼 수 없으며 알 수 없는 것이 아니더
냐?
13 그와 마찬가지로 너희들이 지금 믿음
의 길을 가는 것이 그러하니라.
14 내가 너희들에게 무어라 하였느냐?
15 '나의 법전을 가슴에 안고 정독하는
자, 반석 위에 서서 하늘에 오르는 찬
란한 빛을 보는 영광을 얻는다.' 하였
음이니,
16 너희들이 하늘에 오르는 빛을 보는 영
광을 얻는 것, 반석 위에 너희들이 스
스로 서서 나에게 기도하여 그 빛을
따라 올 수 있는 그 은혜와 축복, 그
모두가 너희들이 성장하는 것을 모르
고 있으나, 너희들은 무섭게 성장하여
가고 있으며,
17 나 여호와가 거둬들이는 그 결실의 길
을 위하여 너희들이 열심히 지금 잘
가고 있으며, 잘 살아오고 있으며, 잘
성장하고 있는 것이 나의 아들을 따르
는 백성들이요, 나의 법전을 읽고 깨
우친 만백성 너희들이니라.
18 참진리의 길이요, 아름답게 살아가며
거짓 하지 말며 남을 음해하지 말고
살라는 것이 나의 법전이니,
19 그를 해도 죄가 되지 아니한다 생각하
는 그 백성들 속에서 너희들은 그를
지키고 그리 행하는 것이 창조주 아버
지의 뜻이며 그리 살라 말함이니,
20 그와 같이 말하는 너희들은 그 박해를
받으며 핍박을 받으나, 너희들 스스로
보이지 않는 곡식이 자라나 결실을 거
두듯이 너희들이 그리 자라고 성장함
을 알아야 될 것이니라.
21 이 모두가 나 여호와의 뜻에 의해 역
사한다는 것을 모든 백성 너희들은 알
아야 될 것이니라.
22 모든 백성 중에 이를 모르는 자가 없
음이니라.
23 그리고 그 위대함을 모를 리가 없으며
그와 같은 역사하는 자연의 순리를 모
르는 자가 없느니라.
24 그러나 그와 같은 속에서 너희들이 어
찌 살아가야 될 것이며, 그와 같이 성
장하는 것, 그 모두의 위대함이 나 여
호와가 존재함이니,
25 나 여호와의 뜻을 따라 나에게 오르고
자 한다면, 너희들이 내가 내린 계명
이요, 나의 율법이요, 지금 내가 나의
아들을 통하여 내리는 이 법전이요,
이대로 살고 지켜야 된다는 그 마음의
각오를 더 굳건히 해야 되건만,
26 너희들의 믿음은 다 형식적인 것이요,
너희들이 나를 찾는 것도 다 형식적인
것이요, 너희들은 모두가 다 흔들리는
자요, 육의 향락과 육의 부귀영화를
위하여 나를 버릴 수 있는 자요,
27 너희들의 정조요, 지조요, 그 모두까
지도 너희 자신의 육신의 안일을 위해

서는 모두를 던지고 파는 그와 같은
오늘의 너희들이 되어 있으니, 이를
보는 나 여호와의 마음이 어떠하겠느
냐?
28 그것 또한 너희는 알아야 하느니라.
29 내가 지금 나의 아들을 통하여 나의
법전을 이루니, 이게 무엇이더냐?
30 농사꾼이 그 결실을 거둬들이기 위한
씨앗을 뿌림이니, 이는 농부가 씨앗을
뿌리는 것이 아니요,
31 창조주 나 여호와가 지금 너희들을 통
하여 씨앗을 뿌리며 그를 가꾸고자 함
이니,
32 내가 그리하여 나의 법전을 가슴에 안
고 정독하는 자, 반석 위에 서서 하늘
에 오르는 찬란한 빛이요, 그 영광을
본다 하였음이니,
33 너희들이 바로 그 씨앗을 심고 가꾸는
그 길을 가는 백성들이기에, 너희들이
그 결실을 거둘 때야말로 너희들의 공
로요, 역사함을 알게 될 것이니,
34 그 씨앗의 결과가 너희들이 같이 나에
게 오르며 영광을 얻게 된다는 것을
잊지 말라, 사랑하는 나의 아들딸들아!
35 너희들이 지금 성장하는 것이 보이지
않으나, 너희들은 아주 좋은 열매요,
내가 거둬들일 수 있는 그 열매를 위
하여 열심히 살아가고 있으며 역사하
고 있으며 변하고 있다는 것을 알라.
36 이 모두는 자연 발생에 의하여 이루어
지는 것이며, 환경의 여건과 조건에
의하여 너희들이 그와 같이 더불어 살
고 성장하는 것처럼,
37 너희들이 지금 너희들 스스로 위로하
고 깨우치며 나의 법전을 읽고 강론을
들으며 그와 같이 무서운 속도로 변해
져 가고 성장하고 있음을 알라.
38 너희들이 씨앗을 심었으니, 그가 거둘
때가 되어 곡식이 되는 성장 과정을
모르면서도 결실의 때가 오듯이,
39 나만이 알 수 있으며 나만이 결실의
시대에 너희들을 거둬들일 것이니 그
리 알라, 사랑하는 나의 아들딸들아!

9,855 번째 하나님 말씀

2004년 3월 7일 10시 15분

1 사랑하는 나의 아들아!
2 "네, 아버님! 말씀하옵소서."
3 너를 따르는 그 제자들이요, 그리고
만백성 그들에게 깨우쳐 전해야 될 것
이니라.
4 나의 아들을 따르는 제자 너희들은 겸
손하며 겸허한 자세로 살아가지 아니
하면 아니 됨을 알아야 될 것이니라.
5 너희 인간들이 가지고 있는 지혜요,
생각이요, 상식으로써 너희들이 판단
하며 그를 결정하지 말라.
6 그리하지 아니하면 너희들이 오류를
범하며 참진리의 위대함을 알지 못하
는 것이니라.
7 나 여호와의 일을 역사함에 있어서 나
의 뜻보다 너희들의 생각이요, 너희들
의 지혜요, 너희들의 지식이요, 그 모
두를 먼저 앞세워 생각하고 행한다면,
8 그것이 다 악의 씨앗을 네 마음에 심
는 그와 같은 결과가 됨을 너희들은
알아야 될 것이니라.
9 인간의 생각이요, 인간의 판단으로써
모두를 역사하는 것이 너희들이 악의

씨앗을 마음에 심는 근본이라는 것을
절대 잊지 말라.
10 그 지혜라는 것을 버리라.
11 너희들의 생각이요, 너희들의 상식을
버리며 네 판단으로써 모든 걸 생각하
며 결정하지 말라.
12 오로지 나 여호와의 뜻이요, 내가 명
하는 것이 무엇인가를, 내가 내리는
그 지혜 속에서 너희들이 하늘의 지혜
를 얻음이니라.
13 그리해야 너희들이 바른길을 볼 수
있으며 바로 갈 수 있다는 것을 절대
잊지 말라.
14 그리하면 성령이 임할 것이니라.
15 나의 법전에서 나의 뜻을 알게 될 것
이니, 너희 자신의 양심이 무엇이며,
너희들의 기본이 무엇이며, 나로부터
받아 나간 인간의 본성이 무엇인가를
너희들이 알게 될 것이니라.
16 그때 너희들이 거듭나는 백성이 될 것
이며, 그와 같이 거듭나는 백성으로
너희들이 태어날 때 나 여호와가 너희
들을 인도함을 절대 잊지 말라.
17 사랑하는 나의 아들딸들아!
18 너희들이 살아가면서 너희들 말 속에
그러한 말이 있느니라.
19 '골수에 한이 맺힌다.'는 말이 있으며,
골수에 맺힌 한이 있다는 말이 있지
않더냐?
20 너희들은 나의 성령이요, 나의 법전을
접하는 것을 너희들의 골수에 박히도
록 그와 같이 공부하지 아니하며 그와
같이 경배하지 아니하며 그와 같이 깨
닫지 아니하며,
21 믿음이라는 것을 너희들이 한이 맺혀
골수에 맺힌다는 그 원한을 토하는 말
처럼, 너희들 뼛속 깊이 골수 깊이 박
히지 않은 믿음은 정녕 나를 볼 수 없
으며 그 빛을 볼 수 없음을 너희들은
알아야 될 것이니라.
22 인간 세상에 너희들이 억울하고 슬픈
일이 있을 때, 그 한이 골수에 맺힌다
는 그보다 더 뼛속 깊이 맺히는 그와
같은 믿음이요, 깨달음으로써 너희들
이 역사할 때, 나 여호와의 아름다운
한 송이의 꽃을 피울 수 있다는 것을
알라.
23 사랑하는 나의 아들딸들아!
24 너희들이 남이 봐서 아름다운 향기요,
그 꽃을 피울 수 있는 것은 겸손하며
겸양하며 낮은 자세로써 살아가는 것
임을 알라.
25 물이 흘러서 낮은 곳에 고이듯이, 나
여호와는 어렵고 힘든 곳이요, 가장
낮은 자세로 있음을 너희들은 알라.
26 나는 땅에서 한 치의 높은 곳에 있지
아니함이니, 가장 높은 데서 물을 부
음이니, 그 물이 흐르고 흘러서 마지
막 고이는 그 바닥에 나 여호와가 존
재하며, 내 진리가 거기 있음을 너희
들은 알아야 될 것이니,
27 한 발짝의 높이라도 너희들이 겸손하
지 못하며, 한 발짝의 높이라도 세상
을 바라보며 너를 그리 평가하며, 네
지혜요, 네 생각이 위대하다 생각하는
자는 나보다 높은 자라는 것을 알라,
사랑하는 나의 아들딸들아!
28 이 지혜를 깨닫고 가장 낮은 자가 되
었을 때, 나 여호와가 가장 낮은 곳에
있으니, 너희들이 나와 같이 동행하는

자라는 것을 명심하고 또 명심하여 가
슴 깊이 심도록 그리하라, 사랑하는
나의 아들딸들아!

9,856 번째 하나님 말씀

2004년 3월 7일 10시 18분

1 사랑하는 나의 아들아!
2 "네, 아버님! 말씀하옵소서."
3 이 세상의 모두가 나 여호와의 뜻에
의하여 역사하며 모두가 이루어진다
는 것을 굳게 믿지 못하는 그 백성들,
곧 그는 바로 어떠한 백성들이더냐?
4 저희들이 눈먼 자와 같음이니라.
5 말로써는 믿음의 길을 가며 나 여호와
의 뜻을 행하며 나의 뜻에 의해 역사
한다 하나,
6 저희들이 정녕 어렵고 힘들 때 나를
버리며 나를 찾지 않는 그와 같은 백
성들이 오늘의 너희들의 믿음임을 알
아야 될 것이니라.
7 그러니 골수에 박히는 그와 같은 진정
한 믿음이 아니면, 너희들이 눈먼 자
와 같음을 너희들은 알아야 될 것이니
라.
8 지금 나의 법전이요, 새로운 성경이라
는 것을 믿지 못하는 백성 너희가 눈
먼 자임을 알아야 될 것이니라.
9 이 세상에 존재하는 것은 머리카락서
부터 티 하나까지 나 여호와가 역사한
것이며, 내가 필요하여 세상에 냈다
너희들이 그리 말하면서,
10 내가 160권의 대장정의 법전을 써서
세상에 내려보내며, 이게 나의 법전이
요, 마지막 심판의 인성을 고치는 기
본이요, 새로운 성경이라 내가 너희들
에게 그리 말함이니,
11 이를 들여다보지 아니하고 보지 못하
며 알지 못하게 함이니,
12 너희들이 이와 같은 것을 보지 아니하
고 자연의 위대함과 그 화려함을 어
찌 알겠는가?
13 나의 법전이 사탄이요, 마귀의 것이라
말하는 자는 곧 눈먼 자요, 눈먼 지도
자이니라.
14 그러니 눈먼 지도자가 어찌 자연의 아
름답고 위대함을 알며, 눈먼 자가 어
찌하여 눈먼 백성을 이끌어 갈 수 있
단 말이더냐?
15 결국 너희들은 눈뜬 자가 없는 것이니
라.
16 그러니 너희들은 거짓을 진실이라 말
하며, 거짓을 진실이라 전하면서 그것
이 하늘에 오르는 길이라는 그 생각을
버리지 못하며 그 틀에 박혀 너희들
이 가고 있음이니라.
17 그러니 그를 보고 전해 주는 그들이
또한 어떠하던가?
18 그를 따라가는 백성이 눈이 멀었다면,
그를 보고 전해 주는 자가 눈을 떠 밝
은 눈으로써 세상을 보고 그대로 전해
주면 그대로 될 것이니라.
19 그러나 그 인도하는 자도 제가 눈을
뜨지 못한 자이니, 제가 상상하고 제
가 생각하는 대로 전한다면, 그를 전
해 듣는 그 백성은 제 나름대로 상상
함이니,
20 여기에는 참진리가 있지 아니하며, 깨
달음이 없으며, 나 여호와의 뜻이 없
음을 너희들은 알아야 될 것이니라.

21 그러니 너희들이 살아감에 있어서 모
든 것에서 제 생각을 버리고 나 여호
와의 뜻이요, 내가 원하는 것이 무엇
인가를 바라보며,
22 이 세상에 존재하는 것은 하나도 내가
원하지 아니하는 것이 없으며, 내가
역사하지 아니한 것이 없다 하면,
23 그를 버리지 아니하며, 그 모두를 소
중하고 귀하게 생각하는 그와 같은 마
음으로 변화되는 종교 집단이요, 지도
자요, 그 백성이 되어야 됨을 너희들
은 알아야 될 것이니,
24 오늘의 그와 같은 길을 가지 아니한다
면, 그 백성이 가는 것이 모두 잘못되
었음을 너희들은 알아야 될 것이니라.

9,857 번째 하나님 말씀

2004년 3월 7일 11시 41분

1 사랑하는 나의 아들아!
2 "네, 아버님! 말씀하옵소서."
3 천 마디 만 마디를 전한들 무엇하겠느
냐?
4 그가 귀가 열려 있으며 눈이 열려 있
어야 보고 들을 것이 아니더냐?
5 나의 피조물 만백성 너희들이 믿음이
라는 그 세계에 욕심이 그득 차 있음
이니,
6 저희들은 욕심에 차 있지 아니하였으
며 나 여호와의 뜻에 의해 살아가는
백성이라 그리하나,
7 저희들이 구원을 원하며 구원을 부르
짖으며 무엇인가 원하고자 기도를 한
다면,
8 그것은 짐승이 배가 고파서 먹이를 달
라 울부짖는 것과 무엇이 다르단 말이
더냐?
9 모든 믿음의 길을 가는 백성들이 그러
하니라.
10 저희들이 어렵고 힘들 때 나 여호와에
게 무엇을 원하며 무엇을 바람이니,
어린아이가 배가 고파 젖을 달라 우는
것과 배가 고파 견디지 못하여 먹이를
달라는 그 짐승의 울부짖음과 무엇이
다르단 말이더냐?
11 너를 따르는 제자 너희들은 그와 같은
기도를 하지 말라 내가 성서에 기록하
여 너희들에게 전하지 아니하였던가?
12 기도라는 것을 중언부언하지 말라 그
리하였으며, 기도라는 것은 너희들이
만들어서 나에게 상달하는 것이 아니
요, 나 여호와의 뜻을 받아 너희들이
행하는 것이 곧 기도라 하였음이니라.
13 그리하여 내가 너희들에게 말하기를
'주기도문'이라 하여 너희들이 기도하
는 것을 전했음이니,
14 너희들은 그를 기도로 하며 그를 지키
고 살아가면 되는 것이지, 인간 너희
들 마음대로 중언부언해서 지금 기도
를 하는 것이 너희들이 아니더냐?
15 그러니 그것이 나의 뜻에 의해 하는
역사요, 나의 뜻에 의해 역사하는 백
성이라 그리 말하느니라.
16 내가 성서에 기록하여 전했느니라.
17 너희들은 성서에 있는 것을 한 자도
빼도 더하지도 말며 한 획도 고치지
말라 하였으며, 기도할 때 중언부언하
지 말라 하였음이니,
18 너희들이 무엇을 이루고자, 무엇을 얻
고자 그와 같은 기도로써 거침없이 그

와 같은 행위를 하는 것이 오늘의 종
교 집단이요, 지도자가 가는 길이니,
19 그것이 과연 나의 뜻을 따르는 역사며
너희들이 나의 뜻에 의해 가는 백성이
라 말할 수 있느냐?
20 이 작은 것 하나부터 실천하고 지키는
그와 같은 눈을 뜨도록 그리하라.
21 너희들이 성서를 읽고 그 성서를 그대
로 읽어 거기에 기록된 내용을 하나하
나 생각해 보며 그대로 지킨다면,
22 오늘의 잘못 가는 종교 지도자 그들보
다 너희들의 깨달음이 앞설 것이며,
너희들이 더 얻는 것이 있을 것이니
그리 알도록 하라.
23 성서는 모든 백성들이 깨우치고 역사
하며 누구나 보면 알 수 있도록 내린
것이 아니면 나의 성서가 아니며, 나
의 뜻이 아니며, 진리가 아니니라.
24 특별한 사람만이 볼 수 있으며 특별한
백성만이 그를 가르치고 지도할 수 있
다면,
25 너희들이 그 많은 나의 백성들을 어찌
가르치고 지도할 수 있단 말이더냐?
26 성서의 참진리라는 것은 아무것도 아
님이니라.
27 너희들은 참진리라는 것이 무엇인 줄
알겠느냐?
28 보아서 알며 느껴서 아는 것이니라.
29 그리고 진리는 무엇이더냐?
30 진리라는 것은 배고픈 자에게는 밥을
주며, 추운 자에게는 옷을 입혀 주며,
목이 말라 갈증 나는 자에게는 물을
줄 수 있는 것이 진리이며 나 여호와
의 뜻이니라.
31 그리 역사하지 아니하는 것은 진리가
아니니라.
32 배고픈 자에게 옷을 주며, 옷 입은 자
에게 밥을 주며, 목마른 자에게 빵을
준다면, 이것이 진리이며 나 여호와의
뜻이라 할 수 있겠느냐?
33 창조주 아버지요, 너희들이 말하는 전
지전능한 아버지라 하는 나 여호와의
진리의 뜻이라는 것은 한 마디요, 한
가지를 가지고 모두를 다 해결할 수
있으며 깨달을 수 있는 것이 나 여호
와의 진리요, 뜻임을 알라.
34 오늘의 믿음의 길을 가는 그 백성들을
틀에 가둬 놓았으며 하나로 묶어 놓
았으며 그 길만이 맞다 하느니라.
35 배고픈 자에게 물을 먹이고자 하며,
배고픈 자에게 옷을 입히며, 그것이
진리요, 하늘의 뜻이요, 내 뜻이요, 한
자도 고치지 말며 딴소리를 하지 말며
그리 가라 말함이니,
36 과연 그것이 진리이더냐?
37 너희에게 고통과 시련의 길을 가도록
하는 것이 나 여호와의 진리요, 하늘
의 뜻이라 너희들이 그리 말할 수 있
는가?
38 육의 부모도 그리하지는 않을 것이니
라.
39 그러니 너희들은 알아야 될 것이니라.
40 진리라는 것은 모두를 듣고 깨우칠 수
있는 것이요, 그러기에 나의 성경은
너희들이 읽고 마음을 비운 자요, 아
름답게 살고자 하면 그 뜻을 다 알 수
있게 되어 있으니, 그게 성서요, 나의
진리요, 나의 책임을 알라.
41 그리하여 깨우쳐서 만백성이 하늘에
오르는 길을 볼 수 있는 것이니,

42 어떠한 선택된 사람에 의하여 그를 깨
우치고 듣고 배워야만 너희들이 하늘
에 오르는 길을 본다는 어리석은 생각
에서 벗어나도록 하라.
43 천지개벽하는 그와 같은 변화가 없이
는 아무것도 알 수 없는 것이 너희들
임을 알라.
44 내가 나의 아들을 통하여 마지막으로
너희들에게 글로 책으로 전함이니, 이
는 증거함이요,
45 나의 아들은 여기에 대한 대답을 해야
될 것이며, 그 역사를 이루어야 될 것
이며, 그 모두를 보여 줄 것이니,
46 말로 전하고 말로 하는 너희들과 차별
화가 거기 있는 것을 어찌 모른단 말
이더냐, 사랑하는 나의 아들딸들아!

9,858 번째 하나님 말씀

2004년 3월 8일 06시 06분

1 사랑하는 나의 아들아!
2 "네, 아버님! 말씀하옵소서."
3 이 세상에 보이지 않는 미물서부터 보
이는 크나큰 동물이요, 자연의 그 모
두가 제자리를 지키고 살아감에 있어
서 그들은 최선을 다하며, 가지고 있
는 그 역량을 다 발휘하여 그들이 존
재하고 살아가는 그와 같은 삶을 사느
니라.
4 그러나 나의 피조물 만백성, 나로부터
가장 높은 지혜요, 모든 판단력을 부
여받은 너희들이 과연 너희 자신이
존재하기 위하여 얼마나 노력하는가?
5 너희들이 가지고 있는 한계를 노력하
여 발휘하지 아니하며,
6 너희들의 생각이요, 너희들의 지혜에
따라서 안일한 방법이요, 편안한 길
이요, 그와 같은 것을 생각하며 그를
위하여 그리 살아가는 것이 가장 지혜
가 있으며 생각이 있는 백성 너희들이
니라.
7 모두가 생존하기 위해서 최선의 노력
을 다하며 가지고 있는 모든 역량을
다 발휘해서 살아가니,
8 인간사 너희들이 살기 고달프고 힘들
다 하는 것보다도, 그들은 할 수 있는
한 능력의 최대의 노력을 다하여 존재
하며 살아감이니,
9 그리하여 그들은 너희들처럼 게으르
며 편안하고자 하는 그와 같은 생각으
로써 살아가지 아니하느니라.
10 오로지 그들은 생존하기 위해 최선의
노력을 다하며, 제가 가지고 있는 그
모든 역량을 다 발휘하고 살아감이니,
그리하여 그들은 존재하며 견디고 살
아가는 것이니라.
11 나의 사랑하는 백성 너희들 또한 나로
부터 부여받은 그 모든 능력을 발휘
하고 최선의 노력을 다했을 때, 너희
들 앞에는 기쁨과 영광만 있느니라.
12 인간의 삶에서도 너희들은 낙오자가
되지 아니하며,
13 그와 같이 곧고 바르게 살아가는 백
성, 최선의 노력을 다하여 가는 백성,
너희들은 죄를 짓는 시간조차도 용납
지 아니할 것이며,
14 그 시간마저도 억울하다는 그와 같은
생각을 하며, 그와 같이 나태한 것으
로써 살아가지 아니할 것이니라.
15 이것이 지금 너희들이 나의 백성으로

서 우선 고치고 행해야 되는 것임을
잊지 말라.
16 너희들이 할 수 있는 한 모든 노력을
다하며, 너희들이 나로부터 얻은 그
능력을 최대한 발휘하는 그와 같은 삶
으로 살아간다면,
17 이 세상에서 너희들은 슬픔이 없으며
고통이 없으며, 낙오자라는 그와 같은
말을 듣지 아니하고 살아갈 수 있는
것이니라.
18 모든 동식물이 최선의 노력을 다하고
있음이니, 나의 아들딸 너희들도 살아
감에 있어서 최선의 노력을 다할 것이
며,
19 너희들이 발휘할 수 있는 그 능력을
다 발휘하여 너희들 자신이 그와 같은
삶을 살아가도록 그리해야 될 것이니
라.
20 너희들이 삶에 최선을 다할 때, 그리
고 너희들이 존재함에 최선을 다할
때, 거기에 너희들이 깨우치고 얻어지
는 그 진리라는 것은 위대함을 알게
될 것이니,
21 너희들은 노력함에 있어서 최선을 다
하라 그리 전하라, 사랑하는 나의 아
들아!

9,859 번째 하나님 말씀

2004년 3월 8일 06시 15분

1 사랑하는 나의 아들아!
2 "네, 아버님! 말씀하옵소서."
3 인간 세상에 너희들이 살면서 너희에
게 악행을 하는 자, 이유 없이 저주하
는 자, 그와 같은 자들이 있을 때, 너
희들이 더러는 시시비비를 할 수는 있
으나,
4 그것도 또한 참으며 인내하며 사랑으
로 다스려 가야 하는 것이 너희들이라
내가 그리하지 아니하였더냐?
5 그러나 하물며 지금의 모든 백성들이
살아감이 어떠하더냐?
6 너희들에게 악행을 하지 않는 자, 시
비를 하지 않는 자, 그리고 너희들에
게 시기 질투하지 않는 자, 그리고 다
투고자 하지 않는 자, 그와 같은 사람
과도 너희들은 사랑이요, 베풂이 없으
며,
7 너희 자신을 지키고 보호하기 위하여
너희들은 보이지 않는 그와 같은 악행
이요, 또한 시기요, 질투요, 그리고 다
투고자 하며 전쟁도 불사하는 그와 같
은 마음을 가지고 살아가는 것이 오늘
의 사랑하는 나의 백성들이 살아가는
모습이며 너희들의 생활의 자세이니
라.
8 그러니 너희를 저주하고 핍박하는 자
를 두려워하지 말며, 너희들 자신을
지키고 바른길을 보고 살아갈 수 있도
록 그리해야 됨을 절대 잊어서는 아니
되는 것이니라.
9 너희들은 항상 이유 없이 백성을 시기
하고 질투하고 핍박하는 그와 같은 마
음을 가지고 살아가며,
10 오로지 '나'를 위하고 '나'의 존재를 위
하여 남을 무너트리는 것을 두려워하
지 아니하며, 그를 마음대로 자행하는
그와 같은 무서운 마음을 가지고 있는
것이 너희들이니라.
11 그와 같이 곱고 아름다운 마음을 갖지

아니하고 있기에, 너희들은 너희들 자
신이 나에게 오르고자 하는 것, 그리
고 너희들이 참진리를 찾아가고자 하
는 것, 이와 같은 것도 너희들이 구분
하지 못하며 분별하지 못하는 것이니
라.
12 사악한 마음이요, 악한 마음이 있지
않다면 너희들은 그 모두를 볼 수 있
으나,
13 너희들 마음이 혼탁하기에 그와 같은
것을 보지 못하니,
14 너희들이 아무에게나 자신을 의탁하
는 그와 같은 믿음의 길을 가는 백성
이 되고 있음을 알겠느냐?
15 그러니 사랑하는 나의 아들딸들아!
16 너희들은 세상에 살면서 아무에게나
너희들 자신을 의탁하는 그와 같은 간
단한 방법으로써 나에게 오르고자 하
는 그 애틋한 마음이요, 그 길을 갈구
하며 그리 결정하지 말라.
17 아무에게나 의탁하는 그것이 너희들
이 바로 나에게 오를 수 없는 그 길을
가게 되는 백성이라는 것을 알아야 될
것이니라.
18 그러니 지금의 나의 백성들은 저 자신
의 소중함과 귀함을 모르고 있음이니
라.
19 그러기에 너희들은 아무에게나 어떠
한 길이든지 그저 믿음의 길이요, 진
리의 길이 무엇인가를 생각하고 분석
하지 아니하며,
20 그저 대중의 심리요, 이웃의 이끄는
심리에 의하여 너희들을 의탁하는 그
와 같은 형국이 되어 있음이니라.
21 그러니 이러한 형국으로써 너희들이
지금 다 무너져 가는 형국이 되어 있
으며,
22 나에게 오르는 길이 아니고 나와 관계
없는 그 길을 달려가는 백성들이 지금
되어 있음이니라.
23 너희들이 지금 나의 백성들을 현혹게
하여 지금의 모든 종교 집단 지도자들
이 저희들의 부와 명예를 얻고 그를
누리고자 하는 도구로써 사용되며, 그
와 같이 너희들이 이용된다는 것을 알
아야 될 것이니라.
24 이제 나의 법전을 읽고 깨우치는 백성
들이요, 나의 아들의 강론을 듣는 선
택된 백성 너희들은 반드시 너희들이
어떠한 길을 가야 될 것이며, 어떠한
길로써 너희들이 구원의 길을 갈 수
있는 것인가,
25 그리고 어떠한 백성에게 의탁하고 가
야 되며 어떠한 지도자에게 너희 자
신을 던져 따라가는 그와 같은 삶을
살아야 되는 것인가를 구분하지 아니
하면 아니 되느니라.
26 지금 나의 피조물 만백성을 바로 인도
하지 못하며, 진정한 나의 진리를 가
르치지 아니하고, 나의 백성들을 저희
들의 부귀와 명예와 권력을 위한 도구
로 사용하는 그와 같은 자들에게 나
여호와가 반드시 징계를 내림이니,
27 너희들은 그와 같은 징계 속에 네 이
름이 있는 그와 같은 백성이 되어서는
아니 될 것이니라.
28 그러니 지금이라도 너희들이 깨우치
며 참진리의 길이 무엇이고 나 여호와
의 뜻이 무엇인가를 깨달아 그 길을
가지 아니하면 아니 됨을 알아야 될

것이니라.
29 지금의 모든 종교 집단이요, 지도자들
이 너희들을 사랑하는 백성이요, 이웃
의 형제라 생각하기 전에, 어리석고
바보스러운 백성들이라 그리 생각함
이니, 오늘과 같이 저희들이 우롱하고
있음을 너희들은 알아야 될 것이니라.
30 정녕 너희들이 소중한 백성이며 귀한
제 형제며 이웃이라 생각한다면, 그리
고 나 여호와의 뜻에 의하여 나에게
인도하고자 하는 그 길을 간다면,
31 그들은 부와 명예를 먼저 생각하지 아
니하며, 그를 이용하기 위해 너희들을
도구로 쓰지 아니하며, 너희들을 어리
석고 바보스러운 백성이라 하지 아니
함이니라.
32 형제를 나무라는 자는 지옥 불로 간다
는 나의 가르침을 너희들이 안다면,
그들이 얼마나 잘못되었으며 얼마나
잘못 가고 있는가를 너희들은 알아야
될 것이니라.
33 이제 내가 너희들에게 전하지 않느냐?
34 너희들이 나에게 오를 수 있는 길이
요, 너희들이 깨우칠 수 있는 그 모두
를 다 내가 너희들에게 내림이니,
35 너희들이 우선은 십계명이라는 나의
계명대로 살고자 노력하며, 그리하여
노력하는 자는 나의 법전에 눈을 뜰
수 있으며, 나의 법전의 소중함을 알
며, 내가 무엇을 원하고 요구하는지를
알게 될 것이니라.
36 그러니 그를 지키고 행하고 살아가는
백성, 너희들에게는 또한 반드시 그
상이 있음을 잊지 말아야 될 것이니라.
37 너희들을 어리석다 생각하며 그 형제
를 저희들의 부귀영화의 도구로 사용
하는 자와 나의 법전을 읽고 깨우쳐
진정 내 뜻을 바라볼 수 있도록 인도
하는 지도자, 이를 너희들이 구분하지
못하면 아니 됨을 알라 그리 전하라.

9,860 번째 하나님 말씀

2004년 3월 8일 06시 18분

1 사랑하는 나의 아들아!
2 "네, 아버님! 말씀하옵소서."
3 나의 사랑하는 백성들이 나로부터 상
을 받음이니, 과연 너희들이 나로부터
상을 받는 것은 무엇이라 말하였더냐?
4 내가 재물과 부귀로써 너희들에게 상
을 준다 하였던가?
5 나 여호와는 너희들에게 부귀와 명예
를 주지 아니하며, 오로지 지혜를 너
희들에게 내려 주며, 지혜를 줌이 가
장 큰 사랑이라 그리하지 아니하였더
냐?
6 지금 기도하고 믿음의 길을 가는 그
백성, 모두가 원하는 첫째가 구원이요,
7 둘째는 너희들이 육의 세상에서 남부
럽지 않은 삶을 살 수 있도록 무엇인
가 바라고 원하는 것이 지금의 신앙의
길을 가고 있는 너희들임을 알아야 될
것이니라.
8 그러나 나의 아들을 따르는 너희들은
이러한 신앙생활을 하지 말라 내가 하
였음이니라.
9 너희들이 그와 같은 것을 쫓지 말며
그 모두를 다 버리며,
10 지혜를 얻어 나 여호와의 뜻을 바라볼
수 있으며, 나의 기쁨이 무엇인가를

역사할 수 있는 그와 같은 신앙생활을 하라 하였음이니라.
11 나로부터 지혜를 얻으며 그 지혜가 나로부터 내리는 가장 큰 상이며 소중한 것임을 너희들은 알아야 될 것이니라.
12 사랑하는 나의 아들딸들아!
13 너희들이 정녕 나로부터 받는 그 지혜가 무엇인 줄 알겠느냐?
14 지혜만이 너희들 자신을 지켜 줄 수 있으며 너희들을 보호할 수 있는 것이며,
15 그 지혜만이 너희들을 악에서 구원할 수 있으며, 그 지혜만이 만백성을 지도하는 선생으로서 너희들이 존재할 수 있다는 것을 알아야 될 것이니라.
16 나로부터 지혜라는 그 상을 받은 너희들에게 내가 다시 전함이니,
17 그 어떠한 악이요, 어떠한 구렁텅이에서, 그리고 너희들이 무너지는 그 속에서 모두를 지켜 줄 수 있고 보호할 수 있는 것이 바로 지혜라는 것임을 너희들은 잊어서는 아니 될 것이니라.
18 그리하여 나 여호와가 너희들에게 가장 큰 상이요, 은혜인 지혜의 상을 내린다는 것을 절대 잊지 말도록 그리 전하라.

9,861 번째 하나님 말씀

2004년 3월 8일 06시 23분

1 사랑하는 나의 아들아!
2 "네, 아버님! 말씀하옵소서."
3 나의 백성 그들에게 네가 전하고 또 그들의 가슴에 심어 줘야 될 것이니라.
4 너희가 오늘의 삶에 있어서 그리 갈구하며 거듭나는 그 모든 역사는, 너희가 나의 법전을 가슴에 안고 정독하는 자만이 영원히 사는 축복의 은혜를 받을 것이니,
5 나의 법전을 정독하면 너희들이 바로 무엇인 줄 알겠느냐?
6 세상사를 깨달을 수 있는 그 지혜를 얻게 됨이니라.
7 그 지혜의 얻음이 곧 나의 법전 속에 다 있음을 너희는 알라.
8 그 지혜는 너희를 바로 인도할 것이며, 그리고 너희가 바로 살게 깨우쳐 줄 것이며,
9 너희가 나에게 오를 수 있는 가장 큰 뜻인 한 점의 부끄럼이 없는 삶을 살기 위한 그 길로 인도하는 것이 나의 법전임을 알아야 될 것이니라.
10 나의 법전을 가슴에 안고 정독하는 자, 이 모두를 얻을 수 있으며, 그를 볼 수 있기 때문이니라.
11 나의 법전을 태우거나 찢어 버리지 말며, 선택된 나의 백성이 전하는 그와 같은 것을 너희가 그냥 지나쳐 버리며 그냥 던지지 말라.
12 너희가 한평생 살아가면서 가장 큰 은혜요, 축복은 선택된 나의 아들딸로부터 너희에게 내미는 그 법전임을 알라.
13 그러니 그 소중하고 귀한 법전을 만백성 너희는 그저 그냥 스쳐 지나가지 말며, 그저 버리지 말며, 너희와는 관계없는 것이라 그리 생각하지 말라.
14 나의 아들딸이 전하는 그 법전을 너희가 소중히 받아 그를 보고 깨우치는 자만이 나 여호와가 원하는 바른길을

살 수 있으며,
15 바른길로 살아갈 수 있도록 인도할 것
이며, 너희가 모두를 다 깨우칠 수 있
는 지혜를 얻도록 그 모두를 인도하는
것이 거기에 다 들어 있기 때문이니라.
16 그를 받아 정독하는 자, 하늘에 오르
는 길을 볼 수 있다 함을 너희는 명심
하고 또 명심하도록 그리하라.
17 그러니 나의 법전을 정독하지 아니하
는 자는 결코 하늘에 오르는 길을 볼
수 없으며,
18 혼탁한 세상 속에서 너희가 이해관계
에 얽힌 인간의 교리요, 인간의 믿음
으로 나에게 오르려 하는 썩고 썩어져
가는 집단 속에서 네가 허우적거리며,
결국 나에게 와 심판을 받는 그와 같
은 형국이 될 것이며,
19 심판대에 서지도 못하는 너희들의 운
명이라는 것을 잊지 말라.
20 선택된 나의 백성 너희는 법전을 놓치
지 말며, 법전을 놓지 말라.
21 너희는 법전을 눈에서 떼지 말며, 법
전을 네 손에서 놓지 아니하는 그와
같은 정성을 다하는 삶으로 살아가도
록 그리 전하라.
22 너희가 나의 법전을 손에서 떼어 놓지
않으며 눈에서 떼지 않는 그와 같은
마음으로 살아갈 때, 너희가 지혜를
얻으며 그 깨우침을 스스로 알게 될
것이니라.

9,862 번째 하나님 말씀

2004년 3월 8일 06시 30분

1 사랑하는 나의 아들아!
2 "네, 아버님! 말씀하옵소서."
3 너희가 바로 가고자 노력하며, 또한
바로 살고자 하는 너의 제자들이요,
그리고 나의 법전을 읽고 깨우쳐 바로
서고자 하는 그 백성에게 바로 가라,
바로 서라 하는 나 여호와의 뜻을 너
희는 정녕 모르겠느냐!
4 "네, 아버님! 그와 같이 말씀하시는
뜻을 저는 조금은 깨닫고 있으며, 그
의미가 무엇인가를 저는 알고 있사옵
나이다.
5 아버님! 저희가 그리 좋아하는 순금
이라는 것도 금은 금이로되 그 금의
강도요, 그 금의 순수성이 또한 차이
가 있사옵나이다.
6 저희가 보기에는 똑같은 금이라 하나
그 금의 순도가 다 다름이니, 아버님
께서는 저희들이 완전한 순금으로서
바로 거듭나기를 원하시기 때문이라
저는 그리 생각하고 있사옵나이다.
7 그러니 저희가 깨우치고 변하는 것은
끝이 없으며,
8 다 같이 깨우쳤다 해도, 그 깨우침 속
에서 자기를 씻어 내고 자기를 또 다
스려 나가는 그것이 바로 순금의 강도
가 있듯이, 더 아름답고 아름다움이
또 있음이니,
9 그는 끝이 없는 그와 같은 길을 가야
하기 때문이라 그리 말씀하시는 것을
저는 깨닫고 있사옵나이다."
10 그러니라, 사랑하는 나의 아들아!
11 너희가 보는 생수요, 물이 다 똑같은
물이니라.
12 그러나 그 물이 얼마만큼 너희에게 아
름다운 물이요, 그리고 생명수가 되는

것인가는 너희 눈으로 볼 수 없으나,
그것이 다 다름이니라.
13 물은 물이되 그 물이 정녕 생명수로서
쓸 수 있는 것이 있으며, 생명수로서
쓰지 못하는 물이 있듯이,
14 너희가 변하고 정화됐다 해도 그 정화
가 순금의 순도에 따라 다르듯이, 그
리고 너희가 흐르는 그 물이 그 생명
수가 다 다르듯이,
15 그러하기에 너희가 말하자면 최상품
이요, 최고의 품질을 요구하는 것이
나 여호와의 뜻이기에, 변하고 변하는
너희들에게 더 변하라 함이니,
16 그리하여 너희가 변하고 변하는 그 순
수함은 끝이 없으며, 영원히 변하고
변해도 내가 원하는 그 아름답고 순수
한 그 마음까지 갈 수 없기에 내가 너
희에게 더 변하며 완벽하라 함이 거기
에 있음이니라.
17 그러니 내가 너희에게 말하기를, 깨우
쳐 가는 사랑하는 나의 아들딸 너희가
가면 갈수록 더 어렵고 힘든 고비를
가라 하였음이니,
18 너희가 물을 거르고 걸러서 그와 같은
과정을 거쳐서, 너희가 바로 먹을 수
없는 물이요, 생명수가 될 수 없는 물
도 먹고 사용할 수 있는 물이 되며, 그
와 같은 여과의 과정을 거치듯이,
19 너희는 거르고 또 거르는 그와 같은
길을 가지 아니하면 아니 되기에 내가
너희에게 그리함이요,
20 너희가 아직도 깨달음이 없으며 변화
되지 못한 백성이라 내가 그리 말하
는 것은 아니니,
21 네가 그 뜻을 알고 있다면 너의 제자
들이요, 나를 따르는 백성에게 그리
전하고 깨우쳐 주면 될 것이니라.
22 너희가 남들보다 앞에 가 있으며 남들
보다 높이 와 있음을 나 여호와는 아
느니라.
23 그러나 물이 물이라 하여 똑같은 물이
아니듯이, 너희가 깨우치고 변했다 해
서 똑같은 것이 아니니,
24 최상품의 그 길을 위하여, 최상품을
만들어 내기 위하여 너희가 쉬지 않고
노력하고 변하는 삶을 살지 아니하면
결코 아니 되기 때문에,
25 나 여호와는 너희들이 최상품의 결실
을 맺도록 하라는 것이 나 여호와의
뜻이기에, 너희에게 힘들고 어렵고 고
통스러운 그 훈련을 계속 내가 멈추지
말고 행하라 그리 전하는 것이니 그리
알라, 사랑하는 나의 아들딸들아!

9,863 번째 하나님 말씀

2004년 3월 8일 06시 37분

1 사랑하는 나의 아들아!
2 "네, 아버님! 말씀하옵소서."
3 너를 따르는 제자들이요, 강론을 듣고
달려가는 그 백성, 그들이 이제는 외
형으로 보이는 그 모두는 죄요, 악을
구분할 수 있으며 그들이 지켜 갈 수
있음이니라.
4 그것이 바로 너희가 오늘의 변함이요,
축복이요, 너희가 가지고 있는 영광이
라 함이며, 나로부터 받을 자격을 갖
춘 자라 할 수 있음이니라.
5 그러나 이제 사랑하는 나의 아들아!
너를 따르는 제자요, 나의 법전을 읽

는 모든 백성 너희가 이제 행하고 또
한 실천할 것은 다음의 단계로 가야
됨이니라.
6 너희가 알고 짓는 죄는 너희가 짓지
아니하며, 그를 용서하지 못하며, 자
신을 혹독히 다루고 있으나,
7 너희 스스로 죄가 죄인 줄 모르면서
짓는 죄가 수없이 있으며, 너희가 남
을 미워하지 아니한다 하면서 스스로
미워하고 있으며, 남을 질투하지 아니
한다면서 너희 자신도 모르게 질투하
고 있는 그 마음이요,
8 보이지 않는 그 마음을 다스리는 훈련
에 돌입해야 됨을 너희는 절대 잊어서
는 아니 될 것이니라.
9 '나'를 자랑하지 말라 하였음이니, 너
희가 '나'를 자랑하면서 그 자랑을 모
르고 지금 지나가는 것, 작고 미미한
그와 같은 행동들, 그 모두를 너희가
다스리는 훈련으로 들어가지 아니하
면 아니 됨이니라, 사랑하는 나의 아
들딸들아!
10 너희가 정녕 오른손이 하는 것을 왼손
이 모르도록 하라 지키라 하였듯이,
11 너희가 지금 모르고 행하는 것이 너무
나 많고 많음을 알아야 될 것이니라.
12 그러니 그를 잡아야 될 것이며 그를
지켜야 됨을 너희는 잊지 말라.
13 정녕 내가 무어라 하느냐?
14 너희들은 가장 낮은 자가 되라 하였거
늘, 너희가 낮은 자가 되고자 하는 것
이 아니라 높은 자가 되고자 함이니,
15 너희는 그를 생각하지 아니하며 그 마
음을 갖지 않는다 하나, 너희 스스로
작은 행동에서 그와 같은 것을 하고
있음을 알아야 될 것이니라.
16 마음을 완전히 비웠다 생각하고 살아
가나, 너희가 작은 마음을 비우지 않
은 것이요,
17 너희 앞에 무엇을 쌓아 놓지 말라 하
였거늘, 너희는 쌓아 놓지 않으려 노
력하느니라.
18 그러나 너희도 모르게 쌓아 놓는 실수
를 하고 있는 것이 너희니라.
19 그러니 보이지 않는 작은 그와 같은
실수의 역사함을 그것을 바로잡도록
그리해야 되느니라, 사랑하는 나의 아
들딸들아!
20 너희가 눈으로 보는 미물의 작은 것들
이 살아가는 것은 다 볼 수 있으나, 너
희 눈에 보이지 않는 작은 미물들이
수없이 있음이니, 그를 육안으로써 볼
수 없는 것처럼,
21 보이지 아니하면서 너희가 행하는 오
만함이요, 그리고 시기 질투함이요,
그리고 제 앞에 쌓아 놓고자 하는 것
이요, 그리고 너희가 모르고 그 죄를
스스로 짓는 것,
22 그 보이지 않고 작은 것을 너희가 다
스리는 훈련에 들어가도록 해야 될 것
이니라.
23 그러니 이는 바로 무엇이더냐?
24 너희가 지혜를 얻어야 되며 그 지혜만
이 그를 보고 다스릴 수 있는 것임이
니라.
25 그러니 이를 위하여 이제는 노력하는
그와 같은 백성으로 되도록 하라.
26 외형으로써 너희가 흐름은 알고 있으
며, 그를 지켜 가는 높은 단계에 와 있
음이니, 나 여호와의 기쁨이 이루 말

할 수 없음이니라.
27 그러니 내가 너희에게 무어라 하였느
냐?
28 변하고 변하는 완벽하고 완전한 최고
의 상품이 되라 하였음이니,
29 최고의 상품이 될 수 있는 그 길은 너
희도 모르면서 작은 실수하는 것을 다
스려 나가도록 그리하며, 그를 의식적
으로 지켜 가는 그와 같은 삶으로 이
제 너희가 변하라.
30 내면의 훈련에 들어가는 그와 같은 역
사를 이루기 시작해야 됨을 잊지 말
라, 사랑하고 사랑하는 나의 아들딸들
아!

9,864 번째 하나님 말씀

2004년 3월 9일 06시 14분

1 사랑하는 나의 아들아!
2 "네, 아버님! 말씀하옵소서."
3 나의 피조물 만백성 너희가 즐기는 바
닷가 백사장의 모래밭이 과연 어찌하
여 이루어지느냐?
4 내가 너에게 말하지 아니하였더냐?
5 처음에 한 알의 모래가 쌓이기 시작하
여 그것이 쌓이고 또 쌓임이니라.
6 그리하여 파도가 밀려올 때마다 보이
지 아니하나, 그것은 쌓이고 쌓여 너
희가 그와 같이 즐길 수 있는 백사장
이요, 바닷가라는 것이 형성되지 아니
하더냐?
7 그와 같은 진리와 이치로써 나의 법전
이 하나하나 역사해 감을 너희는 알아
야 될 것이니라.
8 너를 따르는 제자들과 나의 법전을
읽는 백성 너희는 그와 같이 모래가
쌓이듯이 쌓이고 또 쌓이는 그 세월
속에 나의 법전이 세상에 전해지고 또
전해짐이니,
9 거기에 따라서 너희는 나의 법전만이
전해지는 것이 아니니라.
10 모든 것이 거기에 따라 다 같이 변화
되는 역사를 이루는 것을 알아야 될
것이니라.
11 지금의 어렵고 힘들고 고달프게 너를
따라가는 그 제자들이요, 그들의 명성
이요, 그들을 기억하는 자, 또 그들을
따르는 자, 너희를 보고자 하는 자가
그와 같이 모래알이 쌓이듯이 그렇게
서서히 쌓여 갈 것이며,
12 한두 가지의 역사가 변하는 것은 아님
을 알라, 사랑하는 나의 아들아!
13 모두가 단숨에 이루어지는 것, 그것이
완벽하지 않다는 것을 세상사의 이치
를 잘 알 것이니라.
14 서서히 다스려지며 노력하며 변하여
가는 것만이 완벽한 것이며, 너희 것
으로 이룰 수 있는 것이니라.
15 급하게 이루고 급하게 역사하는 것은
결국 허점이 있으며, 무너짐이 있으
며, 제대로 견고히 저를 지키지 못하
는 그러한 형상이 생기니, 인간 세상
에 사는 도리에서도 그러하니라.
16 더욱이 만백성을 구하는 나의 법전이
일순간에 세상을 덮었을 때, 너희는
견디지 못하게 되어 있음을 알아야 될
것이니라.
17 모든 종파요, 그들의 지파가 지금 얼
마만큼 뿌리를 깊이 내려 있으며, 그
들이 가지고 있는 그 힘이 어떠한지,

인간의 생각으로써 상상할 수 없는
그와 같은 형국으로 되어 있지 않더냐?
18 자기 목숨을 던져서 저희가 지키고자
하는 그 종교요, 저 자신을 던져서 보
호하고자 하는 그와 같은 마음 자세도
있으니,
19 그러기에 내가 바다에 모래알이 쌓이
는 것처럼 그리 서서히 역사하는 것이
며,
20 그 역사함에 따라서 하나만 이루어지
는 것이 아니요, 법전만 전해지는 것
이 아니요,
21 너희 모든 주변의 역사도 또한 그와
같이 변화를 이룬다는 것을 너희는 잊
어서는 아니 될 것이니라, 사랑하는
나의 아들딸들아!
22 그리 이루어져 감을 알라.
23 너희는 모르고 있으나 하나하나 변화
되고 있으며 하나하나 역사해 가고 있
음이니라.
24 나의 아들의 이름이요, 나의 아들의
얼굴을 보고자 하는 자가 늘어날 것이
며,
25 그 얼굴을 보며 그가 진정한 나의 아
들이요, 나의 선지자요, 나의 목자로
서 만백성을 구하러 온 자라는 것을
느끼는 자가 있으며, 보는 자가 있을
것이니, 그들이 다 너희와 더불어 같
이 갈 자들이니라.
26 그러니 그와 같은 자들이 서서히 모여
오고 있음이니라.
27 물이 높은 곳에서 흘러 낮은 곳에 쌓
이고 또 쌓여 강을 이루고 바다를 이
루는 것처럼 그와 같이 역사가 이루
어지는 것은 당연한 것이며,
28 나의 뜻이 그와 같이 세상을 덮으며,
나의 아들과 더불어 가는 너희 모두가
다 그와 같은 역사를 이루며 그를 볼
수 있다는 것을 알라.
29 그리 서서히 이루어지느니라.
30 그 바다가 이루어지는 것, 또 호수가
이루어지는 것, 그 모두도 서서히 많
은 물줄기가 모여들어서 이루어지는
것이 아니더냐?
31 그와 같이 모든 것이 다 변하게 되어
있음이니라.
32 모든 것이 변하게 되어 하나의 역사를
이루며, 내가 천 년에 걸쳐 이루고자
하는 그 왕국을 이루게 됨이니 그리
알라.

9,865 번째 하나님 말씀

2004년 3월 9일 06시 20분

1 사랑하는 나의 아들아!
2 "네, 아버님! 말씀하옵소서."
3 나의 법전을 읽고 깨우치는 그와 같은
모든 백성이 우왕좌왕 당황하는 그와
같은 시대가 오기 시작할 것이니라.
4 그러면서 그들은 정녕 이것이 여호와
하나님의 뜻이며, 하늘의 뜻이며, 새
로운 성경인지 그것을 증명하라, 그를
입증시키라 너에게 그리 반문하고 그
들은 그것으로써 너와 대좌하고자 할
것이니라.
5 그러니 너는 그들에게 깨우쳐 주라.
6 나 여호와는 미리 예언하며, 그 예언
하는 것은 실현되며, 그것은 지켜지는
언약이기 때문에 너희가 나 여호와의
뜻이라 그리 말하라.

7 그러면 나의 법전이요, 지금 160권의
새로운 성경이 과연 나 여호와의 뜻이
요, 새로운 성경인가 그것을 증명하라
하며, 그들은 증명할 것이 없으며 너
희로부터 그와 같은 증명함을 듣지 못
하여 방황하고 당황하는 그와 같은 혼
란을 이룰 것이니라.
8 그들에게 너희는 말하라.
9 나 여호와가 나의 새로운 성경에 기록
한 내용은 다 그대로 모두가 역사하며
그와 같이 이루어진다는 것,
10 다만 내가 10년에 걸쳐 이 세상을 덮
는다 하였음이니, 그것으로써 모두를
평가하며 그것으로써 답을 찾으라 그
리 전하라.
11 그와 같이 역사하지 아니하며, 나의
새로운 성경이요, 법전에 기록된 내용
이 실천되면 나 여호와의 뜻이요, 실
현되지 아니하면 나 여호와의 뜻이 아
니라 그리 전하라.
12 그리고 그들은 말할 것이니라.
13 어찌하여 이와 같은 많은 새로운 성경
으로써 내려보내는 것인가, 간단한 것
으로써 너희에게 깨우쳐 주고 역사하
면 될 것이 아닌가 그리 말할 것이니
라.
14 그러니 너희는 그 답을 알고 있지 않
으냐?
15 모두가 사람이 천태만상이요, 생각하
는 것이 다 다름이니, 그들이 그를 보
고 깨우쳐 하나를 얻고 하나를 잃고
하는 그와 같은 속에서 바로 얻고 잃
는 것이 있으니,
16 그들이 깨닫는 것은 사람마다 보고 듣
는 것도 다르게 감명을 받으며 그들의
생각이 바뀜이니, 그리하여 내가 160
권의 법전으로써 세상을 내려보내는
것이며,
17 또한 믿음을 가진 자들과 믿음을 갖지
않은 백성, 그 모두를 내 가슴에 안아
야 되기 때문에, 내가 그 모두를 다 여
기에 기록함이니라.
18 너희가 어떠한 종파요, 또 다른 종파
요, 또 알지 못하는 종파요, 그 믿음의
길을 가는 백성, 그 모두가 다 읽고 깨
우쳐, 스스로 그 종파에 비추어 봐 저
희보다 월등한 것이요, 앞에 가는 것
이요, 신비한 가르침이요, 저희가 듣
지도 못한 그와 같은 가르침을 듣는
다, 그리고 그 가르침이 기록되어 있
다는 것을 느낄 때, 그들이 돌아올 수
있음이니라.
19 그러니 너희가 하나의 종파를 맞춰서
그를 책을 써도 나의 뜻이 아니요, 나
의 성령이 아님이니라.
20 그러니 모든 종파가 보고 깨우치며 모
든 종파가 느낄 수 있도록 내려가는
것, 그리하여 이것이 나 여호와의 뜻
이니라.
21 그리고 너희가 이를 보고 '아! 이와 같
은 것이 있구나, 이렇게 역사하는 것
이구나!' 하고 놀라고 깨달을 때, 그것
이 나의 성령이요, 나의 참진리이니라.
22 그와 같이 너희가 깨달음의 놀라움을
얻지 아니하면, 나의 법전이 아니요,
새로운 나의 성경이 아닌 것이니라.
23 그러나 너희가 이를 보고 읽을 때마다
'아! 이것은 그와 같은 뜻이었으며, 그
와 같은 의미로써 역사했구나!' 하고
너희 스스로 놀라는 그와 같은 형국이

이루어질 것이니라.
24 그리하여 그것이 나의 법전이요, 나의
성령이요, 나의 아들을 통하여 내리는
내 뜻이라는 것을 믿도록 그리 전하
라, 사랑하는 나의 아들딸들아!
25 모두가 기록된 내용대로 역사할 것이
며, 언약은 이루어질 것이며, 그것을
보고 너희가 정녕 나의 뜻인가 아닌가
를 깨닫도록 그리하며, 새로운 성경인
가 아닌가를 깨닫도록 그리하라.
26 그러나 너희가 그리 가기 전에 미리
깨우쳐 알 것은, 너희가 나의 법전을
읽으라 전하라.
27 나의 법전을 읽고 깨우치면서 너희가
'앗!' 소리가 수없이 나올 것이니, 그
렇다면 그것이 나 여호와의 뜻이니라.
28 '이렇게 가는 것이요, 이러한 뜻이 있
고 이러한 의미가 있구나!' 하고 깨닫
는다면, 그 순간에 너희의 마음이 열
리는 것이요, 그리고 나의 법전이라는
것을 느끼는 순간이니,
29 그를 믿고 그리 가면 될 것이라 그리
전하라.

9,866 번째 하나님 말씀

2004년 3월 9일 06시 28분

1 사랑하는 나의 아들아!
2 **"네, 아버님! 말씀하옵소서."**
3 나의 뜻을 전하는 종교 지도자요, 목
자가 맞는지 아닌지를 너희가 구분할
수 있는 것을 많이 내가 전하여 주었
느니라.
4 어떠한 역사를 이루든 재물과 연계하
는 자는 아니라 하였음이니라.
5 그러니 너희는 또한 나의 뜻을 가르치
며 나의 뜻을 전하는 방법이, 나의 뜻
을 전하는 진정한 목자라는 것은 복잡
하고 혼란한 방법으로써 내 뜻을 전하
며 너희에게 역사하지 아니함을 알아
야 될 것이니라.
6 너희는 과연 진정한 나의 뜻을 전하는
목자라면 지금처럼 혼란스럽고 복잡
한 방법으로써 너희를 인도하지 아니
한다는 것을 깨달아야 될 것이니라.
7 지금 나의 법전을 너희에게 전하여 주
어 그를 읽고 깨우칠 때, 너희가 지키
고 행해야 할 것을 명확히 전하여 주
듯이,
8 간단명료한 방법으로써 너희를 깨우
쳐 주며, 너희를 깨닫도록 하며 인도
하는 것이 나 여호와의 뜻이라는 것을
만백성에게 전하도록 그리하라.
9 혼잡스러운 인간 세상의 방법으로써
전하지 않음을 알라.
10 분명한 나의 뜻을 그저 간단명료하게
전하는 것이요,
11 온갖 행사요, 온갖 역사를 하면서 그
와 같이 나의 뜻을 전하는 것이 아니
요, 우회하고 우회하고 또 돌리고 돌
리면서 결국 재물을 거둬들이고 너희
의 이익을 위해 함이니,
12 그러니 나의 피조물 만백성이 무엇을
듣고 무엇을 깨달았겠는가?
13 그저 '주 예수의 이름으로 은혜받으며
축복받았다.' 그리 악을 쓰니, 그 소리
를 들으면서 은혜를 받았다 생각하는
자요,
14 그리고 믿음이라는 곳에 와 너희가 나
의 아들 예수의 보혈로써 은혜를 받으

며 나를 찾는 것으로써 구원을 받고
은혜를 받았다는 그것밖에는 아무것
도 남는 것이 없으니,
15 복잡하고 혼란스러운 방법으로써 너
희를 인도함이 아니라, 나의 아들이
너희에게 강론을 전하듯이, 그대로 너
희에게 하라, 하지 말라 하며, 그리고
간단명료하게 분명히 나의 뜻을 전하
는 것이 나의 아들이요, 나의 뜻을 전
하는 것임을 알라.
16 그렇지 않은 것은 다 잘못된 자들이
니라.
17 그러니 나의 뜻을 전하면서 그것이 나
의 진정한 뜻이라는 것은,
18 내가 나의 아들을 통하여 전하는 것을
듣고 나의 법전을 읽고 깨달을 때, 너
희가 '아! 정녕 그렇구나.' 하는 깨달
음을 느꼈을 때,
19 그것으로써 그 순간에 내가 전하는 것
이라는 것을 알아듣고 깨닫는 것이니,
20 그와 같이 간단한 방법으로써 너희를
깨우치고 인도하고 지도한다는 것을
알라.
21 혼잡스럽고 복잡한 방법으로써 그 혼
란스러움 속에서 너희의 재산이요, 재
물을 거둬들이며 울고불고 광란의 짓
하는 것, 그와 같은 것으로써 나의 뜻
을 전함이 아니니라.
22 진리란 조용히 흐름이니, 물 흐르듯이
그저 명확하게 가르쳐 주고 전하는 것
이 나 여호와의 뜻이요, 나로부터 명
받은 지도자라는 것을 너희는 잊지 말
라.
23 지금의 믿음의 길을 가는 백성이 어떤
백성이더냐?
24 저희가 죄를 짓고 죄를 저질러도 서로
인간이 눈감아 주는 것처럼, 저희가
눈감아 주면 된다는 식으로 그와 같이
지금 가르치고 가는 것이 오늘의 형국
이 아니더냐?
25 감히 너희들의 머리카락 숫자요, 번개
보다도 더 빨리 이루어지는 것도 나
여호와가 하나도 놓치지 아니하고 다
알고 있다 하거늘,
26 오늘의 종교 지도자들이요, 또 그 집
단이 가르치고 나의 백성을 인도하는
것은 무엇이더냐?
27 그저 너희가 죄를 짓고도 너희 스스로
눈감아 주면 슬쩍 넘어갈 수 있는 인
간 세상에 거래하는 그와 같은 방법과
똑같으니라.
28 너희가 죄를 짓고 남에게 잘못된 것을
눈감아 달라 하며 감춰 달라 하여 재
물을 주고 그를 말하지 않도록 상대방
의 입을 막아, 그것을 세상에서 심판
받지 아니하고 살아가고자 하는 인간
세상의 거래처럼,
29 너희가 나에게 오르는 길은 믿음의 길
을 가는 백성이 서로 그와 같은 짓을
하고 있음이니라.
30 그러니 내가 내려다보는 너희는 지금
죄를 짓고, 지은 죄를 서로 눈감아 주
며 덮어 주며, 그와 같이 하여 너희가
죄가 없는 것이라 그리 전하고 가르치
는 그 형국이 되었음을 알라.
31 그러니 종교 집단의 지도자나 울고불
고 광란의 짓을 하며 구원을 받았다
하는 백성, 너희가 죄를 서로 눈감아
주고 짜고 가는 믿음이라는 것을 내가
말함이 여기 있음이니라.

32 너희는 생각해 보고 또 생각해 보라.
33 너희가 가는 것이 과연 그러한 것이
아닌가?
34 나의 아들 이름을 부르며 나를 경배하
는 것으로 모든 죄를 용서받는다는 그
자체도 또한 무엇이더냐?
35 너희가 다 용서해 주는 것, 용서받는
것, 죄를 지은 것을 너희끼리 눈감아
주고 그저 모르는 체 해 주며, 대가를
받고 덮어 주는 것, 대가를 주고 그저
무마시키는 것, 그와 같은 형국으로
세상사에 넘어가는 것처럼,
36 너희가 지금 오늘의 믿음도 인간 세상
의 습관을 그대로 적용하여, 너희가
하늘의 법도가 그렇게 될 줄 알며, 그
리 그것이 통과될 것처럼 지금 가고
있는 어리석은 백성이니,
37 이는 하나도 너희들이 이루어지는 것
이 없으며, 감춰지는 것이 없으며, 지
워지는 것이 없으며, 덮어지는 것이
없음을 너희가 모르고는 아니 될 것이
니라.
38 이제 나의 아들을 따르는 제자들이요,
나의 법전을 읽고 깨우친 만백성 너희
는 그와 같은 의미를 알라.
39 모든 종교 집단이요, 그들은 저희 죄
를 덮어 주고 그저 대가를 치르고 묻
어 주는 이와 같은 형국이니라.
40 재물을 거둬들이는 것도 그와 같은 의
미니라.
41 주는 자도 그것을 바침으로써 제 죄가
사해진다 하며, 받는 자는 그것으로써
죄를 사해 준다 함이니, 너희가 바로
무엇이더냐?
42 너희 인간들이 죄를 덮어 주며 뒷거래
하는 자들이요, 인간 세상에서 남에게
피해를 입히며 부끄러운 짓을 하고 감
춰 달라 하여, 그저 너희가 재물로써
대가를 치르며 그를 무마시키려는 그
와 같은 형국보다도 더 잔악하고 간악
한 짓이니,
43 그 모두가 너희의 뿌리에서 나온 악습
이라는 것을 그들에게 전하라, 사랑하
는 나의 아들아!

9,867 번째 하나님 말씀

2004년 3월 9일 06시 37분

1 사랑하는 나의 아들아!
2 "네, 아버님! 말씀하옵소서."
3 지금의 믿음의 길을 가는 백성 너희는
알아야 될 것이니라.
4 모든 지금의 구원을 받았다 하는 그
백성까지, 그리고 믿지 않는 그 모든
백성까지 너희는 지금 이 세상의 이치
요, 흐름을 알아야 될 것이니라.
5 내가 너희에게 무어라 말하였느냐?
6 믿음의 길을 가는 그 백성보다도 이방
인이라는 백성이 나에게 오를 수 있는
점수를 더 많이 받고 있다 내가 말하
지 아니하였더냐?
7 이것이 얼마나 나 여호와의 무서운 심
판인 줄 알겠느냐?
8 지금 모든 종교 집단이요, 지도자 그
들이, 나의 뜻을 선하는 지도자라 하
는 자들이 나의 뜻을 온전하게 알지
못하며, 나의 뜻을 온전하게 전하지
못하기 때문임을 너희는 알아야 될 것
이니라.
9 종교 집단이요, 지도자들이 정녕 나

여호와가 역사하고자 하는 내 뜻을 온
전하게 안다면, 오늘과 같이 험악한
세상은 되지 아니하였음이니라.
10 그러니 너희가 그저 바로 가는 길이
아니요, 바로 가지 못하는 길을 가지
고 가르치고 그리 인도하니, 너희가
이방인만도 못한 오늘의 형국이라 내
가 말함이니라.
11 나를 찾지 아니하고 나를 부르지 아니
하며, 부모에게 효도하며 효성스럽게
살아가는 그 백성, 그들이 너희보다
더 높이 와 있으며 점수가 높다는 이
말을 너희는 얼마나 무섭게 받아들여
야 하는 것인지를 알겠느냐?
12 이와 같이 나의 뜻을 기록하여 내가
오늘의 형국을 그대로 전하거늘,
13 너희가 이를 보고 느끼면서 그렇다 생
각하면서도 어찌하여 반성하지 아니
하며, 온갖 변명과 항변으로써 그 모
두를 덮어 버리며, 오로지 너희 것만
이 옳다 그리 말하고 있는가?
14 인간 세상에서 너희가 살아가면서 하
는 말이 있느니라.
15 '사람이 말없이 그저 기다리면 중간은
간다.'는 말이 있지 않더냐?
16 그러니 너희가 그와 같은 형국이니라.
17 그리고 나의 아들이 또 물을 비교하
여 너희에게 가르쳤느니라.
18 너무 뜨거운 물은 먹을 수 없다, 너무
찬물은 먹을 수 없다 하였으며,
19 그러니 너희가 이를 잘 조정하여 먹
을 수 있도록 만드는 것, 그와 같은 것
이 바로 나 여호와와 교통하는 것이
며, 내 뜻을 볼 수 있으며 하나가 되어
이루어지는 역사라 내가 함을 너희는
알겠느냐?
20 그러니 지금 믿음의 길을 가는 백성
너희가 온전하게 알지 못하는 자의 말
을 듣고 완벽한 것이요, 완전한 것이
라 지금 광분하고 있기에,
21 말없이 나를 찾지 못하고 있는 그 백
성, 너희가 살아가는 모습이요, 너희
가 행동함을 보고 감히 두렵고 무서워
그와 같은 믿음의 길을 가지 아니하고
지금 침묵을 지키고 있는 백성,
22 그러면서 인간의 도리를 지키며 살아
가는 그 백성, 착하고 아름답게 사는
것이 나에게 갈 수 있다는 그 위대한
진리를 깨우쳐 살아가는 그 백성,
23 그들은 너희가 말하는 이방인이 아니
며, 잘못된 백성이 아니더냐?
24 그들은 믿지 않으나, 하나님이 계시
고, 하늘이 무섭고 하늘이 두려워 하
늘을 보고 욕된 짓을 하지 아니하며,
25 하늘에 부끄러운 짓을 하지 아니하고
살겠다 하여 살아가는 그들이 바로 나
를 믿는 것이요, 진정한 행동으로써
옮기는 백성이니,
26 그러니 그와 같은 백성을 내가 더 사
랑하며, 그들이 너희보다 더 무서우리
만큼 높은 점수를 받은 백성이라 함
을 너희는 알라.
27 높은 점수를 받음은 곧 무엇이던가?
28 나에게 가까이 와 있음임을 너희는
알아야 될 것이니라.
29 지금의 모든 험악한 세상을 만들었으
며, 나의 피조물 만백성을 지옥으로
이끌어 가는 그와 같은 짓을 하고 있
는 것이 무엇이더냐?
30 종교 집단이요, 지도자 저 자신이 변

화되지 못했으며, 제가 가야 할 길이
요, 서야 할 길을 저 자신도 모르는 자
들이기 때문에 그러함을 너희는 알아
야 될 것이니라.
31 그러니 나 여호와의 뜻을 모르는 자,
너희가 아무리 노력하고 애쓴다 해도,
그들의 형태로써는 지금 나의 피조물
만백성을 구원의 길로 인도할 수 없으
며 나에게 올 수 없다는 것을 알라.
32 지금의 형국으로 너희가 교회를 짓는
것, 또 성당을 짓는 것, 복음을 전한다
고 하는 것, 그리고 재물을 거둬 역사
한다는 것, 봉사한다는 것, 친절하게
한다는 것, 너희가 그 모두를 다 하나,
33 근본이요, 그 원위치의 궤도를 이탈하
여 역사하는 그와 같은 행위를 하고
있기 때문임을 알라.
34 너희가 아무리 아름다운 말로 많은
백성을 태우고 달린다 해도, 달리는
열차가 철길을 벗어나서는 결코 갈
수 없음이니,
35 그 궤도를 벗어난 열차를 끌고 너희가
간다며 지금 나의 피조물 만백성을
속이고 있음이니라.
36 아무리 서서히 가도 너희가 느리게 간
다 해도 그 철길을 벗어나지 아니한
열차만이 목적지에 갈 수 있음이니,
37 너희가 아무리 광분하고 떠들고 나의
피조물 만백성을 인도한다 해도,
38 오늘의 종교 집단이요, 지도자 너희가
가는 그 역사는 궤도를 이탈한 열차와
같은 것이니, 이를 명심하고 또 명심
하도록 그리하라.
39 아무리 위대한 것으로써 포장을 하며,
아무리 그를 감추고 간다 해도, 너희
가 철길을 벗어난 열차는 한 발짝도
갈 수 없음이니,
40 너희가 나 여호와의 뜻에 의하여 역사
하는 믿음이 아니요, 그 신앙생활이
아니기 때문에,
41 아무리 노력하고 애쓰고 고통의 역사
를 이기고 간다 해도 오늘의 너희들의
형태요, 그 형국으로써는 나의 피조물
만백성을 구원할 수 없으며, 너희 자
신도 구원받지 못하는 자들이라는 걸
명심하고 또 명심하도록 그리 전하라.
42 그리고 너희가 깨우쳐 이를 느껴야 될
것이니라.
43 이를 보지 못하는 자, 결코 내 길을 따
라올 수 없으며 나를 볼 수 없다는 것
을 명심하도록 전하라.

9,868 번째 하나님 말씀

2004년 3월 9일 06시 45분

1 사랑하는 나의 아들아!
2 "네, 아버님! 말씀하옵소서."
3 인간 세상에 너희가 살아가면서 너희
를 칭찬하는 자, 듣기 좋은 소리만 하
는 자, 그것이 은혜요, 영광이라 생각
함이니,
4 그러나 결코 그와 같은 것은 아니라
내가 너희에게 일찍이 깨우쳐 주지 아
니하였더냐?
5 잘못하는 것을 다스려 주며, 잘못하는
것을 깨우쳐 주며, 제 잘못을 하나하
나 버리고 살아가는 것,
6 그것이 바로 너희가 나의 법전을 읽고
깨우친 백성의 자세요, 너희가 하늘에
오르는 기본이요, 근본의 길이라 내가

그리하였느니라.
7 너희가 악습을 버리며, 악습을 하나하
나 서로 고쳐 갈 수 있도록 가르치고
전해야 함이니,
8 그저 악습이든 좋은 일이든 칭찬으로
써 일관하며 모두를 덮어 주고 가는
것만이 사랑이 아니라 내가 너희에게
그리 전하지 아니하였던가?
9 그러니 이제 나의 법전을 읽는 백성이
요, 나의 아들을 따르는 제자 너희는
알아야 될 것이니라.
10 나의 법전에 의하여 버릴 것과 취할
것, 그를 엄히 선별하여 행함이 너희
가 그와 같은 나의 뜻을 역사하는 자
라는 것을 알아야 될 것이니라.
11 너희가 버릴 것은 버리며, 남의 것을
다스려 줄 것은 다스려 주는 것, 그리
하여 바로 설 수 있도록 하는 것이 너
희가 인간 세상의 사랑을 초월하여
하늘의 큰 사랑을 실천하는 그와 같은
나의 아들딸임을 알아야 될 것이니라.
12 그러니 지금 내가 그와 같은 역사를
이루고 있음이니라.
13 그리하여 내가 나의 법전을 통하여
지금 내 사랑하는 아들딸 너희를 버릴
자와 구원할 자를 구분하는 그와 같
은 형국을 이루고 있음이니,
14 너희가 나 여호와를 야속한 아버지요,
사랑이 없는 아버지라 말할 것이니라.
15 그러나 너희를 그리 다스리지 아니하
면, 지금의 나의 길을 가고자 하는 그
백성, 그들까지 너희를 따라 무너지게
되며 그들까지 존재할 수 없으니,
16 모두가 통째로 썩어져 무너지는 그와
같은 형국이 되기 때문에, 내가 엄히
다스리고 구분함이니라.
17 그러니 지금 나의 법전을 읽고 깨우
쳐 나의 계명대로 살지 아니하며, 그
리고 버릴 것을 버리고 취할 것을 취
하는, 악과 선을 구분하여 행하는 그
와 같은 삶을 살지 아니하였을 때,
18 그 처참한 광경은 너희가 나에게 와
심판대에 섰을 때, 그때만이 너희가
모두를 알게 될 것이니라.
19 그러니 너희가 버려야 되는 것을 버리
지 않고 잘라 내야 되는 것을 잘라 내
지 않는 것이, 그것이 결코 사랑이 아
님이니라.
20 썩어져 가는 가지를 붙잡고 있는 것이
사랑이 아님을 너희는 알아야 될 것이
니라.
21 너희 육신도 마찬가지니라.
22 썩어져 가는 그 부분을 너희가 잘라
내어 나머지 생명을 구하는 그것이 사
랑이요, 썩어져 가는 것을 그대로 죽
어 가도록 놔두는 것이 결코 사랑은
아님이니라.
23 썩은 부분을 도려내고 잘라 내는 것
이, 그것이 의사가 백성을 사랑하는
것이며 환자를 사랑함이니라.
24 그대로 놔두는 것은 사랑이 아니지 않
더냐?
25 그러니 썩은 나뭇가지를 잘라 내는 것
은 남은 나무의 가지의 삶을 위하는
것이요, 그 열매를 거둘 수 있도록 역
사하는 것이 아니더냐?
26 내가 나의 성서에 기록하여 너희가 전
하였느니라.
27 너희가 포도를 열지 못하는 그 가지
는 잘라 내고 쳐내는 것이 나 여호와

의 사랑이라 그리하지 아니하였던가?
28 그것은 사랑의 절단이니라.
29 그러니 내가 너희에게 버릴 것을 버리
고 취할 것은 취하고 사랑하라 함이
니, 그것이 바로 나 여호와의 사랑임
을 너희는 알아야 될 것이니라.
30 지금의 심판은 나의 뜻에 의한 길을
가는 나의 아들딸들을 내가 보호하고
지키기 위함이니라.
31 내가 모든 종교 집단의 문을 닫으며,
너희가 얼마만큼 대가를 치르는 것이
무서운 것이며,
32 그리고 심판의 시대가 얼마나 무서운
것인가를 너희가 죽어 나에게 와서 알
것이라 하였음이니,
33 너희는 반드시 그와 같은 역사를 보게
되며, 그를 보지 아니하는 자는 한 사
람도 없을 것이니라.
34 그러니 내가 손을 놓는 것, 내가 너희
에게 등을 돌리는 것이 얼마나 무서
운 것인가를 너희는 알 것이니라.
35 그러니 이는 창조주 아버지가 사랑이
없으며, 사랑을 실천하라 하면서 사랑
을 행하지 않는 아버지라 너희가 그리
말하나,
36 천 년에 걸쳐서 새로운 역사를 이루
며, 하늘에서 이루어진 것같이 이 지
상의 낙원을 이루어 모두가 나의 권세
요, 나의 통제 안에 하나가 될 수 있는
그것을 원하며, 그것을 만들고자 하는
것이 나의 뜻이니,
37 오늘에 바로 가고자 하는 나의 아들을
따르는 그 아들딸들이요, 그리고 천
년의 씨앗을 심는 그들까지도 썩어지
며 그들까지 무너지는 것을, 그들을
보호하고 지키기 위하여 오늘의 내가
선별함을 너희는 알아야 될 것이니라.
38 그러니 나의 아들딸의 역사함을 위하
여 내가 내리고자 하는, 내가 이루고
자 하는 내 뜻을 이루기 위하여 심판
의 시대가 시작되었으며, 그를 내가
행하고 있음을 너희는 알아야 될 것이
니라.
39 지금 썩어져 가는 이 모든 종파의 가
지를 잘라 내지 아니하며, 버리고 태
워 버리지 아니하면, 지금 내 뜻을 이
룰 수 없음이니,
40 내가 오늘 나의 아들을 통하여 내리는
법전을 읽고 깨우친 그 제자들이요,
그를 보고 변하는 나의 선택된 백성이
요,
41 그리고 수없이 변해져 갈 너희를 보호
하고 지키기 위하여 내가 오늘 버릴
것 버리며 자를 것 자르는 그와 같은
아픔의 역사를 이루니,
42 이것이 곧 하늘의 사랑이요, 나 여호
와의 사랑이요, 가장 큰 위대한 사랑
이라는 것을 너희는 알라.
43 나를 원망하지 말라.
44 내가 너희가 자르지 아니할 수 있는
것을 가르쳐 주었으나, 너희가 자르지
않는 방법을 따르지 아니하며, 게을리
하며, 오늘에 만족하는 그와 같은 삶
을 살기 때문이니라.
45 너희가 그와 같은 노력을 하지 아니하
며, 역사하지 아니하며, 얻어짐이 없
는 그 길을 선택하며 오늘의 편안함을
위하여 살아가지 않느냐?
46 여름에 무성할 때, 먹이가 많을 때, 저
장할 줄 모르고 버리며, 쌓아 놓을 줄

모르고 울고불고 즐기다 그저 가는 벌레의 예를 들어 너희가 가르치는 말이 있듯이,

47 오늘의 모든 믿음의 길을 가는 그와 같은 자들이 될 것이니라.

48 그러니 노력하지 아니하고 다스리지 않는 자, 나의 법전을 보고 깨우치고자 하지 않는 자, 너희는 결코 구원을 받을 수 없으며, 하늘에 오르는 길을 볼 수 없는 것이며, 그러니 내가 너희를 버림이니라.

49 나의 아들딸이요, 선택된 나의 백성이 가고자 하는 것, 내 뜻에 따라 역사하고자 하는 것, 그들이 몸부림치고 고통 속에 가는 것이, 너희로 하여금 그들이 무너질 수 있으며 쓰러질 수 있기에,

50 내가 엄히 다스리고 버릴 것을 버리는 그와 같은 무서운 심판의 시대를 열어 감을 알라.

9,869 번째 하나님 말씀

2004년 3월 9일 06시 53분

1 사랑하는 나의 아들아!

2 "네, 아버님! 말씀하옵소서."

3 이 세상에 지구상에 너희가 살아가며 생명이 존재한다는 것, 너희가 그 모두를 보고 판단하고 결정할 수 있는 것은 바로 무엇이더냐?

4 너희가 선택의 삶이 있음이니라.

5 그리고 선택의 삶을 너희가 갈 수 있는 것이 아니더냐?

6 그러니 지금 모든 믿음의 길을 가는 백성이요, 그리고 잘못 가는 종교 집단, 지도자요, 그리고 구원을 받았다 울고불고 있는 백성 너희는 알라.

7 너희가 지금 생명이 존재하는 것이 선택의 기회의 연속이며, 너희는 선택의 여지가 있는 이와 같은 소중하고 아름다운 삶의 세상에서 너희가 어찌 살아가야 될 것인가를 스스로 돌아다봐야 될 것이니라.

8 아직까지도 너희가 죽지 아니하고 존재하고 산다는 것은, 너희가 악과 선의 선택의 여지가 남아 있다는 것이니라.

9 그리고 선택의 기회를 나 여호와가 너희에게 계속 주고 있으며, 너희가 살아가고 존재한다는 것은 선택의 기회요, 그 역사가 진행되고 네 앞에 있음을 알라.

10 그러니 너희가 어찌 선택하느냐에 따라서 모두를 다 얻고 잃는 그와 같은 것이니,

11 오늘의 삶이 너희에게 선택의 기회를 부여한 것이니라.

12 그러니 그것을 너희가 어찌 생각하느냐 하는 것은 너희 자신에게 있음이니라.

13 때가 늦어 너희가 선택하면 그때는 때가 늦을 것이며,

14 너희가 일찍이 선택의 기회를 찾아 바른길을 선택한다면 그만큼 나에게 와서 받고 원하고자 하는 상급을 받게 될 것이니 그리 알라.

15 너희 삶 자체가 선택의 연속이기 때문이니, 너희가 악과 선의 선택함에 있어서 선택의 기회를 어찌 활용하며 역사하느냐에 따라서

16 너희가 하늘과 땅의 그보다도 더 멀고
먼 관계로 벌어지고 이루어진다는 것
절대 잊어서는 아니 될 것임을 알라.
17 옳은 선택은 나에게 오르는 길이요,
너희가 갈구하는 영원히 사는 나라요,
거듭나는 생명의 그 은혜를 입을 것이
요,
18 잘못된 선택은 나를 떠나며 나와 관계
없는 백성이 된다는 것을 알라.
19 창조주 아버지요, 내 뜻에 의해 너희
가 살아가는 것이 아니요, 나와 관계
없는 길을 가기에 내가 너희를 모른
다 함이니, 너희가 하늘에 오르는 천
국의 문을 누가 열어 주겠는가?
20 천사도 열어 줄 수 없으며, 사탄도 감
히 근접할 수 없음이니 열어 줄 수 없
는 것이니라.
21 그러니 나 여호와의 뜻에 따라 너희가
가는 길을 선택하는 것, 지금 선택의
의지가 있으며, 선택의 기회를 내가
주었으며, 그리하여 그 선택의 기회가
계속 진행되고 있는 것,
22 이것이 끝나기 전에 너희가 어떠한
길을 어찌 선택하느냐가 중요함이니,
23 오늘의 삶은 너희가 선택의 연장이라
는 것을 잊지 말라, 사랑하는 나의 아
들딸들아!
24 그 연장선상에서 기회를 놓치지 말라.
25 내가 가슴 아파하며 내가 너희를 보기
에 마음 아픈 것이 무엇이며, 내가 마
지막 나의 아들을 통하여 이 어렵고
힘든 160권의 법전의 대장정이요, 새
로운 성경을 세상에 내려보내는 것이
무엇인 줄 알겠느냐?
26 지금의 나의 피조물 만백성이요, 신앙
이요, 믿음의 길을 가는 길이요, 나에
게 오르는 길이라 달려오는 그 백성이
선택을 올바르게 하지 못하였기 때문
이니라.
27 올바른 선택을 하지 못한 그 백성이
어리석은 길을 선택하여 가는 백성이
요, 내가 보기에는 너희처럼 바보 같
고 어리석은 백성이 세상에 없음이니,
28 내가 선택의 기회를 다시 한 번 주기
위하여, 그 선택의 여지를 볼 수 있도
록 내가 나의 법전을 내려보내는 나의
사랑을 너희들이 거역하지 말라.
29 나의 법전이 너희에게 잘못 살라 하
며, 나의 아들 예수를 거부하며, 나 여
호와를 버리고 거부하는 내용이 있다
면, 이는 잘못된 것이며, 너희 뜻에 어
긋난다 하나,
30 그 모두가 다 하나의 일맥상통한 것으
로써 흘러가며,
31 다만 너희가 말로써 믿는 것이 아니
요, 행함으로써 지키고 행함으로써 역
사하라 하며, 그와 같은 행함을 또 어
찌해야 될 것이며 어찌 가야 되는지
를 내가 구구절절이 내려보내니,
32 이것이 내가 너희를 사랑하는 그 마음
이요, 어버이의 마음을 알 수 있는 것
이거늘,
33 이를 버리며, 사탄이요, 이단이라 너
희가 그리 말하며, 선택의 방법까지도
저버리니, 어찌하여 바르고 곧은 길을
선택할 수 있단 말이더냐?
34 이제 어리석고 불쌍한 너희들이 선택
함에 있어서 바른길을 선택하도록 그
리하라, 사랑하는 나의 아들딸들아!
35 지금이라도 너희가 어렵고 힘든 길이

라 해도, 엄숙히 너희 자신을 들여다
보며 너희 자신에게 네가 점수를 매겨
다스려 봐, 네 위치를 바라보는 그와
같은 깨달음을 얻도록 그리하라.
36 그리하여 너희가 그 깨달음의 지혜를
얻지 못한다면, 너희는 영원히 그 선
택의 길이요, 그 선상에 있으면서도
바른 선택을 하지 못하며, 잘못된 선
택을 하게 됨이니,
37 그러니 너희는 지금 가고 있는 길이
잘못되었다는 것을 알 때, 이미 때가
늦었음이니라.
38 너희가 선택할 수 있는 길에 서 있는
지금에 너희가 바로 찾아 바로 선택하
여 나에게 오르는 영광의 길로 돌리도
록 그리하라, 사랑하는 나의 아들딸들
아!

9,870 번째 하나님 말씀

2004년 3월 9일 07시 03분

1 사랑하는 나의 아들아!
2 "네, 아버님! 말씀하옵소서."
3 나의 사랑하는 백성이 인간 세상의
육의 삶에 백 년을 위한 것도 아니요,
4 영원히 거듭나며 영원히 누릴 수 없는
그 모두를 누릴 수 있는 그와 같은 나
의 나라에 올 수 있는 선택의 길에서
너희가 지금 어찌 선택한 백성인 줄
알겠느냐?
5 믿음의 길을 가며 구원을 받았다, 그
리고 구원을 저희 노력으로써 가르치
고 인도한다는 거짓된 종교 지도자들
의 그 말에 현혹되어,
6 사랑하는 나의 백성이 무책임한 선택
과 경솔한 선택의 신앙생활에 지금 끌
려가고 있으며, 그것이 이 세상의 모
두를 다 지배하고 있음을 너희는 알
아야 될 것이니라.
7 그러니 너희가 거듭나는 나라에 오르
겠다는 것이 내 뜻을 거역하며, 거듭
나지 못하는 그 길만을 지금 향하여
달려가는 어리석고 불쌍한 백성임을
너희는 알아야 될 것이니라.
8 너희가 어찌하여 그 귀하고 소중한 선
택을 그리하는지, 나 여호와도 너희들
을 모르겠음이니라.
9 다만, 너희가 욕심이라는 그 굴레를
벗어나지 못하며 육의 삶에 너무 매
달리고 얽매이기에,
10 너희가 그를 벗어나지 못하여 그와 같
이 그 길에 빠지는 자들이니라.
11 세 치 혓바닥의 말장난에 의하여 너희
가 선택을 경솔히 하며 무책임한 선
택의 길을 가, 너희가 오늘의 믿음의
길이요, 구원의 길이라 하여 가는 것
이 아니더냐?
12 그러니 그를 보는 나 여호와의 마음이
아파 내가 나의 아들을 통하여 160권
의 법전을 세상에 내려보내니,
13 너희가 이를 읽고 깨우쳐 구원을 볼
수 있는 지혜를 얻어야 될 것이며,
14 이를 얻지 못하는 자, 너희는 정녕 나
를 볼 수 없으며 나와 관계없는 자라
는 것을 알아야 될 것이니라.
15 사랑하는 나의 아들딸들아!
16 너희가 지금 살아가는 그 자체가 무엇
이더냐?
17 그 모두는 나에게 오르기 위한 기회
요, 그를 얻기 위한 것이 아니더냐?

18 그리하여 내가 너희에게 그 선택의 기
회를 주어 너희가 오늘의 삶을 살아가
고 있는 것이 아니더냐?
19 그러니 너희가 바른 믿음의 선택을 하
지 아니한다면 내 뜻을 거역하는 것이
며,
20 내가 부여한 그 기회를 너희가 다 소
비하고 탕진하며 바른길을 가지 아니
하는 것이 너희의 오늘이라는 것을 알
라.
21 지금 모든 종교 집단이요, 지도자들이
얼마나 정신착란증에 걸려 있는지 알
겠느냐?
22 지금 나 여호와요, 참진리의 뜻에 의
하여 너희가 바로 보고 바로 가는 그
와 같은 깨달음 속에서, 너희가 바르
고 곧은 정의로운 삶을 행함으로 나에
게 오르는 것이 아니요,
23 저희 자신의 노력으로써 사랑하는 나
의 피조물 만백성 모두를 구원하고 구
원하지 못하는 것을 해결하는 것처럼
저희가 이끌어 가고 있느니라.
24 그리하여 종교 집단이요, 지도자들의
노력 여하에 따라서 너희를 구원하고
구원하지 못하는 그와 같은 길이 이루
어지는 것처럼 나의 피조물 만백성을
세뇌시켰으며, 저희가 그와 같이 지금
오늘에 살아감이니라.
25 그러니 그것이 인간 저희의 생각이요,
제 욕심을 채우기 위한 것이요,
26 진정한 길이요, 진정한 하늘의 뜻으로
이끄는 자들이 아니라는 것을 너희는
알아야 될 것이니라.
27 너희는 여기서 알라, 선택, 그것도 자
기 자신이 역사하는 것이요, 또 선택
된 생활을 하는 것도 너희 자신이 노
력하며 제가 하는 일이요,
28 제가 하지 아니하면 아니 된다는 것
을, 저 자신이 해야 할 일이라는 것을
그들에게 심어 주도록 그리하라.
29 선택을 잘못했을 때 너희는 구원의 길
을 볼 수 없으며, 너희가 노력하지 아
니하면 선택의 지혜를 얻을 수 없는
것임을 알라.
30 오늘의 모든 종교 집단이요, 지도자들
이 얼마나 그들이 나의 가슴을 울리
는지 알고 있는가?
31 사랑하는 나의 피조물 만백성이 선택
의 의지를 상실하도록 그리 만들었으
며, 저 자신이 그 모두를 상실하였음
이니라.
32 그러니 저희가 나의 피조물 만백성을
우롱하여 저희가 편히 먹고살고자 하
는 그와 같은 사악한 행위로써 모두를
이끌어 가지 않더냐?
33 그러니 놀고먹는 자들이 하는 짓이
무엇이더냐?
34 이 세상의 나의 피조물 만백성이 수
억, 수십억, 수백억이 지나가는 그 삶
속에서 놀고먹는 자들이 할 짓이 무
엇이더냐?
35 남을 속여야 될 것이며, 남에게 사기
쳐야 되며, 남에게 거짓 해야 되며, 남
의 피를 빨아먹는 그와 같은 행위를
하는 것이 놀고먹는 자의 기본이요,
근본이라는 것을 너희는 알아야 될 것
이니라.
36 오늘에 말장난으로써 먹고사는 자, 너
희가 선택의 의지를 상실하도록 만들
어, 선택까지도 구분하지 못하도록 하

고 저희가 놀고먹으면서 편안히 모두
를 갈취하니, 놀고먹는 자의 심성의
대표적인 자가 그들이니라.
37 남을 속이며, 남의 것을 갈취하며, 남
의 것을 거짓 하며, 남의 것을 뺏어 먹
는 것이 오늘의 종교 집단이요, 지도
자니,
38 그들이 저희가 놀고먹고 편안히 사는
것처럼 모든 백성도 그리 살아갈 수
있는 것처럼 그리 가르침이니,
39 오늘의 이 세상이 이와 같이 험악한
굴레를 벗어나지 못하고 있음을 알라.

9,871 번째 하나님 말씀

2004년 3월 9일 07시 09분

1 사랑하는 나의 아들아!
2 "네, 아버님! 말씀하옵소서."
3 나 여호와가 너희를 사랑함이니, 그
사랑하는 의미를 알겠느냐?
4 이 세상의 모든 자연 속에서 너희가
모두를 누리고 살 수 있도록 만드는
것,
5 그것이 나 여호와가 너희에게 베푼 얼
마나 큰 상이요, 너희를 사랑함이더냐?
6 물과 산소요, 모두를 자연적으로 너희
가 그저 모두를 취하고 싶을 때 취하
고 살아갈 수 있도록 만들어 준 것,
7 그것이 바로 내가 너희를 사랑하는
나의 큰 사랑이니, 그 애절한 사랑이
어떠하던가?
8 그것을 너희가 감사하며 살라 하며,
감사하며 산다면 너희가 아름다운 마
음으로 살라 하는 것이 아니더냐?
9 그러면 얼마나 내가 너희를 사랑하기
에, 너희가 하루에 열심히 사는 그 삶
에 또 너희가 푹 쉴 수 있는 밤이라는
그 시간을 만들어 너희에게 쉴 시간
까지도 내가 역사하였겠느냐?
10 사랑하는 나의 아들아!
11 "네, 아버님! 말씀하옵소서."
12 누가 뭐라 해도 너를 따르는 제자들이
요, 나의 법전을 읽고 깨우친 만백성
너희는 하루의 일을 열심히 하며,
13 너희가 열심히 한 것같이 편히 쉴 수
있는 밤의 시간을 또 내가 만들어 주
었음이니,
14 너희는 내가 쉬라는 그 밤의 시간에
편히 쉬고 편안히 쉴 수 있는 그와 같
은 하루의 삶을 살았는가를 항상 반
성하며 깨우치고 느끼는 그와 같은 삶
을 살라 그리 전하라.
15 사랑하는 나의 아들아!
16 너희가 하루의 삶을 열심히 살고 밤의
쉬는 그 시간을 내가 너희에게 주었듯
이,
17 내가 내려 준 생명이요, 육신의 그 시
간만큼 하루를 아름답게 살았듯이, 평
생을 너희가 편히 아름답게 산다면,
18 영원히 쉴 수 있는 하늘나라요, 천국
이 너희를 기다리고 있는 것을 잊지
말라 그리 전하라.
19 내가 너희에게 하루를 편히 쉴 수 있
는 삶을 주었듯이, 내가 영원히 살 수
있는 너희가 쉬는 하늘나라도 내가 만
들어 주었음이니,
20 그 아름다운 은혜요, 사진을 찍을 수
도 없으며 그림을 그려서 상상할 수도
없는 나의 나라에 너희가 와서 영원히
쉴 수 있는 것,

21 백 년의 삶을 너희가 아름답게 살 때,
영원히 쉴 수 있다는 것,
22 하루의 삶을 살면서 너희가 밤에 쉬는
시간을 내가 주어 쉴 수 있도록 했다
는 이 이치가 똑같은 것이니,
23 너희가 하루하루 삶을 어찌 살아야 될
것인가를 명심 또 명심하여 가슴에 새
기고 새기도록 그리하라, 사랑하는 나
의 아들딸들아!
24 그러니 너희가 하루의 삶에서 내가 내
려 준 쉬는 시간을 정녕 편안한 마음
으로써 받아들이며 편안히 쉬며 편히
잠을 잘 수 있는 그와 같은 삶을 살았
는가?
25 하루하루 해가 져 너희가 내가 내린
쉬는 시간에 들어가기 전에 너희 자신
을 다스려 보고 반성해 보고 깨우치는
그와 같은 삶을 살도록 하라, 사랑하
는 나의 아들딸들아!
26 거기에 부끄러움이요, 너희가 밤을 맞
이할 자격이 없다 하면, 과연 너희는
어찌하겠느냐?
27 영원히 편안히 쉬는 그 세상에 올 자
격이 없는 것이 아니더냐?
28 이제 나의 아들을 따르는 제자 너희는
이 이치 하나를 깨우쳐서, 너희들이
영원히 쉴 수 있는 그날을 위하여, 하
루의 쉼을 부끄럽지 않은 쉬는 시간을
가질 수 있도록 그리 살아가도록 하
라, 사랑하는 나의 아들딸들아!
29 내가 너희를 얼마나 사랑하면 이와 같
이 내가 만들어 너희에게 내려 주었으
며, 내가 하늘의 이치를 또 이리 기록
하여 전하겠느냐?
30 너희가 쉬는 시간을 위하여 하루의 완
벽한 삶을 살아가야 한다 했듯이, 어
떻게 살았느냐 하는 것이 그것이 너희
가 영원히 거듭나는 세상에 오고 못
옴이니 그리 알라.
31 그러니 너희가 행함이 중요하지 아니
하다는 자, 그저 인간의 삶은 아무것
도 아니라는 그 백성, 하루를 악하게
살아 하루의 밤에 쉬는 것도 불안과
공포에 편히 잠을 자지 못하는 자는
영원한 세상에 올 수 없다는 것을 그
들에게 손에 쥐여 주듯이 깨우쳐 주
라, 사랑하는 나의 아들딸들아!
32 나 여호와가 쉬는 밤을 내려 주었으
니, 그를 누리는 자격이 있는 나의 백
성으로 거듭나라.
33 너희가 하루를 열심히 살지 못하여 내
가 편히 쉬는 시간을 내려 준 하룻밤
의 그 시간을 편히 쉬지 못한다면, 곧
너희는 무엇이더냐?
34 평생의 삶을 잘못 살았기에 영원히 편
히 쉬는 나의 나라에 올 수 없는 것이
니,
35 그 작은 것을 하나하나 다스려 나가지
못해 큰 것을 얻지 못하는 나의 백성
을 볼 때 얼마나 가슴이 아프겠느냐?
36 너희가 죄를 죄라 생각하지 아니하며,
죄가 두려운 것을 모르며,
37 서로 인간이 용서해 주면 되는 것처럼
가르치는 종교 집단이요, 지도자 속에
서, 저희가 노력으로써 하늘에 오르고
못 오르는 그를 인도하는 것처럼 말하
는 자,
38 그와 같은 자들의 말에 현혹되어 너희
자신을 저버리지 말며 너를 버리지 말
도록 그리하라.

39 내가 나의 아들을 통하여 법전에 내림
이니, 하루하루의 생활을 아름답고 곱
게 살아,
40 내가 너희에게 매일매일 쉴 수 있는
쉬는 시간을 주었음이니, 그 쉬는 시
간에 편안한 마음으로 편안한 자세로
써 쉴 수 있는 자만이 나에게 오를 수
있는 자라는 것을 잊지 말도록 그리
전하라.

9,872 번째 하나님 말씀

2004년 3월 9일 07시 13분

1 사랑하는 나의 아들아!
2 "네, 아버님! 말씀하옵소서."
3 나 여호와가 직접 너에게 보여 주었으
며 내가 내렸음이니, 내가 너에게 무
엇을 지난밤에 내려 주고 깨우쳐 주었
던가?
4 "네, 아버님! 그와 같은 것을 보여 주
셨사옵나이다.
5 모든 백성이 입을 열어 말하고 전하
되, 아버님께서 내리신 이 법전이요,
새로운 성경을 가지고 외치는 것은 아
버님의 뜻에 따라 역사하는 것이며,
아버님의 말씀을 전하고자 외치는 것
이요,
6 그렇지 아니하고 소리 지르고 외치고
광란의 짓을 하는 것, 그 모두는 다 아
버님의 뜻을 거역하는 외침이라 그리
보여 주셨사옵나이다.
7 그러하기에 저의 제자들이요, 아버님
의 법전을 읽고 가는 그 백성, 그 모두
가 힘차게 아버님의 법전을 전하는 음
성을 높여 만백성을 잠에서 깨어나도
록 하는 것이 저희가 가야 할 길이며,
8 쉴 시간이 없으며 앉아 있을 시간이
없다는 것을 아버님께서 한 장의 그림
으로 보여 주셨사옵나이다."
9 그리하여 내가 너에게 그 보여 준 그
대로 너희는 행하라.
10 바로 너희가 외치는 나의 법전의 내용
은 나의 뜻이요, 이 세상이 정화되며
그 소리가 세상을 다 덮어 모든 동식
물이 그 아름다움을 들으며 그들까지
도 모두가 정화할 수 있으며, 이 세상
을 변화시킬 수 있는 것이니,
11 바로 나의 법전을 읽고 깨우쳐 너희가
외치는 그 소리만이 세상을 정화하며,
만백성을 구하며, 동식물의 마음까지
도 깨끗하게 씻어 내릴 수 있으니,
12 그와 같은 길이 그것뿐임을 알았으면,
너의 제자들에게 그와 같이 역사하라
전하라.
13 너는 보았느니라, 너의 제자들이 앉아
서 나 여호와의 뜻을 외치는 것을.
14 그것이 바로 너희가 해야 할 일이며
가야 할 길이라는 것을 네가 보고 보
았으면 그리 행하도록 그리하라, 사랑
하는 나의 아들딸들아!
15 내가 너에게 명함이니라.
16 모두가 나의 법전을 가지고 외치는 것
이 나 여호와의 뜻이요,
17 그 외에 외치는 모두는 내 뜻이 아니
요, 내 뜻을 막는 자요, 너희가 외치는
소리를 메아리로써 막는 자들이요,
18 그리고 나의 백성을 하늘에 오르는 길
로 인도하는 것이 아니라 구렁텅이요,
지옥의 타락의 길로 몰아넣는 것이니,
19 너희가 나의 법전을 들고 세상에 외침

이니, 거기에 주저하지 말며,
20 너희가 얼마나 강하고 힘차게 외치고
나가느냐에 따라 모든 잡스러운 것이
요, 나의 뜻을 거역하는 것이요, 나의
백성에게 전하는 너희의 그 음성을
메아리로써 되받아 치며 막는 그들을
이길 수 있으니,
21 그들을 밀고 나갈 수 있는 것이 너희
라는 것을 절대 잊지 말고 그리 행하
고 집행하도록 그리하라, 사랑하는 나
의 아들아!
22 내가 너희를 통하여 내리는 나의 법전
에 기록된 내용을 외치는 것, 그것을
듣고 너희가 소리 지르는 것, 그것을
듣고 전하는 것, 그 메아리만이 이 세
상을 정화할 수 있다는 것을 내가 너
에게 지난밤에 보여 주었음이니,
23 너는 그를 그리 행하도록 너의 제자들
에게 전하라, 사랑하는 나의 아들아!

9,873 번째 하나님 말씀

2004년 3월 9일 07시 17분

1 사랑하는 나의 아들아!
2 "네, 아버님! 말씀하옵소서."
3 성경이요, 성서가 너희에게 무엇을 가
르치는지 알고 있느냐?
4 너희가 사랑을 행함은 구원의 근본이
요, 나에게 오를 수 있는 길이라는 것
을 가르쳐 주었음이니라.
5 그러나 또한 너희가 여기서 성서가 가
르치고 전하는 뜻을 깊이 깨우쳐야 될
것이니라.
6 성서에 기록하여 너희에게 전하는 의
미는 곧 너희가 사랑을 행하는 것이
구원의 근본이라 말하나,
7 너희가 행한 대로 그 대가에 따라서
나에게 와 상급을 받는다는 것을 가르
쳐 주는 것이 아니더냐?
8 그 의미가 또한 거기에 있음을 너희는
알라.
9 또한 성서를 내가 너희에게 가르치고
전하며 또한 그와 같은 뜻을 일찍이
기록하여 전했느니라.
10 너희가 노력하는 것만큼, 천사와 같이
변화되는 것만큼, 그와 같이 아름다운
삶을 행하여 살아가는 것만큼 너희가
나에게 와 상급을 받는다는 것을 내가
전했음이니, 이 뜻을 어찌하여 그리
소홀히 그리 넘어가는가?
11 성서에 기록하여 너희에게 전한 그 뜻
을 깊이 깨우치지 아니하면 아니 될
것이니라.
12 말로써 너희가 구원이요, 말로써 나에
게 역사하는 것이 아니라,
13 너희가 일한 대로 나 여호와가 너희에
게 갚아 준다는 그 가르침을 어찌하
여 잊어버리고 지워 버리고 그리 산단
말이더냐?
14 그러면서 너희가 부질없는 말, 쓸데없
는 소리로써, 너희가 행한 대로 상급
을 받는 것이 아니요, 그저 너희가 믿
기만 하면 상급을 받는다 그리 말함
이니,
15 이를 보는 내 가슴이 얼마나 찢어지
도록 통곡하며 가슴 아프면 이와 같
이 어려운 이 길을 지금 간단 말이더
냐?
16 너희는 어찌하여 그리도 어리석은 백
성이더냐?

17 내가 뭐라 말하였느냐, 너희가 어떠한
자든 간에 냉수 한 그릇을 떠 주는 것,
냉수 한 잔을 베푸는 것, 그 상도 내가
버리지 아니하고 너희에게 내려 준다
는 나 여호와의 가르침을 정녕 모르
며, 성서에 기록된 내용을 보지 못했
단 말이더냐?
18 그것이 내가 상급을 내리고자 하는 나
여호와이니라.
19 내가 너희에게 얼마나 많은 상급을
내리며, 상을 내리며 내가 너희를 구
원하고자 하면,
20 이 세상에 살아가는 길에서 너희가 냉
수 한 그릇을 남에게 베푸는 것, 그것
도 너희에게 상을 주고자 내가 기다리
며 준비하고 있다는 그 말을 했단 말
이더냐?
21 그러나 너희가 행함이 중요하지 아니
하며, 행함이 나로부터 상급을 받는
것이 아니라 가르치니,
22 이를 보는 내 가슴이 얼마나 찢어지
고 아프고 답답한지 알겠느냐?
23 그러니 너희가 그저 말로써 개구리처
럼 소리만 지르고 행함이 없으니, 그
행함이 없는 것은 죽음이라 말하니,
24 너희 입으로 믿음이 행함이 아닌 것은
죽음이라 하면서 행하지 않는 너희들
의 그 속은 무엇이며 그리 가르치는
것이 무엇이더냐?
25 그러니 잘못된 종교 집단의 지도자,
그들이 지금 세상에 존재하기 때문에
그러하니,
26 그들을 단죄하는 것은 너희 손으로 해
야 됨을 알라.
27 내가 너희에게 무어라 하였느냐?
28 너희가 교회요, 성당이요, 모든 종교
집단에 재물을 바치고 거기서 받은
직함을 반납하며, 그 재물을 찾아오
는 자가 나로부터 가장 큰 상급을 받
는 백성이라 함을 잊지 말라, 사랑하
는 나의 아들딸들아!

9,874 번째 하나님 말씀

2004년 3월 9일 07시 23분

1 사랑하는 나의 아들아!
2 "네, 아버님! 말씀하옵소서."
3 인간 세상에서 너희가 아무리 우수한
성적으로써 승자가 되었으며 모든 경
기에서 승자가 된다 해도,
4 너희가 법과 규정을 지키지 아니한다
면 그는 진정한 우승자가 될 수 없으
며, 그는 탈락할 것이며, 그에게 영광
의 그 월계관을 씌워 주고 박수를 치
는 백성은 없을 것이니라.
5 그러니 지금 믿음의 길을 가는 그 백
성, 너희가 바로 그러한 길을 가고 있
음을 알라.
6 너희가 규정에 의한 그와 같은 경기를
함이 아니요, 바로 지금의 모든 종교
집단이요, 지도자들의 그 믿음이 규정
을 위반하고자 반칙의 경기를 하고 있
음이니라.
7 그러니 너희의 믿음이 바른 믿음이 아
니요, 정상적인 경기를 하는 피땀의
노력으로써 아름다움을 보여 주는 그
와 같은 경기를 하는 백성이 아니라,
8 반칙이요, 규정을 위반하는 것을 배우
고, 배운 것으로써 그 반칙으로써 경
기를 유도하며 경기를 이끌어 가는 자

들이 바로 너희들이니라.
9 그러니 정상적으로 노력한 자들을 짓
밟으며 그들을 무너트리며,
10 너희가 반칙으로써 모두의 명성을 얻
으며 명예를 얻고자 하는 그와 같은
것이 오늘의 종교 집단이요, 지도자
너희의 형태라는 것을 잊지 말라.
11 오늘의 종교 지도자는 참된 실력으로
써 참된 훈련이요, 고된 훈련으로써
우수한 선수를 육성하는 것이 아니요,
12 반칙의 기술만을 가르치고 있으며 너
희가 반칙으로써 모두를 제압하면, 그
것이 우승이요, 승자라 그리 말하나,
13 너희가 반칙의 기술로써 믿음이요, 신
앙생활을 오는 자, 그 반칙은 나의 하
늘나라에선 통하지 아니함이니,
14 너희는 문전에 오지도 못하며 타락의
지옥으로 가는 것임을 알라.
15 지금 너희가 각종 헌금을 내는 것이며
그저 십일조를 갖다 바치며 봉사와 헌
신과 충성을 다한다 해도, 너희가 지
금 반칙을 가르치는 선생에게 바치는
것이요,
16 나 여호와와는 아무런 관계도 없는 짓
을 하고 있으니, 너희 스스로 죄를 알
게 될 것이니라.
17 나 여호와가 행하지 말라 하는 것을
서슴없이 행하는 것이요, 나의 뜻을
벗어나 하는 행위니, 너희는 반칙만을
일삼는 자들이니라.
18 그리하여 반칙에 물들어 있는 자들을
내가 나의 법전이요, 이 반칙을 다스
릴 수 있는 것을 지금 내려보내며 너
희들이 반칙을 하고 있는 것을 깨우치
고자 하여 내가 이를 내려보내니,
19 너희가 이를 들여다보지 아니하며 이
를 읽지 않고는 거듭날 수 없으며,
20 그저 반칙의 신앙이요, 반칙의 믿음의
길을 가나, 너희는 나를 보지 못하며
그 대가를 치르는 그와 같은 형국으로
가는 것이 오늘의 너희들이라는 것을
잊지 말라, 사랑하는 나의 아들딸들아!

9,875 번째 하나님 말씀

2004년 3월 10일 06시 09분

1 사랑하는 나의 아들아!
2 "네, 아버님! 말씀하옵소서."
3 모든 역사하는 것은 자연의 순리를 벗
어날 수 없음이니라.
4 지금 나의 법전을 가지고 만백성을 깨
우치며 역사하는 것은, 너희가 자식을
둠이니, 그 자식이 성장하는 것이 보
이지 않으나 그 자식들이 성장하는 것
처럼,
5 지금 나의 법전은 그와 같은 역사를
하여 자연의 순리에 따라 지금 모두가
역사하며 이루어짐을 알아야 될 것이
니라.
6 너희가 너희 자식들이 자라는 모습은
보이지 않으나 그가 자라며, 자라서
성인이 되어 한 가정을 이루며, 그 또
한 너희처럼 살아가는 그와 같은 전철
을 밟음이니라.
7 그와 같이 나의 법전이 자연의 순리를
벗어날 수는 없음이니라.
8 서서히 쌓이고 전해지는 그 속에서 모
든 나의 백성은 나 여호와의 뜻을 알
게 될 것이며, 나 여호와의 법전이 나
여호와의 뜻에 의하여 세상에 전해짐

을 알게 될 것이니라.
9 너희가 그를 조급히 생각하며 이를 빨리 역사하고자 하는 생각을 하고 있으며,
10 나로부터 어떤 기적의 역사가 이루어지기를 바라는 것은 다 너희의 욕심이니라.
11 다만, 너희가 나의 뜻이 맞으며 나의 성령이 나의 뜻이요, 그리고 새로운 성경이라 믿는 것,
12 그것으로써 너희 자신이 변해져 가는 그와 같은 삶을 사는 것, 묵묵히 기다리고 가는 그것만이 너희가 갈 길이니라.
13 너희가 무엇이 이루어지며 기적의 역사가 이루어지기를 바라는 것, 그 모두가 다 너희가 기적의 역사를 믿는 그 백성과 무엇이 다르던가?
14 너희가 진흙탕 속을 걸어가는 것이 나에게 오르는 길이라 하여 그 길을 가는 백성, 그 속에서 너희가 나에게 오를 수 있는 그 길을 가는 것, 그리고 모두가 지금 살아가는 백성이 갈 길을 모르고 지금 저희가 어찌 가는지를 모르고 감이니,
15 그게 곧 타락의 지옥이요, 지옥의 벼랑의 길을 향하여 간다 하지 아니하였더냐?
16 그와 같은 백성 중에서 너희가 나에게 오를 수 있는, 어렵고 힘든 하늘을 향하는 빛이요, 그 길을 따라오는 너희의 그 삶이요, 그 생활로 들어선 것,
17 그것 외에 나에게 더 무엇을 원하고 바라는 그와 같은 마음을 갖는다면, 너희 또한 거래하고자 하는 마음이요, 다른 신앙의 길을 가는 백성과 무엇이 다르던가?
18 나 여호와는 지금 너희가 자식의 성장함을 모르듯이, 농부가 가꾸는 그 씨앗의 잎이 나 그가 자라는 것을 보지 못하면서도 자라며 결실을 얻는 것같이,
19 그와 같은 방법으로써 나의 법전이 세상에 전해지며 역사할 수 있는 것이요, 나의 아들이 끝까지 존재할 수 있으며, 그리고 나의 법전이 세상을 덮어 만백성을 구하는 그와 같은 길임을 너희는 알아야 될 것이니,
20 여기서 더 이상 무엇을 바라며 조급히 기적을 바라며, 내가 하루아침에 무엇인가를 이루어 주는 그와 같은 것을 기대하지 말라.
21 그와 같은 마음을 갖는 것이 욕심이요, 거래하고자 하는 마음이니,
22 욕심을 가지고 있는 것, 거래하고자 하는 마음, 나는 그를 너희에게 충족시켜 주지 아니함을 알아야 될 것이니라.

9,876 번째 하나님 말씀

2004년 3월 10일 06시 14분

1 사랑하는 나의 아들아!
2 "네, 아버님! 말씀하옵소서."
3 네가 하얀 휴지에 수없이 적시는 눈물이요, 그 흐르는 눈물의 의미를 나 여호와는 알고 있음이니라.
4 그러나 너희는 가야 할 길이며 또한 넘어야 할 그 길이기에, 각자가 너희가 치러야 할 그 길이 남아 있음을 알

라.
5 너 자신이 이 세상에 가장 정직하고
가장 아름답게, 그리고 유하고 부드러
운 나의 아들로서 만백성에게 보이고
자 하는 그와 같은 마음이요,
6 그리고 나의 계명대로 나의 법전대로
살아가고자 하여 네가 흘리는 눈물을
내가 알고 있음이니라.
7 또한 너를 따르는 제자들이요, 그 제
자들의 아픈 상처를 네가 치료해 주며
어루만져 주며 그들의 마음 아픔을 거
둬들이고자 하는 네 마음을 또한 내가
알고 있느니라.
8 그러나 사랑하는 나의 아들아!
9 너희가 서서히 자라는 자연의 순리에
따라서 나의 법전이 역사하는 그 길을
네가 선택하여 가듯이, 모두는 너희가
각자가 다 넘어야 할 산이 있느니라.
10 그 산을 넘지 아니하고는 너희가 나에
게 오를 수 없으며 반석 위에 설 수 없
음을 알라, 사랑하는 나의 아들아!
11 네가 눈물을 흘리는 그 마음이요, 그
정성을 나는 아느니라.
12 그러나 네 눈물이요, 네 정성으로 하
여 그들이 넘어야 할 산을 넘지 아니
하며, 오늘의 그 고통에서 벗어날 수
있는 길을 갈 수 있다면,
13 결코 그들은 영원히 오르는 거듭나는
길이요, 축복의 길이요, 나에게 오르
는 영광의 길을 그들은 얻을 수 없으
며 갈 수 없음이니라.
14 그러니 너는 내가 무어라 하였느냐?
15 썩은 나무의 가지를 쳐내는 것, 그리
고 결실의 열매를 열 수 없는 가지를
베어 내는 것, 그것이 그 나무를 사랑
함이라 내가 그리하지 아니하였더냐?
16 너의 제자들 또한 스스로 잘라야 되
며, 버려야 되는 것이며, 그리고 넘어
야 될 마음이 있느니라.
17 너희가 열매를 열지 않는 나무의 가지
를 잘라 내는 것, 그것만이 그 나무를
사랑함이며 결실을 거둘 수 있다 하였
음이니,
18 너희 가슴속에 있는 하나하나의 악습
이요, 그 마음이 정녕 변할 수 있을
때, 어떠한 상황에서도 흔들리지 않는
그와 같은 믿음이 되었을 때, 너희는
그 모두를 알 것이니라.
19 너 자신이 지금 너 자신을 확신하지
못하며, 너 자신이 네가 모두를 믿지
못하는 것이 아니더냐?
20 너도 환경과 모든 여건에 아직도 흔들
릴 수 있으며 너 자신이 바로 갈 수 없
다는 것을 너 스스로 알고 있음이니,
네가 알고 있는 그 마음을 다 뽑아내
야 될 것이니라.
21 그리하면 내가 네가 원하는 것, 그리
고 너희가 바라는 것, 스스로 각자가
그와 같이 자신도 모르고 있는, 자신
도 지킬 수 없는 그 마음속에 있는 그
흔들릴 수 있는 마음을 모두가 다 뽑
아내는 그와 같은 자세가 되지 아니하
면 아니 됨을 너희는 알아야 될 것이
니라.
22 모두는 너를 돕고자 하는 자들이 있으
며, 네가 가는 길을 역사하고자 하는
자들이 있으며, 모두가 다 정해져 있
느니라.
23 그러니 너희가 그곳까지 가는 것이요,
그곳까지 찾아가는 것은 너희가 해야

할 일이니라.
24 내가 너희를 도울 자를 다 준비하여
그들이 중간 중간에 지금 기다리고 있
음이니,
25 너희가 깨닫고 변하는 그 삶으로 너
희를 기다리는 데까지 갈 때마다 하
나씩 얻게 될 것이며,
26 너희가 그곳까지 올라가면 편안한 길
이 있으며 거기에 쉼터가 있을 것이
니라.
27 내가 예를 들어 너희에게 말함이니,
멀고도 먼 길을 내가 가라 함이니,
28 너희가 가면서 중간에 휴식을 할 수
있는 곳, 음식을 취할 수 있는 것, 그
를 준비해 줄 사람들을 모두 내가 중
간 중간에 준비해 주었으니, 너희가
가는 만큼 모두를 줄 것이니라.
29 너희가 변하고 역사하는 만큼 전진했
을 때, 그들은 준비된 것을 너희에게
내줄 것이니라.
30 그러니 그 모두는 너희 자신에게 달렸
다는 것을 절대 잊지 말며,
31 너희가 어찌 변하며 어찌 가느냐에,
네 마음속에 있는 너희 자신도 모르게
흔들릴 수 있는 그 마음의 뿌리를 다
버리고, 너희가 하늘을 향하여 한 점
의 부끄럼이 없이 영원한 마음으로 영
원한 자세로 갈 수 있다고 내가 너희
를 백 퍼센트 믿을 때, 모두는 이루어
질 것이니라.

9,877 번째 하나님 말씀

2004년 3월 10일 06시 25분

1 사랑하는 나의 아들아!
2 "네, 아버님! 말씀하옵소서."
3 나의 아들 예수가 태어남이니, 너희가
그 제사장이요, 그리고 그 믿음의 길
을 가는 백성이요, 그리고 종교 지도
자들이요, 그와 같은 백성이 나의 아
들 예수의 태어남을 보지 못했으며 알
지 못했으며, 그들은 누구도 경축한
백성이 하나도 없음이니라.
4 그리고 너희는 그와 같이 관계없는 동
방박사 그러한 백성이요, 그리고 이방
인이라는 그 백성이 멀고도 먼 길을
와 경축했음이니,
5 그리고 그들은 그를 위하여 나 여호와
의 아들이라 그리 외쳤음이니, 과연
너희는 이를 보고 어찌 깨우치는가?
6 너희는 성서에 기록되어 전하기를, 동
방박사가 나의 아들 예수요, 아기 예
수의 태어남을 경축하려 멀고도 먼 길
을 밤하늘의 별을 보고 찾아왔다 그리
말하나, 너희는 이것이 어떠한 의미를
가지고 있는가?
7 그 당시 믿음의 길을 가는 제사장이
요, 종교 지도자요, 그리고 믿음의 길
을 가는 백성, 너희가 동방박사처럼
나의 아들 아기 예수가 태어나는 것을
경축하며 그를 아는 백성이 하나도 없
었으며 그를 알게 한 백성이 없었음이
니,
8 이것이 바로 너희가 무엇을 의미하느
냐?
9 너희가 믿음의 길을 가는 그 종교 집
단이요, 지도자들이 나의 아들 예수
요, 아기 예수가 태어나는 것을 경축
할 자격이 있는 백성이 하나도 없었기
에,

10 내가 동방의 그 다른 이방인의 백성으
로서 축하하게 하며 그를 경하하도록
한 것을 너희는 알겠느냐?
11 그러니 너희 믿음의 조상의 뿌리요,
그들이 얼마나 잘못 가고 잘못된 행위
를 하고 있었는가, 너희는 그 부끄러
움을 알아야 될 것이니라.
12 지금 나의 아들을 통하여 내가 새로운
성경이요, 나의 법전을 세상에 내려보
내니, 이는 이방인을 통하여 하는 것
이라 하여 너희는 사탄이라 멸시하고
욕하고 찢어 버리고 태우는 자들이니
라.
13 너희는 말하느니라, 나의 법전을 읽고
깨우쳐 보니 그 말씀의 진리가 가슴에
와 닿아 그를 믿고 따르는 것이 아니
라,
14 이를 만들어 전한 나의 아들이 어느
종파에 속하며 어느 지파에 속하며,
너희들의 종교 지도자요, 돈을 주고
사는 백성의 그 직함이 어느 직함을
돈을 주고 사 가지고 있느냐 그것을
먼저 묻는 것이요,
15 그리하여 그와 같은 일이 없다 할 때
너희는 이단이요, 사탄이라 말함이니,
너희는 부끄럽고 부끄러움을 알아야
될 것이니라.
16 지금 너희가 말하는 이방인이라는 나
의 아들을 통하여 내가 160권의 하늘
의 뜻을 기록하여 너희를 구원하고자
하는 대역사를 이룸이니,
17 지금의 모든 종교 집단에 속해 있는
지도자요, 구원을 받았다고 울고불고
하는 그 백성 너희가 바로 나의 아들
과 같은 마음도 갖지 못한 자들이라
함은 너희는 과연 어찌하겠느냐?
18 그러니 너희에게 내릴 수 있는 자가
하나도 없으며 생수를 부을 자가 하나
도 없어 내가 너희에게 붓지 못하며,
19 지금 너희와 관계없는 길을 가고 있
는 나의 아들이요, 너희가 말하는 이
방인이라 하며 너희가 경멸하며 멸시
하는 그와 같은 나의 아들을 통하여
모든 새로운 시대가 열어지고 역사함
을 어찌 보고 어찌 아는가?
20 너희가 아기 예수 나의 아들이 태어날
때, 그 대제사장이요, 지도자들이요,
그 믿음의 길을 가는 백성이 예수의
태어나는 그와 같은 것을 알지 못하며
깨우친 자가 없음이니,
21 내가 알려 준 자가 없으며 예언으로
가르쳐 준 자가 없음이니라.
22 그러니 너희가 얼마나 사악한 자들이
기에 내가 이방인을 통하여 그를 경축
하도록 하였겠는가?
23 그것도 멀고도 먼 길에서 밤과 낮의
별을 보고 찾아오도록 내가 역사해 주
었음이니, 너희가 그 부끄러움을 알겠
느냐?
24 내가 오늘의 너희에게 혀를 땅에 대
고 살아야 되며 코를 땅에 박고 사는
것이 종교 지도자가 가야 할 길이요,
삶의 길이요, 그와 같이 회개하며 반
성하는 삶을 살라 하는 것이 바로 무
엇이더냐?
25 너희가 말하는 이방인이요, 너희와 관
계없는 백성을 통하여 나 여호와의 새
로운 성경이요, 나의 법전을 내려보내
는 이 역사를 이루는 것, 그러기에 너
희가 부끄러움을 알라 하였음이니,

26 너희가 다 오물이 묻어 찌들어 있는
그 그릇에 내가 생수를 부을 수 없기
때문임을 알겠느냐?
27 부끄럽고 부끄러움을 너희가 알아야
될 것이니,
28 이제 너희가 성서의 그 한 줄이요, 동
방박사가 나의 아들 아기 예수의 태어
남을 경축한 그 모든 과정은, 그 어렵
고 힘든 길을 역사하여 내가 그들로
하여금 축하를 하도록 한 것이 무엇
이더냐?
29 그 축하마저 전할 수 있는 종교 집단
이요, 지도자요, 그 믿음의 제사장이
없었다는 것이니, 오늘의 너희를 선택
할 수 없는 것과 무엇이 다른가 한번
부끄러움을 알라 그리 전하라.

9,878 번째 하나님 말씀

2004년 3월 10일 06시 33분

1 사랑하는 나의 아들아!
2 "네, 아버님! 말씀하옵소서."
3 나의 백성 너희가 정녕 나의 뜻을 모
름이니, 그리고 내가 역사하고자 하는
것을 너희가 모름이니, 나 여호와가
원하는 수준에도 지금 도달하지 못하
고 있는 것이 너희들이니라.
4 지금 너희가 구원을 받았다 말하는
자, 구원의 자격을 받았다 울고불고하
는 믿음으로 가는 그 백성, 너희가 가
는 길이 나의 뜻과는 관계없는 길을
감이니, 너희가 나의 뜻을 모르고 있
는 자들이니라.
5 그리하여 내가 너희에게 최소의 기대
하는 그 믿음의 수준에도 도달하지 못
하는 자들이요, 나에게 오르는 그 빛
도 못 보고 있는 것이 너희들의 오늘
의 그 믿음이라는 그 무서운 사실을
깨우쳐야 될 것이니라.
6 나 여호와가 원하는 믿음의 수준에도
도달하지 못하면서, 그 길이 어렵고
힘들기에 너희가 지금 하고 있는 그
길이 어떠한 것인 줄 알겠느냐?
7 너희가 그와 같은 길을 갈 수 없으며
그와 같은 길을 역사할 수 없다 세뇌
시키는 것, 너희가 죄를 짓는 인간이
요, 죄를 짓고 사는 것도 너희 자신이
모름이니,
8 지금 너희가 그와 같이 모르도록 만드
는 그 종교 집단이요, 지도자 그들이
존재하고 있는 이상 너희가 거듭날 수
없으며,
9 너희가 나의 아들 예수의 피로써 모두
를 씻어 내 세척되고 하얗게 표백된
그와 같은 마음으로 결국 될 수 없다
는 것을 너희는 알아야 될 것이니라.
10 너희 인간 지도자들이 만들어 놓은 죄
중에서 가장 큰 죄요, 가장 무서운 죄
가 무엇이며, 너희가 뽑을 수 없는 그
죄의 뿌리를 굳게 심고 있는 것이 무
엇인 줄 알겠느냐?
11 너희는 그와 같은 모든 악의 뿌리가
탄생되어 있는 것, 그것이 바로 지금
나의 피조물 만백성이 만들어 놓은 가
장 무서운 것이니라.
12 나의 아들 예수를 믿기만 하고 적당한
수준에서 회개의 형식을 갖추고 살면,
너희가 수없이 지은 그 죄를 다 용서
받는 것이며 구원이 되겠지 하는 그
막연한 생각에서 깨어나지 못하도록

가르치고 그리 인도하는 것,
13 이와 같은 종교 집단이요, 지도자도
너희가 가장 큰 죄요, 나의 피조물 만
백성이 죄의 뿌리를 뽑아내지 못하도
록 심어 주는 것이 이것이니라.
14 또한 이 말을 믿고 가는 것이 지금의
믿음의 길을 가는 백성 너희들이니,
너희는 잠에서 깨어나지 아니하면 아
니 됨을 알아야 될 것이니라.
15 어찌하여 너희가 하늘에 오르는 길이
적당한 수준에서 회개하며, 적당한 수
준에서 형식을 갖추며, 적당한 수준에
서 너희가 살아가며, 울고불고하는 그
것으로써 구원을 받을 수 있다 생각하
는가?
16 이는 너희가 꿈에도 생각해서는 아니
되는 것을 알라.
17 막연히 너희는 생각하고 지금 있지 않
으냐?
18 막연히 너희가 생각하는 그 속에서 지
금 나의 법전을 보고 깨어나지 못하면
아니 됨이니, 너희가 깨어나야 될 것
이니라.
19 그저 적당한 선에서 더불어 살며, 너
희가 소위 이야기하는 이것저것 거칠
것 없이 너희가 살아가면서 기도하고
회개하는 것, 그리고 눈물을 흘리며
너희가 나를 부르며 울고불고하는 것,
나의 아들 예수의 피로써 구원을 받았
다 하는 것, 감사 기도를 드리는 것,
20 그와 같은 것으로써 너희가 구원을 받
을 것이라는 그 막연한 생각에서 깨어
나지 못한다면, 결코 너희는 다시 나
고 거듭날 수 있는 길도 볼 수 없다 함
을 알라.
21 그러한 지도자 밑에서 생활하는 백성
너희가 구원이요, 구원만을 바라는
것, 그러니 구원의 빛조차도 너희가
볼 수가 없는 것이며, 그리 원하는 것
이 너희와 아무런 관계도 없다 함을
알아야 될 것이니라.
22 그러면서 너희가 지금 살아가는 것이
무엇이더냐?
23 그저 적당한 선에서 회개하고 살아가
면 된다는 그 마음속에서 너희가 새로
운 진리요, 진정한 나의 뜻이 세상에
내려와도 이를 받아들이지 못함이니
라.
24 나의 아들을 통하여 내리는 새로운 나
의 법전이 마지막 심판의 기본임을 너
희가 모른다 해도 내가 더 이상 너희
에게 추궁하고 싶지 아니함이니라.
25 다만, 너희가 스스로 깨우쳐 가기를
바라는 것뿐이니라.
26 그러나 너희는 알아야 될 것이니라.
27 너희가 한 획도 더해도 빼도 안 되며
지우고 넣어도 안 된다는 성경에 대한
것도,
28 너희가 그 마음이 욕심의 뿌리요, 잘
못된 것이요, 형식적이요, 그리고 적
당한 수준에서 모두가 하늘에 오를 수
있는 길이라 생각하는 너희의 마음 때
문에,
29 나의 성경도 편견에서 보고 있으며 그
편견에서 벗어나지 못하고 있는 것이
니라.
30 너희가 적당한 수준에서 대충대충 살
아가는 속에서, 대충대충 너희가 회개
하는 속에서 구원받을 것이라 생각하
나,

31 내가 나의 아들에게 무어라 말하였느
냐?
32 흔들리는 사다리를 타고 하늘에 오르
는 길보다 더 어렵고 힘드니,
33 그 손에 백지 한 장을 쥐여 주는 것도
얼마나 무겁고 힘든 길이요, 오를 수
없는 길인지 알겠느냐, 내가 그리 너
희에게 명한 구절이 있을 것이니라.
34 그와 같이 백지 한 장을 들고 오는 것
도 너희가 어렵고 힘든 것이 하늘에
오르는 길이거늘,
35 너희가 어찌하여 그 어렵고 힘든 길을
적당히 역사함으로써 올 수 있다 그리
말하는가?
36 어렵고 힘든 그 하늘에 오르는 과제를
너희는 너무나 쉽게 생각하며 간단하
게 생각하는 그 착각에서 깨어나야 됨
을 잊지 말라.
37 나의 아들이 오르는 그 길에 백지 한
장을 들려 주는 것도 그가 나에게 오
기가 힘들고 어려운 짐이 된다 하였거
늘,
38 너희가 어렵고 힘든 나에게 오는 거듭
나는 그 과제요, 그 길을 오는 너희가
너무나도 쉽고 간단한 것으로써 착각
을 하니,
39 쉽고 간단한 방법으로써 모두가 다 이
루어질 것이라는 그와 같은 생각에서
어찌 헤어나지 못하는가?
40 완벽한 백성으로서 너희가 완벽한 천
사와 같은 삶을 살지 아니하면,
41 나의 천사들이 사는 하늘의 땅을 너희
가 발을 들여놓을 수 없으며 들어올
수 없다는 그 무서운 가르침의 뜻을
어찌 모르고,
42 너희가 깨닫는 길에 지금 들어서지
아니하며, 깨달음의 변화에 대한 그
역사에 너희가 옳다 말하면서 나의 법
전을 높이 들고 만백성이 깨우치는 그
역사를 주저하는가?
43 이것이 오늘의 너희가 잘못됨이요, 잘
못 가르친 자들이기 때문이니,
44 그들을 스스로 단죄하며 그들을 깨우
치며 그들로 하여금 벗어나는 것은 너
희 각자의 손에 달렸다는 것을 잊지
말라.

9,879 번째 하나님 말씀

2004년 3월 10일 06시 41분

1 사랑하는 나의 아들아!
2 "네, 아버님! 말씀하옵소서."
3 나 여호와는 오늘의 너희가 잘못 가고
잘못 가는 그 믿음을 미리 내가 나의
아들 예수를 통하여 성서에 기록한 그
대목을 너희는 알겠는가?
4 나는 그와 같은 뜻을 전했느니라.
5 '지금의 모든 종교 집단이 가르치고
전하는 것은 사람의 계명으로써 교훈
을 삼아 가르침이니, 나를 헛되이 경
배하도다.' 하는 그 대목이 성서에 기
록되어 있음을 너희는 알아야 될 것이
니라.
6 내가 기록하여 전한 그 뜻이 무엇이더
냐?
7 오늘의 너희가 가는 그 믿음의 모두가
나 여호와의 뜻으로써 역사하는 것이
아니요,
8 사람이 만든 계명으로써 그 모두를 다
기본을 삼아 너희가 나의 피조물 만백

성을 가르치며 깨우치며 하늘에 오르
는 길로 인도한다 하니,
9 나를 경배한다는 것이 다 헛된 경배
요, 헛된 일을 하고 있다는 그와 같은
것을 기록하여 전한 그 무서운 대목을
읽고 너희는 어찌 가르치고 설명을 하
는가?
10 이를 모르는 자 없을 것이니라.
11 그러니 너희가 오늘의 어떠한 것이 믿
음의 길을 가는가?
12 나의 아들 예수가 그와 같이 기록하여
그가 살다가 죽어 간 지금의 2천 년이
라는 그 역사가 흘러, 바로 오늘에 그
대로 너희가 행하고 집행될 것을 내가
미리 알아 예언의 뜻으로써 가르쳤음
을 너희는 어찌 모르는가?
13 이제 사랑하는 아들을 따르는 제자들
이요, 나의 법전을 읽고 깨우친 만백
성 너희는 이와 같은 나의 뜻이 기록
되어 있음이 오늘을 예견한 것이요,
14 이와 같은 것을 기록하여 전하며 내가
예언한 것은 이를 바로잡는 너희가 있
어야 되기 때문에, 너희의 시대를 위
하여, 너희를 위하여 이 구절이 성서
에 기록되었음을 알라.
15 지금의 종교 집단과 지도자, 너희가
말하는 나에게 경배한다 하나, 너희가
나를 경배하지 아니하며 성경을 너희
임의대로 고치고 변질시켰으며,
16 성경을 기록할 때 인간의 뜻대로 기록
했으며, 그리고 또 전해지는 그 과정
에서 변질되고 또 손질되었음이니, 너
희는 이를 부정하지 말라.
17 남들은 무어라 말해도, 나의 아들을
따르는 제자 너희는 그를 알아야 될
것이니라.
18 인간이 사람의 계명을 교훈 삼아 가르
치고 헛되이 나를 경배한다 하였음이
니,
19 이게 바로 지금의 현실이며 너희가 가
고 있는 길이라는 것을 알라.
20 그리하여 내가 이 모두를 바로잡을 것
이며, 바로잡기 위하여 나의 아들이
세상에 내려와 나의 새로운 성경을 나
의 법전이라 하여 책으로 증거하며 새
로운 시대를 열어 가는 것,
21 그때까지 너희가 변질되는 모습이요,
변화되는 그 모두는 다 인간이요, 사
람의 계명으로써 교훈 삼아 헛되이 가
르치며 헛되이 경배하고 살아왔음을
알라 함이니,
22 모든 종교 집단이요, 지도자요, 울고
불고 광신하는 백성들은 이를 거부하
며 이게 아니라 말하나,
23 나의 아들을 따르는 제자 너희는 믿으
라, 이는 성서에 반드시 기록되어 있
음이니라.
24 '종교 집단이 가르치고 전하는 것은
사람의 계명으로 교훈 삼아 가르치니,
나를 헛되이 경배하도다.' 이건 바로
무엇이더냐?
25 2천 년 동안 너희가 변질되고 변화되
며 그 나의 성서를 손질하고 또 손질
하였음이니,
26 오늘의 너희가 가르치는 것이 잘못되
었다 함은 너희가 계명에다 인간의
생각을 주입시켜 역사했음이니,
27 인간의 계명을 교훈 삼아 지금까지 가
르쳐 온 헛된 믿음이요, 헛된 신앙생
활이요, 나에게 오르는 길이 아닌 길

을 너희가 달려왔다는 것,
28 이를 명심해야 될 것이며, 너희는 이
를 믿고 깨닫고 그리 따르도록 하라.
29 내가 예언한 그 시대가 지금의 너희
의 이 시대를 예언한 것이요, 이 시대
에 너희를 통하여 바로잡는 역사가 이
루어지기에,
30 너희에게 용기와 희망을 주기 위하여
내가 미리 예언하여 기록한 성서에
그 구절이 있음을 알며 너희를 위함임
을 알라.
31 그러니 너희가 주저하지 말며 두려워
하지 말며, 자신과 용기를 가지고 전
진하도록 그리하라.
32 그리하여 내가 너희의 그 모두를, 2천
년 후에 이루어질 오늘의 믿음이요,
오늘의 신앙생활 하는 백성의 그 형
태요, 상황을 모두 다 기록하여 전했
음이니,
33 모두 인간의 교훈이요, 인간의 교리로
써 가르친다는 걸 전했음이니,
34 이를 바로잡는 시대가 올 것이며 이를
바로 세우는 시대가 올 것이 아니더냐?
35 그것이 바로 내가 책으로써 증거하는
나의 법전이요, 나의 아들을 주축으로
하여 나의 아들을 따르는 백성이요,
그리고 그 제자들, 너희 모두가 다 이
제는 그 역사를 이루기 위해 초청된
자요, 내가 너희를 불러 쓰는 자들이
라는 것을 알아야 될 것이니,
36 그 위대함과 소중함을, 너희가 하는
역사가 무엇인가를, 2천 년 전에 예언
한 그 모든 뜻을 지금 바로잡고 다스
려 나가는 것에 너희가 준비되어 나
온 자들이라는 걸 잊지 말라.

9,880 번째 하나님 말씀

2004년 3월 10일 06시 54분

1 사랑하는 나의 아들아!
2 "네, 아버님! 말씀하옵소서."
3 지금의 모든 종교 집단이요, 지도자
그들이 나의 사랑하는 백성을 가르침
이니, 그들이 신도들 앞에 그리 말하
느니라.
4 나의 아들 예수의 보혈로써 구원받음
을 믿으며, 저희의 손으로 지은 교회
라는 곳에 와 너희가 나를 찾기만 하
면 모두 구원은 이루어지는 것이며,
5 그러면서 너희는 무엇을 말하느냐?
6 한번 구원이 이루어진 백성은 절대 그
구원이 무너지는 것이 아니며, 너희로
부터 떠나는 것이 아니요, 상실되는
것이 아니요,
7 한번 너희가 그 손으로 지은 교회에
와 나의 아들 예수를 찾으며 나를 찾
기만 하면, 모두가 다 영원히 변하지
않는 그와 같은 구원의 길이 지속되며,
8 그와 같은 것으로써 천국의 나에게 올
라올 수 있으며, 너희가 나에게 오르
는 그와 같은 영광을 얻는다 그리 가
르치느니라.
9 그리고 천국에 오를 때까지 너희가 한
번 그 구원의 길에 들어선 자, 모두가
다 존속된다 그리 말하며 그리 가르치
지 않는가?
10 그러나 이것을 너희가 보고 깨우칠
때, 그래도 그것이 맞다 말하는 자, 그
리고 옳다 소리 지르는 그와 같은 백
성, 너희가 살아가면서 수없이 변화되
는 그 삶 속에서 수천수만 가지의 죄

를 짓고 살아가면서
11 너희가 한번 구원의 길에 들어선 자는
영원히 변화되지 아니하며, 떠나지 아
니하며, 상실되지 아니하고 나에게 오
른다는 말도 안 되는 그와 같은 교리
요, 그 가르침이 바로 무엇이더냐?
12 인간 너희가 만든 교리요, 너희의 생
각으로써 만든 가르침이니, 나 여호와
의 뜻과는 전혀 관계가 없다 함이 여
기에 있음이니라.
13 그리하여 인간의 교리를 가지고 그리
전파하고 가르침이니, 거기에 기대를
하며 그것을 믿고 사는 것이 지금의
나의 사랑하는 백성 너희가 가고 있는
믿음의 길이요, 신앙의 길의 현주소임
을 알아야 될 것이니라.
14 너희가 만백성에게 인간사에서 범죄
요, 너희가 행하는 그 모든 죄를 지금
가르치고 있다는 것을 알고 있느냐?
15 모든 종교 집단의 지도자, 너희가 나
의 뜻을 알지 못하며 나의 뜻을 거역
하고 있음이니,
16 인간 세상에서 저지를 수 있는 범죄의
행위 모두를 가르치며 행하도록 교육
을 시키는 자들이라면, 과연 너희는
믿겠느냐?
17 그러니 너희가 아래로는 모든 백성에
게 범죄의 행위를 해도 그가 죄가 되
지 아니한다 그리 가르치며,
18 더욱이 하늘을 향하여 창조주 나 여호
와에게도 너희가 죄가 되지 아니하는
것이 오늘의 삶이라 그리 말하지 않느
냐?
19 믿기만 하면 어떠한 죄를 지어도, 어
떠한 사악한 행위를 해도 인간 세상에
서 죄가 되지 아니하며,
20 더욱이 창조주 여호와요, 내 앞에 와
서도 너희는 그가 죄가 되지 아니한다
그리 가르치느니라.
21 믿는 것으로써 너희가 나를 경배하며
나에게 바치는 것으로써 너희는 모든
어떠한 행위요, 어떠한 포악한 짓을
해도, 어떠한 인정 없는 짓을 해도, 베
풀지 아니하고 산다 해도, 그 모두는
덮어지는 것이며, 그것은 시시비비될
가치가 없다 그리 가르침이니,
22 범죄 학교요, 범죄를 육성하는 것이
오늘의 종교 집단이요, 교회라는 것을
너희는 되새겨 보면 그 의미를 알 수
있을 것이니라.
23 나의 백성이 그리하여 너희가 지금 죄
를 지으면서도 죄가 무섭고 두려운 것
을 모르고 있으며,
24 죄가 얼마나 무서운 결과로써 그 대가
요, 재판을 받으며, 심판을 받아 그 대
가를 치르는 것이 얼마나 견딜 수 없
는 길인지를 모르며,
25 너희가 죄를 방치하도록, 죄가 두려운
줄 모르도록, 그리하여 죄를 짓는 것
을 면역성을 길러 놓은 그것이 바로
오늘의 종교 집단의 지도자들이니라.
26 죄를 방치하며 죄의 면역성이 생긴 것
이 나의 백성이요, 그러니 너희들이
구원의 길에 올 수 없으며,
27 너희가 지금 가는 길이 지옥의 낭떠러
지요, 절벽으로 떨어져 가는 그 길을
향하여 두 주먹을 쥐고 달려가는 것이
라 함을 알아야 될 것이니라.
28 그러니 너희가 여기서 거듭나는 것이
요, 새로운 믿음의 길을 찾지 아니하

면 아니 되느니라.
29 한번 믿기 시작하면 모든 죄는 너희가
다 지워지며, 그리고 영원히 그와 같
은 사악한 짓을 하며 살아간다 해도,
30 너희는 그 구원의 상이 상실되지 아니
하며, 반납하지 아니하며, 너희로부터
내가 회수할 수 없는 그와 같은 형국
이라 함이니,
31 내리고 주는 나 여호와보다 너희가 높
은 자, 위대한 자들이 아니더냐?
32 그러니 너희가 만든 인간의 교리요,
인간의 상식이요, 인간의 것을 가르치
고 오는 것이 너희이기에,
33 지금 나의 피조물 만백성이 죄에 대해
방치하는 마음이 생겼으며, 면역성이
생겼으며,
34 그리고 죄의 두려움을 모르며 심판의
두려움을 모르는 나의 백성으로 만들
어 너희가 나와는 관계없는 길을 가도
록 만들었으니,
35 너희가 바로 이단이요, 사탄이라는 것
을 잊지 말라.

9,881 번째 하나님 말씀

2004년 3월 10일 07시 03분

1 사랑하는 나의 아들아!
2 "네, 아버님! 말씀하옵소서."
3 나의 아들 예수가 나의 뜻을 전하여
성서에 일찍이 기록하여 전한 대목을
너희는 그저 듣고,
4 너희에게 그 모두는 불리한 쪽으로 해
석하여 너희 것으로 만들라 하였거늘,
5 너희가 불리한 쪽은 가르치지 아니하
며 강론하지 아니하며 그냥 넘어가는
것이 너희가 아니더냐?
6 그리하여 내가 전한 그 모든 뜻에 너
희 인간의 상식으로 고치지 못한 그
부분은 이 세상에 빛을 보지 못하고
있으며,
7 인간 너희의 생각으로써 손질하고 변
화된 부분은 세상에 빛을 보는 웃지
못할 형국이 되었음이니,
8 바로 진정한 가르침은 다 접어 두며,
너희에게 유리하고 좋은 것으로써만,
모두를 인간이 만든 것이기에, 그를
가지고 강론하며 평생을 가르치는 것
이 너희가 아니더냐?
9 나 여호와는 너희에게 나의 아들을 통
하여 그리 전했느니라.
10 '하나님께서 네 부모를 공경하라 하시
고, 네 아비와 어미를 훼방하는 자는
반드시 죽으리라 하셨다.' 그리 내가
거기다 기록하여 전했음이니라.
11 네 부모가 원하는 것을, 그 뜻을 따르
지 아니하는 자, 네 부모를 공경하지
아니하는 자, 네 아비와 어미가 하는
것을 방해하는 자, 너희는 죽으리라
내가 그리 전하였으며, 그건 죽음이라
그리하지 아니하였느냐?
12 성서를 방해하지 아니하는 그 어떠한
것도 너희가 부모의 뜻을 따르지 아니
하면 아니 되며, 부모를 공경하지 아
니하면 아니 되는 것이라 내가 성서에
일찍이 기록하였음이니라.
13 그러나 가로되 너희는 무어라 가르치
느냐?
14 너희는 그리 말하느니라.
15 '아비에게나 어미에게 말하기를, 그
모두를 다 너희에게 너희 어미요, 부

모를 유익하게 하며 그에게 전해야 될
모든 것을 다 너희는 부모에게 전하지
아니하고, 하나님께 드리고자 한다 하
여 말을 하기만 하여도,
16 너희는 그것으로써 부모를 공경할 필
요가 없으며, 공경하지 아니해도 너희
가 나로부터 죄를 받지 아니한다.' 너
희가 지금 가르치는 것이 종교 집단
지도자들의 가르침이니라.
17 나는 성서에 기록하여 내가 나의 아들
을 통하여 반드시 전했느니라.
18 '하나님께서 말씀하시기를 네 부모를
공경하라 하셨으며, 그리고 아비나 어
미를 훼방하는 자는 반드시 죽으리라
하셨다.' 그 무서운 내용을 기록하여
전했거늘,
19 '네 부모를 유익하게 하는 것, 네 부모
를 기쁘게 하는 것, 네 부모에게 드려
야 하는 것, 그 모두를 그저 하나님께
드린다 말만 하면, 모두 너희는 부모
에게 공경하지 아니하며 드리지 아니
해도 된다.' 지금 그리 가르치고 있는
것이 오늘의 종교 집단이요, 지도자들
이 가는 길이니,
20 이게 너희는 과연 나의 진리더냐?
21 이 웃지 못할 형국에 너희가 하고 있
음이니, 나 여호와의 분노함이 어떠하
겠는가!
22 모두가 다 성령을 훼방하는 죄는 가장
큰 죄이니,
23 성령을 훼방하지 아니하는 길은 너희
가 순종하고 따르는 것이 해야 할 길
이라 하였거늘,
24 더욱이 내가 너희에게 부모를 섭섭하
게 하는 자, 부모를 훼방하는 자는 죽
은 자라 그리 무서운 내용을 기록하여
전했거늘,
25 부모에게 유익하게 드릴 그 모든 것
을 나 여호와에게 바친다 너희가 말
만 그리해도, 부모를 공경하지 아니하
며 부모를 받들지 아니해도 너희는 죄
가 되지 아니하며 그리 살아가는 것이
하늘에 오르는 길이라 가르침이니, 이
것이 성서더냐?
26 죄의 온상이요, 죄의 학교를 지어 놓
고 나의 피조물 만백성을 사탄으로 만
들어 놓는 것이 바로 여기에 있음을
알라.
27 '너희는 유전으로 하나님의 말씀을 폐
하는도다.' 너희들이 이 성서에 기록
된 말을 알겠는가?
28 이 무서운 성서의 구절을 너희가 어찌
가르치더냐?
29 지금의 모든 종교 집단과 지도자 너
희가 바로 무엇이더냐?
30 길러 준 부모요, 그리고 낳아 준 부모
는 아무런 관계도 없으며,
31 나 여호와에게 잘하며 나 여호와에게
만 너희가 말로써 모든 걸 바친다 생
각하기만 해도 구원을 받는다 그리 가
르치고 전하는 것이니,
32 내가 성서에 '너희의 유전으로 하나님
의 말씀을 폐하는 자들이다.' 너희에
게 그리 기록하여 나의 아들 예수에게
전하게 한 그 구절을, 너희는 무서움
과 두려움을 알아야 될 것이니라.
33 그러니 오늘의 종교 집단이요, 교회의
그 모두가 잘못되었으며 모두가 다 타
락되었으며, 너희가 다 지옥의 길로
나의 백성을 이끌어 가는 것이라 함을

알아야 될 것이니라.
34 무조건 구원의 시대요, 구원을 할 것이라 너희가 그리 가르치고 역사하는 것이 나의 피조물 만백성을 죽음의 길로 인도한다는 것을,
35 유전으로 하나님의 말씀을 폐하도다 한 그 나의 뜻을 알라.
36 너희가 전하는 말로써 가르치고 가르치는 오늘에 바로 인간의 성경이요, 인간의 교리로 가르치기 때문에 모든 나의 뜻을 폐하는 행위를 하고 있으며, 내 뜻을 가로막는 짓을 하고 있음이니,
37 그리하여 내가 나의 아들을 통하여 만백성을 구하며 거듭나는 새로운 성경이요, 새로운 법전이라 하여, '하나님! 말씀하옵소서.', '하늘에 오르는 길'이 여기 있다 하여 나의 아들을 통하여 강론하고 가르침이니,
38 이 모두를 폐하고자 하는 것이 너희임을 알라.
39 내가 기록한 그 내용의 뜻을 너희는 가슴 깊이 음미하며 다시 한 번 새겨두지 아니하면,
40 너희가 나의 법전을 계속 이단이요, 사탄이라 말할 것이니라.
41 그러나 성서에 기록된 내용을 너희가 하나하나 제대로 읽고 깨우치는 지혜가 있다면,
42 나의 법전이 너희를 구원하는 나 여호와의 마지막 성령이라는 것을 알게 될 것이니라.

9,882 번째 하나님 말씀

2004년 3월 10일 11시 22분

1 사랑하는 나의 아들아!
2 "네, 아버님! 말씀하옵소서."
3 지금의 모든 나의 뜻을 따라 하늘에 오르고자 하는 그 백성이 정녕 나 여호와의 뜻이 무엇이며, 내가 원하는 것이 무엇이며, 내가 너희에게 명하는 것이 무엇인가를,
4 나의 뜻을 전혀 모르는 그 백성이 지금 나의 피조물 만백성을 가르치고 인도하는 그와 같은 형국이 되어 있음이니,
5 내가 너희에게 일찍이 말하여 가르쳤으니, 앞 못 보는 자가 모든 앞 못 보는 백성을 인도한다면, 더불어 구렁텅이에 빠지는 그와 같은 형국밖에 더 있겠느냐 말하지 아니하였더냐?
6 그와 같이 오늘의 믿음의 길을 가는 백성이 다 그 형국에 지금 젖어 있음이니라.
7 정녕 나 여호와의 뜻이 무엇이며 내가 원하는 것이 무엇인지를 모르는 백성이 저희만이 나로부터 선택된 백성이요,
8 저희만이 나의 피조물 만백성을 하늘에 오르는 길이라 하여 지금 악을 쓰고 있는 그와 같은 형국이 되지 아니하였더냐?
9 그러니 또한 그 말을 믿고 따르는 것이 나의 피조물 만백성이니라.
10 그는 그들에게 꿀을 발라 주는 그와 같은 역사로써 저희가 인도하니,
11 그 꿀맛에 따라 그들이 그 길이 무엇

인지를 모르고 가는 그와 같은 어리석
은 백성이 아니더냐?
12 너희가 인간 세상에서도 남을 속이며
남을 이용하기 위하여 그와 같은 낚싯
밥을 수없이 던지고 또 던지는 것이
인간 너희가 아니더냐?
13 그리하여 결국은 그와 같은 백성이 낚
싯밥에 걸려들었을 때,
14 그때는 가차 없이 너희가 그 모두를
그로부터 갈취하는 자요, 그로부터 모
두를 다 희생시키는 것이 너희가 인간
세상에 살아가는 수법이 아니더냐?
15 그러니 인간 너희가 살아가는 방법이
낚시를 가지고 고기를 낚는 것처럼,
16 그와 같이 미끼를 통하여 그 고기를
낚아 올리는 것처럼 너희가 인간 세상
에 살아감도 그러하니라.
17 그러니 그 낚싯밥에 걸려드는 백성,
너희가 그 순간에 나를 볼 수 없으며
나와 관계없는 그 길을 가게 됨이니,
18 오늘의 종교 집단이요, 지도자들이 참
진리를 가지고 나의 피조물 만백성을
진리의 길로 인도하는 것이 아니요,
19 비진리를 가지고 나의 뜻을 거역하는
그 길만을 그들이 달려감이니라.
20 그러면서도 모든 백성이 그 길을 '옳
소, 맞습니다!' 하며 따라감이니, 그들
이 바로 낚싯밥에 걸린 백성이니라.
21 그러니 거기에서 너희가 걸리는 자 헤
어나지 못함이니, 그리고 그들이 어떻
게 지금에 와 있는지를 모르고 있음이
니,
22 그러니 지금의 너희가 사탄이요, 마귀
의 종이 되어 그들의 명에 따라 그들
에게 힘을 실어 주는 그와 같은 것으
로써 모두가 역사하며 흘러가는 형국
이 되어 버렸다 함을 너희는 알아야
될 것이니라.
23 이제 그리하여 불쌍한 나의 백성, 너
희에게 마지막 기회를 주기 위하여 내
가 나의 아들을 통하여 하늘의 진리의
그 모두를 풀어서 하나하나 기록하여
너희에게 전함이니,
24 이를 보고 너희가 스스로 깨달아서 하
늘에 오르는 길을 가야만 될 것이니라.
25 이를 보지 아니하는 백성, 이를 정독
하지 않는 백성, 절대 너희는 깨우칠
수 없으며 하늘의 이치요, 그 길을 볼
수 없음을 알아야 될 것이니라.
26 하늘에 오르는 길은 한 길임이니, 그
길을 보지 아니하고 그 길을 따르지
아니하고 너희가 오를 수 없다는 것을
알아야 될 것이니라, 사랑하는 나의
아들딸들아!
27 그러니 이제 나의 법전을 만들고 전하
며 나에게 선택된 백성 너희는 무엇이
더냐?
28 하늘에 오르는 길을 알며 그 길을 지
키고 있음이니, 그 길을 향하여 너희
를 따르라 하여 외치는 것,
29 그리고 만백성을 이끌어 너희를 보고
따라올 수 있는 그와 같은 역사를 만
들어야 될 것이니라.
30 그렇지 아니하면 아니 됨이니라.
31 큰 제방이 작은 개미구멍만 한 곳에
물이 새기 시작하여 그 제방이 무너진
다 함이니, 그는 바로 무엇이더냐?
32 작은 물줄기가 굵어지고 굵어지기 시
작함이니,
33 너희가 나의 진리를 가지고 나의 법전

을 가지고 세상에 전함이니, 너희는
인간을 낚는 어부가 되는 것처럼,
34 한 사람 한 사람을 너희가 낚을 수 있
도록, 그리하여 그들이 그것을 보고
따라올 수 있도록 그와 같은 방법으
로써 하지 아니하면 아니 될 것이니라.
35 그리하여 처음에는 미약하나 그 방대
함이 나의 피조물 만백성을 다 구원하
는 그와 같은 역사를 이루도록 해야
될 것이니, 너희가 바로 그와 같은 자
들이니라.
36 그러니 사람을 낚는 어부로서 사람을
낚아 너희가 그 길에 최선을 다하도록
그리하지 아니하면 아니 될 것이니 그
리 알라.

9,883 번째 하나님 말씀

2004년 3월 10일 11시 27분

1 사랑하는 나의 아들아!
2 "네, 아버님! 말씀하옵소서."
3 지금의 종교 집단이요, 지도자들이,
그들이 수천 년 동안 흘러오면서 수십
억 셀 수 없는 나의 백성을 과연 어찌
인도했는가?
4 과연 그들의 가르침이 하늘에 오르는
길이요, 나에게 역사할 수 있는 길이
요, 거듭나는 그와 같은 길을 인도했
다 하는가?
5 너희는 어떠한 역사요, 어떠한 짓으로
써 지금까지 이루고 왔는가를 너희는
알아야 될 것이니라.
6 너희가 정녕 나 여호와의 뜻이요, 하
늘의 뜻에 너희가 역사했다면, 과연
내가 너희에게 구원받은 자 없다 그리
말할 수 있는가?
7 구원받은 자 없다 함은 너희가 바로
무엇이더냐?
8 오늘까지 너희가 믿어 온 그 믿음이
잘못되었으며, 나의 뜻과는 관계없는
길을 갔다는 것을 알아야 될 것이니라.
9 그러니 어떠한 길을 역사했는가를 너
희가 돌이켜 봐야 될 것이며,
10 나의 아들을 따르는 제자요, 나의 법
전을 깨우친 만백성 너희는 이와 같은
확고한 마음을 굳혀야 될 것이니라.
11 내가 구원받은 자 없다 하였음이니,
그들이 달려오는 길이 잘못되었음을
너희는 확고한 마음을 가져야 될 것
이며,
12 그리하여 흔들리지 않는 마음으로써
나의 법전을 만들고 전하는 데 모두를
다 바치는 그와 같은 굳건한 마음 자
세를 갖지 아니하면, 너희 또한 쓰러
짐을 알아야 될 것이니라.
13 지금 모든 종교 집단, 지도자들이 내
가 직접 써 내린 나의 친필이요, 내가
명한 것을, 그 계명을 지킬 수 없다 그
리 말하느니라.
14 더욱이 내가 수천 번 수만 번 너희에
게 전함이니,
15 인간이기 때문에 죄를 짓지 아니하고
살 수 없다 그리 말함이니, 너희는 이
모두를 바꿔야 될 것이니라.
16 나의 계명은 나 여호와, 전지전능한
너희 아버지가 내림이니, 이는 반드시
지켜야 하며 나의 뜻이라 생각해야 될
것이며,
17 내가 너희에게 죄를 짓지 아니하고 살
수 없다는 그와 같은 생각을, 죄를 짓

지 아니하고 살 수 있다는, 그리고 살
아야 된다는 생각으로 바꾸지 아니하
면 절대 아니 됨을 알아야 될 것이니
라.
18 나 여호와에게 바치는 것이요, 나에게
바치는 행위요, 나의 아들 예수를 찾
는 행위요, 그와 같은 명분을 내세우
기만 한다면,
19 너희는 어떠한 행위도, 어떠한 죄도
다 용서를 받는다 지금 가르치고 있는
것이 아니더냐?
20 오늘의 종교 집단 그들이 가르치고 전
하는 그 설교가 바로 무엇인 줄 알겠
느냐?
21 너희가 모두는 행함이 없으며, 그저
어떠한 악행을 저지른다 해도 나의 아
들 예수를 찾으며 나를 찾음으로써 모
든 행위를 용서받고 죄가 씻어지는 것
이라 가르침이니,
22 그들이 가르치는 것이 무엇이더냐?
23 악한 행동을 하도록 가르치며 악한 생
각을 하도록 가르침이니라.
24 그리하여 살인과 간음과 음란함과, 도
적질함과, 거짓 증거함과, 참진리를
훼방하는 그와 같은 믿음의 길을 너희
가 지금까지 달려왔다는 것을 깨달아
야 될 것이니라.
25 너희가 내가 직접 써 내린 나의 친필
인 십계명을 지킬 수 없으며, 인간이
기 때문에 죄를 짓지 않을 수 없다는
자들은 그와 같은 행위를 하는 자들이
니라.
26 살인과 간음과 음란함과 거짓 증거함
과 도적질함이요, 참진리가 세상에 전
해지며 만백성을 구하는 그 모두를 훼
방하는 것,
27 그와 같은 것이 오늘의 너희의 믿음이
요, 그와 같은 역사를 하면서 나에게
오르겠다 달려오는 것이 너희의 오늘
의 신앙생활이라는 것을 알라.
28 이를 바로잡고 이를 뒤집지 아니하면
아니 되느니라.
29 어떠한 역경과 어떠한 고통이 있어도
나의 아들을 따르는 제자들이요, 나의
법전을 읽고 깨우친 만백성 너희는
이를 바로 세우지 아니하면 아니 됨을
명심하고 또 명심하도록 하라.
30 나의 불쌍하고 가련한 그 백성을 구제
하는 것은 그것밖에 없음이니라.

부 록

【하나님께서 가르쳐 주신 운동】

천재지변이 일어날 때, 동물이나 미물들은 미리 알고 대피하지만, 인간은 알지 못하고 큰 화를 당합니다. 하나님께서 인간에게 가장 높은 지혜를 주시고 완벽하게 창조해 주셨기에 동물들보다 더 잘 알 수 있지만, 욕심으로 마음이 혼탁해져서 한 치 앞을 보지 못하는 것입니다.

마찬가지로, 인간은 누구나 스스로 필요한 운동을 해서 건강을 지킬 수 있도록 하나님께서 만들어 주셨습니다. 우리의 머리에서 우리 몸에 필요한 동작을 해 달라고 끊임없이 신호를 보내지만, 인간이 혼탁하게 살아서 그 신호를 알아채지 못합니다. 그러니 자연스럽게 자기 몸이 원하는 그 신호를 따라서 운동하는 것이 하나님께서 가르쳐 주신 운동 방법입니다. 바로, 우리의 영이 육을 이끄는 운동입니다.

▶ 하나님 운동법

1. 눈을 감고, 발을 어깨너비로 벌리고 바르게 선다.
2. 몸에 힘을 풀고, 허리를 숙이면서 손과 머리를 아래로 내린다.
3. 허리를 펴고 싶을 때, 천천히 펴면서 하고 싶은 동작을 하면 운동이 시작된다. (사람마다 다르다.)
4. 멈추지 말고, 어떤 동작이든지 자기 몸의 느낌대로 계속 이어서 한다.

▶ 참고 사항

① 눈을 감은 상태로 아무 생각 하지 않고, 자기 몸의 느낌대로 움직입니다.

② 마음을 비우고, 욕심을 버리고, 지난날의 잘못을 반성하면서 몇 차례 시도하다 보면, 자기도 모르게 하고 싶은 동작이 끊임없이 생깁니다.

③ 운동 장소는 방 안이든 운동장이든 관계없으며, 걷거나 달리고 싶을 때는 눈을 떠도 됩니다.

④ 매일 40분 이상, 주 4회 이상, 3개월 이상 하면 음식 조절에 들어갑니다.
- 음식으로 생긴 병은 음식으로 치료하게 되며, 어떤 음식을 먹어야 하는지 스스로 알게 됩니다.
(자기 몸에 필요한 음식만 먹고 싶어집니다.)

⑤ 사랑하는 사람과 함께 운동하면 서로 치료해 주기도 합니다.

⑥ 운동을 하다가 몸의 어느 한 부분을 계속 손으로 자극한다면 그쪽에 이상이 있는 것이니, 의사에게 상담을 받고 적절한 치료를 받으면 됩니다.

⑦ 다이어트 및 기타 건강관리에 효과적입니다.

⑧ 꾸준히 운동하여 영이 맑아지면, 자신의 과거와 미래를 스스로 보게 됩니다.

누구나 스스로 하실 수 있습니다.

간 행 사

《새로운 성경》은:

· 새로운 성경은, 하나님께서 선량하고 선한 자를 선택하여 십계명을 암송하도록 하시고, 십계명을 암송한 다음에 음성으로써 들려주시는 말씀을 듣고 그대로 카세트테이프에 녹음해서 받아쓴 책입니다.

· 90분짜리 녹음테이프 700여 개에 달하는 말씀으로, 1999년 8월부터 2004년 7월까지 총 160권(권당 288쪽)을 완성하였으며, 그 이후에도 현재까지 계속 말씀을 내려 주고 계십니다.

· 새로운 성경은 "하늘을 두루마리 삼고 바닷물을 먹물 삼아 쓰고 써도 다 못 쓴다"는, 끝없이 방대한 하나님의 말씀이 두루마리로 직접 내려오는 것입니다. 이러한 새로운 성경은 구약과 신약을 폐하려는 것이 아니라 "인봉된 성서의 비유의 뜻"을 상세히 설명하여 완성하고자 하나님께서 직접 내려 주신 말씀입니다.

《새로운 성경》의 구성:

· 제 목: 2013년, 160권 모음집을 발간하면서, 본 도서의 제목을 "하나님! 말씀하옵소서"에서 《새로운 성경》으로 명해 주셨습니다.

· 단행본: 각 권당 288쪽(신국판) 책이 160권까지 시리즈로 출판됩니다.
(모음집은 단행본을 16권씩 묶어서, 총 10부로 구성됩니다.)

《새로운 성경》의 성경적 근거:

· 신약 성경 [요한복음] 16장 13절에 "진리의 성령이 오시면 그가 너희를 모든 진리 가운데로 인도하시리니 그가 자의로 말하지 않고, 오직 듣는 것만을 말하며" 하신 말씀처럼 하나님의 음성을 들은 것만 기록하였으며,

· "장래 일을 너희에게 알리시리라" 하신 말씀과 같이 개인, 나라, 인류의 "장래"일을 하나님께서 알려 주시는 것만 기록하여 책으로 만들었습니다.

《새로운 성경》의 기록 방법:

· 1999년 8월부터 하나님께서 저에게 들려주시는 음성을 기록하였습니다. 처음에는 제가 들은 말씀을 불러 주면 저의 아내가 기록하여, 2000년 1월 29일에 1권 초판이 세상에 나왔습니다. 2000년 4월부터는 주시는 말씀을 받아 녹음기에 기록하기 시작하였습니다.

· 녹음을 시작하면서 하나님의 말씀을 받는 데 가속도가 붙었고, 2001년 5월 3일에 1부(1~16권까지)를 인쇄하여 출판하였으며, 2004년 7월까지 총 160권 분량의 말씀을 받아 기록하였습니다.

하나님께서 저에게 주신 것은:

· 첫째, 만백성을 상대로 내려 주시는 "기도", 둘째, 수시로 내려 주시는 "묵상", 셋째, 개인의 과거, 현재, 미래를 알려 주시는 "개인 기도", 넷째, 개인의 건강을 위해서 내려 주시는 "음식 처방", 다섯째, 하나님께서 가르쳐 주신 "운동"등이 있습니다. 이 중에 첫 번째, "기도"를 책으로 편찬하였습니다. 사람의 생사, 개인의 미래에 관한 천기는 수록하지 말라 하셨습니다.

강론 안내:

· 하나님께서는 지금도 매일 저에게 새로운 하늘의 비밀의 말씀을 내려 주고 계십니다. 수시로 내려 주시는 말씀을 정리해서 제자를 육성하라는 말씀에 따라 매주 강론을 하고 있습니다. 누구나 무료로 들으실 수 있습니다. (book160.com)

《새로운 성경》을 읽는 분들에게 드리는 선물:

· 개인 기도: 개인의 과거, 현재, 미래에 관하여 말씀을 내려 주십니다.

· 음식 처방: 사람은 음식을 먹고살다가 건강을 잃으니, 음식과 운동으로 건강을 되찾는 방법을 알려 드립니다. 단, 하나님이 계심을 믿고, 십계명을 지키겠다고 진실로 서약하는 분들께 알려드립니다.

《새로운 성경》의 은혜와 기적:

· 새로운 성경 전160권은 16권씩 묶어서 총 10부의 모음집으로 구성됩니다. 모음집 한 부를 읽고 깨우치는 자에게 하나님께서 다음과 같은 기적이 있다고 하셨습니다.

· "첫째, 그가 죽어 하늘에 갔을 때 그의 죄를 묻지 아니하며, 구원을 받는 위대한 은혜가 있으며, 둘째, 그의 소원과 소망이 이루어지고, 셋째, 죽은 자(부모, 형제, 자식, 사랑하고 은혜 입은 분)의 이름으로 구입한 책을 읽고 누군가 한 사람이 깨우칠 때, 그 죽은 자가 지옥에서 천국으로 구원을 받게 되며, 넷째, 유산, 중절 수술 등으로 태어나지 못한 아이를 위하여 구입한 책을 보고 한 명이 깨우쳤을 때, 그 아이가 사람으로 다시 한 번 태어나는 은혜를 받는다."

· "새로운 성경"을 3회 이상 정성을 다해 정독하는 자, 성서의 비밀을 알게 되고, 세상의 이치를 알게 되며, 세상을 지배하고 통제할 수 있는 지혜를 다 얻게 된다고 하셨습니다. 이 책은 만백성이 정독하고 이웃에게 전하여, 평생 가슴에 묻은 슬픔과 고통의 짐을 벗고 미래를 위한 힘찬 삶을 살아가도록 하는 책입니다.

끝으로

· 하나님께서는 흰 눈이 세상을 덮듯이 새로운 성경을 온 세상에 전하라고 하셨습니다. 《새로운 성경》을 각국어로 번역해서 온 인류에게 구원의 길을 깨우쳐 주고, 그 수익으로 가난하고 어려운 백성을 구제하여, 만백성의 영과 육을 함께 구원하는 선지자의 임무를 수행하라고 저에게 명하셨습니다.

· 하늘에서 내려 주신 말씀의 보화를 만백성에게 나누어 주는 것이 선지자의 임무라고 하셨습니다. 새로운 성경을 통해서 얻는 재물을 사용할 곳도 하나님께서 일일이 명해 주십니다. 모든 재물은 저의 자의로 쓸 수 없고, 하나님께서 명하시는 대로만 쓰여집니다.

· 어떤 명분으로든 십일조나 각종 헌금을 거두어들이지 말라 하셨으며, 국내뿐 아니라 각국에 성전과 단독 서점을 운영하며, 한국의 많은 젊은이들을 전 세계에 지도자로 내보내라고 하셨습니다.

· 우리는 세계적으로 새로운 성경을 보급하며 어려운 이들을 돕는 역사를 해 나갈 것입니다. 지금까지 비록 몇 명 안 되는 제자들과 함께 이러한 일을 역사했지만, 앞으로도 계속 하나님께서 기뻐하시는 일들을 해 나갈 것입니다. 부족한 저희에게 여러분들의 지혜와 성원을 보내 주시기를 바랍니다. 많은 분들의 참여와 도움을 간절히 기다립니다. 감사합니다.

한국어로 내려온 《새로운 성경》 단행본을 출간하며
2016년 4월 10일

발행인 **김 용 철**

한국어로 내려온

새로운 **성 경** · 9부 · 제132권

지은이 하나님 말씀
대역자 김용철

초판인쇄 1쇄 2017년 4월 1일

펴낸 곳 도서출판 하얀마음
등록번호 제 10-2107호 (2001년 2월 14일)
주소 서울시 노원구 덕릉로86길 5, 2층
전화번호 02) 313-1114
팩스 02) 393-5554
전자우편 book160@hanmail.net
편집위원 조나영 김미향 이석교
제작지원 이기종

도서상담 1600-7527
ISBN 978-89-5875-232-5 (04230)
978-89-5875-100-7 (세 트)

값 10,000원
잘못된 책은 구입하신 곳에서 바꾸어 드립니다.

※이 책은 10부로 제작되며, 각 부 16권씩 총160권으로 구성됩니다.※

1부	2부	3부	4부	5부	6부	7부	8부	9부	10부
1권	17권	33권	49권	65권	81권	97권	113권	129권	145권
2권	18권	34권	50권	66권	82권	98권	114권	130권	146권
3권	19권	35권	51권	67권	83권	99권	115권	131권	147권
4권	20권	36권	52권	68권	84권	100권	116권	132권	148권
5권	21권	37권	53권	69권	85권	101권	117권	133권	149권
6권	22권	38권	54권	70권	86권	102권	118권	134권	150권
7권	23권	39권	55권	71권	87권	103권	119권	135권	151권
8권	24권	40권	56권	72권	88권	104권	120권	136권	152권
9권	25권	41권	57권	73권	89권	105권	121권	137권	153권
10권	26권	42권	58권	74권	90권	106권	122권	138권	154권
11권	27권	43권	59권	75권	91권	107권	123권	139권	155권
12권	28권	44권	60권	76권	92권	108권	124권	140권	156권
13권	29권	45권	61권	77권	93권	109권	125권	141권	157권
14권	30권	46권	62권	78권	94권	110권	126권	142권	158권
15권	31권	47권	63권	79권	95권	111권	127권	143권	159권
16권	32권	48권	64권	80권	96권	112권	128권	144권	160권